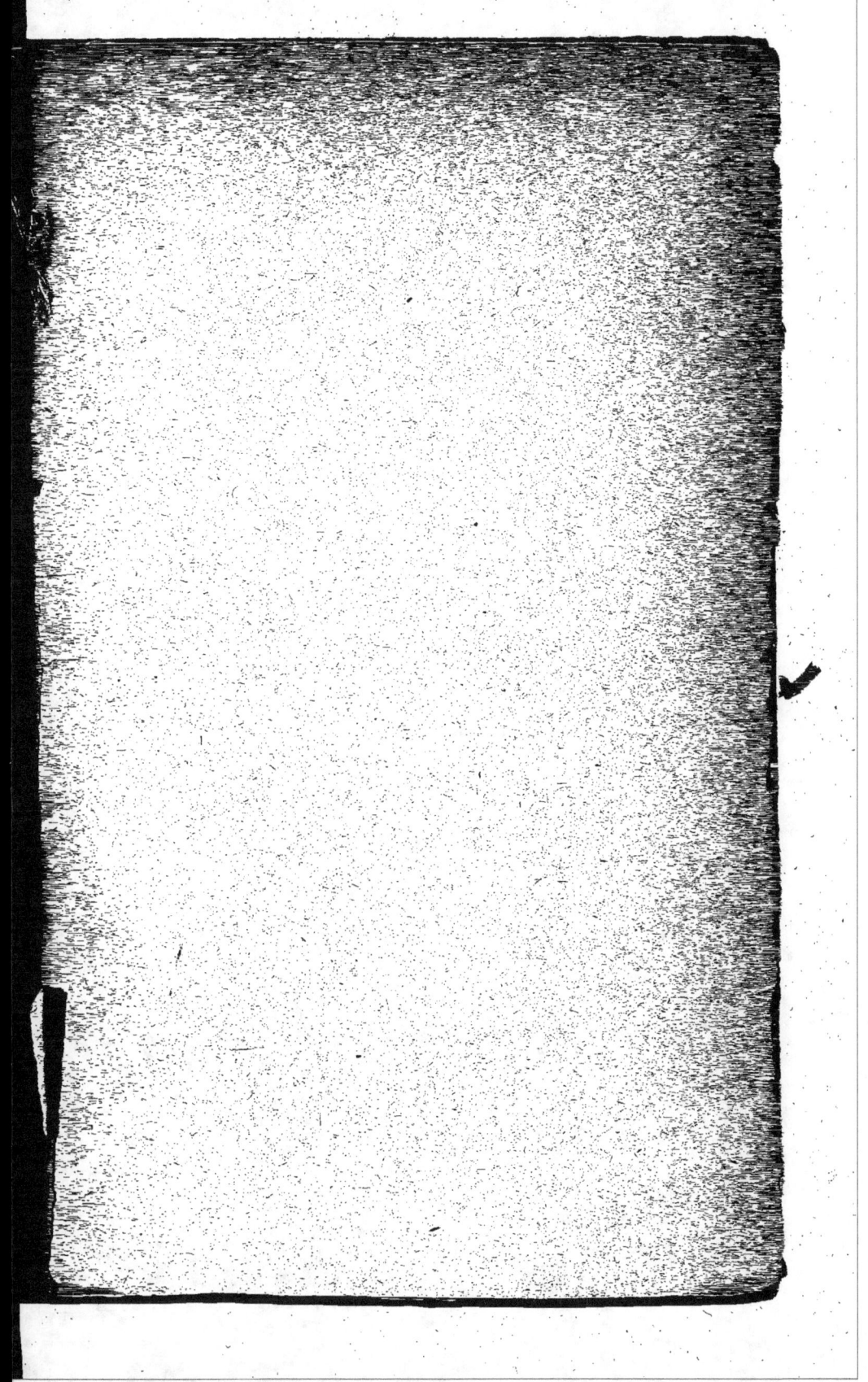

V

GUIDE-MANUEL

DE

L'INVENTEUR ET DU FABRICANT

PARIS. — IMPRIMERIE DE J. CLAYE

RUE SAINT-BENOIT, 7

GUIDE-MANUEL

DE

L'INVENTEUR ET DU FABRICANT

RÉPERTOIRE PRATIQUE ET RAISONNÉ

DE LA PROPRIÉTÉ INDUSTRIELLE

EN FRANCE ET A L'ÉTRANGER

EN MATIÈRE

DE BREVETS D'INVENTION

D'ESSINS ET MARQUES DE FABRIQUE

DÉPOTS DE MODÈLES, PRODUITS ARTISTIQUES ET INDUSTRIELS

PAR

Ch. ARMENGAUD JEUNE

INGÉNIEUR-CONSEIL, MEMBRE DE PLUSIEURS SOCIÉTÉS SAVANTES

Sois utile!

QUATRIÈME ÉDITION
Entièrement refondue

PARIS

CHEZ L'AUTEUR

A son Office industriel international pour les Brevets d'invention

N° 23, BOULEVARD DE STRASBOURG

ET CHEZ LES PRINCIPAUX LIBRAIRES

—

1858
1857

GUIDE-MANUEL
DE L'INVENTEUR
ET
DU FABRICANT

Sois utile!.....

L'invention industrielle devient, par le travail, l'origine de toute valeur, la source de tout bien-être, et concourt ainsi chaque jour, avec les sciences, les lettres et les arts, au progrès moral et matériel de la civilisation.

Le développement toujours croissant que prend le génie humain est dû surtout à la protection que la plupart des gouvernements accordent aux vrais promoteurs des arts et de l'industrie, en leur concédant, pendant une durée qui tend de jour en jour à s'accroître, le droit exclusif d'exploitation de leurs œuvres.

Familiariser l'inventeur et le fabricant avec les législations qui, en France et à l'étranger, réglementent la propriété industrielle sous la dénomination de brevets d'invention, marques et dessins de fabrique, dépôts de modèles, etc., les éclairer sur leurs droits, et par là stimuler, dans l'intérêt général du commerce et de l'industrie, l'esprit novateur et reproducteur ; telle est la tâche que s'est imposée l'auteur.

L'inventeur, le fabricant, le capitaliste, ne sauraient rester indifférents à la connaissance du droit industriel qui intéresse leur avenir, leur bien-être et leur fortune ; sous ce rapport tout ouvrage concis, joignant, aux textes des lois spéciales, une interprétation conforme aux documents officiels et des explications à la portée de tous, devient d'une incontestable utilité.

Dans cette quatrième édition, qui est le fruit d'une longue étude et d'une expérience de chaque jour, l'auteur n'a rien négligé pour satisfaire à sa devise.

AVANT-PROPOS

La législation des brevets d'invention qui, en Angleterre, remonte à 1623 et en France à 1791, a grandement développé le travail industriel dans ces deux pays et a été, pour les autres États qui en ont adopté le principe, la source d'un bien-être et d'une prospérité remarquables.

On est assez disposé à assimiler, par une fausse interprétation, l'institution des brevets d'invention aux monopoles acquis ou concédés sous l'ancien régime, à l'époque des édits et des jurandes et maîtrises, et à la considérer comme une entrave apportée à la liberté de l'industrie; c'est une erreur qu'il est facile de reconnaître en précisant la nature de cette législation.

Ce qui a nui anciennement à l'expansion du génie industriel, à sa vraie liberté, c'est lorsque l'ancien régime, au lieu de distribuer un monopole d'encouragement au véritable mérite, fit de ces monopoles une question de faveur ou d'impôt; c'est lorsque les corporations d'arts et métiers faisant valoir leurs chartes et priviléges qui concentraient entre les mains l'exploitation de certaines industries, interdirent la fabrication à ceux qui n'étaient pas des leurs. Il existait réellement alors, sous ce régime déjà loin de nous, un monopole, un privilége arbitrairement acquis au profit de quelques-uns et au détriment de la nation entière.

Mais, d'après la législation moderne, la concession d'un brevet d'invention n'est plus un monopole, car un brevet n'est valable qu'autant qu'il est délivré, conformément à la loi, pour une invention nouvelle, et par conséquent, nulle personne n'est privée par une telle concession de la liberté qu'elle avait antérieurement, qu'elle conserve après, de faire autrement que le breveté.

Comment voir un privilége là où la législation, égale pour tous, n'exclut personne et protége l'inventeur réel, quel qu'il soit, sans aucune distinction de position.

Un brevet d'invention enfin n'est qu'un contrat à terme entre l'État, représentant le domaine public, et l'inventeur.

D'ailleurs, quel est l'inventeur qui sacrifierait ses veilles à la réalisation d'une découverte? quel est le capitaliste qui voudrait hasarder des fonds à la réussite d'une nouvelle fabrication, si tout concurrent, sans être soumis aux mêmes éventualités, pouvait sans indemniser l'inventeur, exploiter son œuvre comme lui ?

Qu'y a-t-il de plus juste et de moins hasardeux pour l'État que d'accorder, pour un temps limité, à l'auteur d'une découverte ou d'un objet utile à la société, un droit exclusif d'exploitation en échange d'une communication loyale et sincère qui, à l'expiration de la concession, aura enrichi le domaine public.

La meilleure preuve enfin de l'efficacité des brevets d'invention, c'est que, dans les pays où la législation a consacré le droit de propriété pour les œuvres industrielles, les arts, le commerce et l'industrie fleurissent et prospèrent, tandis que dans les États où rien ne sauvegarde le génie créateur il y a stagnation générale et, comme conséquence inévitable, appauvrissement comparatif du pays.

L'Assemblée nationale en décrétant en 1791 le principe de la propriété industrielle, a certainement découvert la mine la plus féconde de la fortune publique. Les lois de plus en plus libérales qui s'édictent chaque jour en favorisent le développement.

PROPRIÉTÉ INDUSTRIELLE

BREVETS D'INVENTION

PREMIÈRE PARTIE

EXPOSÉ DE LA LÉGISLATION FRANÇAISE.

La législation moderne de la plupart des États civilisés a reconnu d'une manière formelle que tout inventeur avait droit à une juste rémunération, en échange de son travail, de ses études, de son temps et de sa fortune utilement employés à augmenter le bien-être et la prospérité de la société.

Le problème consistait à trouver un genre de récompense qui, sans engager la société aux éventualités de la mise en œuvre d'une invention, permît à l'inventeur de tirer parti de sa découverte.

Le système auquel on s'arrêta fut la concession, en faveur de l'auteur d'une découverte industrielle, d'un droit exclusif temporaire d'exploitation, sous la dénomination de brevet d'invention.

C'est à Turgot, ministre de Louis XVI, que revient l'honneur d'avoir fait décréter l'affranchissement de l'industrie française; cédant en effet aux sollicitations du tiers-état, il obtint l'édit mémorable de 1776, qui proclama la suppression des jurandes et maîtrises.

Ce ministre, dans le préambule de l'édit de 1776, s'exprimait ainsi : « Dieu, en donnant à l'homme des « besoins, en lui rendant nécessaire la ressource du « travail, a fait du droit de travailler la propriété de « tout homme; et cette propriété est la première, la « plus sacrée et la plus imprescriptible de toutes. »

Malheureusement, cet édit fut rapporté peu de temps après, et ce n'est qu'en 1791 que le principe du droit de propriété de l'inventeur sur ses produits intellectuels, posé d'abord dans la constitution de la même année, dans les termes suivants : « Il n'y a plus ni priviléges, ni jurandes, ni corporations de professions, arts et métiers », fut consacré définitivement et pratiquement par l'Assemblée nationale.

L'extrait suivant du rapport, lu en séance de cette Assemblée, le 30 décembre 1790, par M. de Boufflers, au nom du comité d'agriculture et de commerce, donne l'exposé des principes de la loi sur la propriété des auteurs et d'inventions en tout genre d'industrie.

« S'il existe pour un homme une véritable propriété, c'est sa pensée; celle-là, du moins, paraît hors d'atteinte; elle est personnelle, elle est indépendante, elle est antérieure à toutes les transactions, et l'arbre qui croît dans un champ n'appartient pas aussi incontestablement au maître de ce champ, que l'idée qui vient dans l'esprit d'un homme appartient à son auteur. L'invention, qui est la source des arts, est encore celle de la propriété; elle est la propriété primitive, toutes les autres ne sont que des conventions; et ce qui rapproche et ce qui distingue en même temps ces deux genres de propriété, c'est que les unes sont des concessions de la société, et que l'autre est une véritable concession de la nature.

« Le premier contrat entre l'inventeur et la société peut se réduire à ceci : l'inventeur désire qu'on le laisse jouir paisiblement d'une chose qui vient de lui, qui est à lui; et la preuve qu'il en offre, c'est qu'elle n'est connue que de lui; il demande pour cela qu'on interdise d'avance à tout autre de s'en emparer quand il l'aura fait connaître, et ce n'est qu'à cette condition qu'il manifestera ce qu'il appelle sa découverte. Or, cette première proposition, ainsi que la condition qu'on y attache, est essentiellement juste, et le corps social ne peut s'y refuser, car l'exposé de l'inventeur est vrai ou faux; dans le premier cas, la société a quelque chose à gagner, dans le second elle n'a rien à perdre.

« Mais pour que l'inventeur ne soit point troublé dans sa jouissance par des concurrents avides ou jaloux, il faut qu'il soit ouvertement protégé par la puissance publique, envers laquelle, dès lors, il contracte des obligations indispensables.

« Sa première obligation est de témoigner une confiance entière dans l'autorité protectrice, et de lui donner une connaissance exacte de l'objet pour lequel il la requiert, afin que la société sache positivement à quoi elle s'engage, et afin que, dans tous les cas, l'inventeur ait un titre clair et précis auquel il puisse recourir.

« La seconde obligation du citoyen protégé par la société est de s'acquitter envers elle, ce qu'il ne peut faire qu'en partageant avec elle, de manière ou d'autre, l'utilité qu'il attend de sa découverte. Or, la forme la plus naturelle de ce partage est que le particulier jouisse pendant un intervalle donné, sous la protection du public, et qu'après cet intervalle expiré, le public jouisse, du consentement du particulier. »

C'est à la suite de cet exposé des motifs que fut adoptée, le 30 décembre 1790, et proclamée le 7 janvier 1791, la première loi relative aux découvertes utiles et aux moyens d'en assurer la propriété à ceux qui seront reconnus en être les auteurs.

Voici le préambule et les principaux articles de cette loi, d'où date réellement l'émancipation de l'industrie :

« L'Assemblée nationale, considérant que toute idée nouvelle, dont la manifestation ou le développement peut devenir utile à la société, appartient à celui qui l'a conçue, et que ce serait attaquer les droits de l'homme dans leur essence que de ne pas regarder une découverte industrielle comme la propriété de son auteur ; considérant en même temps combien le défaut d'une déclaration positive et authentique de cette vérité peut avoir contribué, jusqu'à présent, à décourager l'industrie française, en occasionnant l'émigration de plusieurs artistes distingués, et en faisant passer à l'étranger un grand nombre d'inventions nouvelles dont cet empire aurait dû tirer les premiers avantages ; considérant enfin que tous les principes de justice, d'ordre public et d'intérêt national lui commandent impérieusement de fixer désormais l'opinion des citoyens français sur ce genre de propriété, par une loi qui la consacre et la protége, décrète :

ANCIENNE LOI FRANÇAISE.

EXTRAIT DE LA LOI DU 7 JANVIER 1791.

Article 1er. — Toute découverte ou nouvelle invention, dans tous les genres d'industrie, est la propriété de son auteur; en conséquence, la loi lui en garantit la pleine et entière jouissance, suivant le mode et pour le temps qui seront ci-après déterminés.

Art. 2. — Tout moyen d'ajouter à quelque fabrication que ce puisse être un nouveau genre de perfection sera regardé comme une invention.

Art. 3. — Quiconque apportera en France une découverte étrangère jouira des mêmes avantages que s'il en était l'inventeur.

Art. 8. — Les patentes seront données pour dix, cinq ou quinze années, au choix de l'inventeur, mais ce dernier terme ne pourra jamais être prolongé sans un décret particulier du corps législatif.

Art. 9. — L'exercice des patentes accordées pour une découverte importée d'un pays étranger ne pourra s'étendre au-delà du terme fixé dans ce pays à l'exercice du premier inventeur.

Art. 16. — La description de la découverte énoncée dans une patente sera rendue publique, et l'usage des moyens et procédés relatifs à cette découverte sera aussi déclaré libre dans tout le royaume, lorsque le propriétaire de la patente en sera déclaré déchu, ce qui n'aura lieu que dans les cas ci-après déterminés :

1° Tout inventeur, convaincu d'avoir, en donnant sa description, recélé ses véritables moyens d'exécution, sera déchu de sa patente.

2° Tout inventeur, convaincu de s'être servi dans sa fabrication de moyens secrets qui n'auraient point été détaillés dans sa description, ou dont il n'aurait pas donné sa déclaration pour les faire ajouter à ceux énoncés dans sa description, sera déchu de sa patente.

3° Tout inventeur, ou se disant tel, qui sera convaincu d'avoir obtenu une patente pour des découvertes déjà consignées et décrites dans des ouvrages imprimés et publiés, sera déchu de sa patente.

4° Tout inventeur qui, dans l'espace de deux ans, à compter de la date de sa patente, n'aura point mis sa découverte en activité, et qui n'aura point justifié des raisons de son inaction, sera déchu de sa patente.

5° Tout inventeur qui, après avoir obtenu une patente en France, sera convaincu d'en avoir pris une pour le même objet à l'étranger, sera déchu de sa patente.

6° Enfin, tout acquéreur du droit d'exercer une découverte énoncée dans une patente sera soumis aux mêmes obligations que l'inventeur, et, s'il y contrevient, la patente sera révoquée, la découverte publiée, et l'usage en deviendra libre dans tout le royaume. »

L'application de cette loi provoqua ultérieurement divers règlements d'administration et décrets qui composèrent la jurisprudence des brevets d'invention en France jusqu'en 1844.

Ainsi : 1° La loi du 25 mai 1791 réglait l'exécution de celle du 7 janvier précédent, en déterminant la forme des titres et les formalités relatives à leur délivrance ;

2° La loi du 20 septembre 1792 défendait de délivrer des brevets pour des établissements relatifs aux finances, et supprimait ceux qui auraient été accordés ;

3° L'arrêté du 17 vendémiaire an VII ordonnait la publication des descriptions annexées aux brevets expirés, et prescrivait le dépôt de ces descriptions au Conservatoire des arts et métiers, après l'expiration des brevets ;

4° L'arrêté du 5 vendémiaire an IX portait : premièrement, que les certificats des demandes de brevets seront signés par le ministre de l'intérieur, et que les brevets seront ensuite délivrés tous les trois mois par le premier consul, et promulgués au *Bulletin des lois;* secondement, que, pour prévenir l'abus que les brevetés pourraient faire de leur titre, il sera inséré par annotation, au bas de chaque expédition, la déclaration suivante : Le gouvernement, en accordant un brevet d'invention sans examen préalable, n'entend garantir en aucune manière ni la priorité, ni le mérite, ni le succès d'une invention ;

5° Le décret du 25 novembre 1806 abrogeait la disposition d'un des articles de la loi du 25 mai 1791, défendant d'exploiter les brevets d'invention par actions, et obligeait les inventeurs qui voulaient exploiter leurs titres de cette manière à se munir de l'autorisation du gouvernement ;

6° Le décret du 25 janvier 1807 statuait que la

durée des brevets commencerait à courir de la date des certificats délivrés par le ministre, et que, dans le cas de contestation entre deux brevetés pour le même objet, la priorité serait acquise à celui qui, le premier, aurait fait le dépôt de ses pièces au secrétariat de la préfecture du département de son domicile ;

7° Enfin, le décret du 13 août 1810 (lequel n'a pas été inséré au *Bulletin des lois* et depuis a été jugé inapplicable par la Cour de cassation) portait que la durée des brevets d'importation serait la même que celle des brevets d'invention et de perfectionnement, c'est-à-dire de cinq, dix ou quinze années.

Cette jurisprudence, qui a régi le droit industriel de 1791 à 1844, consacrait bien la propriété intellectuelle comme puisant son origine dans la plus noble faculté de l'homme; mais résultant de plusieurs lois et décrets mal définis, souvent mal interprétés, elle laissait à désirer dans l'application et la pratique de quelques-unes de ses dispositions réglementaires.

On reconnaissait donc généralement la nécessité d'une loi moderne, plus en harmonie avec la situation des inventeurs, réunissant sous un même faisceau et fusionnant les principes, actes et décrets épars, et consacrés par une longue expérience; tel est l'objet de la loi actuelle.

NOUVELLE LÉGISLATION FRANÇAISE

LOI DU 5 JUILLET 1844
SUR LES
BREVETS D'INVENTION

Louis Philippe, Roi des Français, à tous présents et à venir salut.

Nous avons proposé, les Chambres ont adopté, nous avons ordonné et ordonnons ce qui suit :

TITRE PREMIER.
DISPOSITIONS GÉNÉRALES.

Article 1er. — Toute nouvelle découverte ou invention dans tous les genres d'industrie confère à son auteur, sous les conditions et pour le temps ci-après déterminés le droit exclusif d'exploiter à son profit ladite découverte ou invention.

Ce droit est constaté par des titres délivrés par le gouvernement, sous le nom de brevets d'invention.

Art. 2. — Seront considérées comme inventions ou découvertes nouvelles :

L'invention de nouveaux produits industriels ;

L'invention de nouveaux moyens ou l'application nouvelle de moyens connus, pour l'obtention d'un résultat ou d'un produit industriel.

Art. 3. — Ne sont pas susceptibles d'être brevetés :

1° Les compositions pharmaceutiques ou remèdes de toute

espèce, lesdits objets demeurant soumis aux lois et règlements spéciaux sur la matière, et notamment au décret du 18 août 1810 relatif aux remèdes secrets ;

2° Les plans ou combinaisons de crédit ou finances.

Art. 4. — La durée des brevets sera de cinq, dix ou quinze années.

Chaque brevet donnera lieu au paiement d'une taxe, qui est fixée ainsi qu'il suit, savoir :

Cinq cents francs pour un brevet de cinq ans ;

Mille francs pour un brevet de dix ans ;

Quinze cents francs pour un brevet de quinze ans.

Cette taxe sera payée par annuités de cent francs, sous peine de déchéance, si le breveté laisse écouler un terme sans l'acquitter.

TITRE II.

DES FORMALITÉS RELATIVES A LA DÉLIVRANCE DES BREVETS.

SECTION I.

Des demandes de Brevets.

Art. 5. — Quiconque voudra prendre un brevet d'invention devra déposer, sous cachet, au secrétariat de la préfecture, dans le département où il est domicilié, ou dans tout autre département en y élisant son domicile :

1° Sa demande au ministre de l'agriculture et du commerce ;

2° Une description de la découverte ou application faisant l'objet du brevet demandé ;

3° Les dessins ou échantillons qui seraient nécessaires pour l'intelligence de la description.

Et 4° un bordereau des pièces déposées.

Art. 6. — La demande sera limitée à un seul objet principal, avec les objets de détail qui le constituent, et les applications qui auront été indiquées.

Elle mentionnera la durée que les demandeurs entendent

assigner à leur brevet dans les limites fixées par l'art. 4, et ne contiendra ni conditions, ni réserves.

Elle indiquera un titre renfermant la désignation sommaire et précise de l'objet de l'invention.

La description ne pourra être écrite en langue étrangère. Elle devra être sans altération ni surcharges. Les mots rayés comme nuls seront comptés et constatés, les pages et les renvois paraphés. Elle ne devra contenir aucune dénomination de poids ou de mesures autres que celles qui sont portées au tableau annexé à la loi du 4 juillet 1837.

Les dessins seront tracés à l'encre et d'après une échelle métrique.

Un duplicata de la description et des dessins sera joint à la demande.

Toutes les pièces seront signées par le demandeur ou par un mandataire, dont le pouvoir restera annexé à la demande.

Art. 7. — Aucun dépôt ne sera reçu que sur la production d'un récépissé constatant le versement d'une somme de cent francs à valoir sur le montant de la taxe du brevet.

Un procès-verbal, dressé sans frais par le secrétaire général de la préfecture, sur un registre à ce destiné, et signé par le demandeur, constatera chaque dépôt, en énonçant le jour et l'heure de la remise des pièces.

Une expédition dudit procès-verbal sera remise au déposant, moyennant remboursement des frais de timbre.

Art. 8. — La durée du brevet courra du jour du dépôt prescrit par l'art. 5.

SECTION II.

De la délivrance des Brevets.

Art. 9. — Aussitôt après l'enregistrement des demandes, et dans les cinq jours de la date du dépôt, les préfets transmettront les pièces, sous le cachet de l'inventeur, au ministre de l'agriculture et du commerce, en y joignant une copie certifiée du procès-verbal de dépôt, le récépissé constatant le versement de la taxe, et, s'il y a lieu, le pouvoir mentionné dans l'art. 6.

Art. 10. — A l'arrivée des pièces au ministère de l'agriculture et du commerce, il sera procédé à l'ouverture, à l'enregistrement des demandes et à l'expédition des brevets, dans l'ordre de la réception desdites demandes.

Art. 11. — Les brevets dont la demande aura été régulièrement formée seront délivrés, sans examen préalable, aux risques et périls des demandeurs, et sans garantie, soit de la réalité, de la nouveauté ou du mérite de l'invention, soit de la fidélité ou de l'exactitude de la description.

Un arrêté du ministre, constatant la régularité de la demande, sera délivré au demandeur, et constituera le brevet d'invention.

A cet arrêté sera joint le duplicata certifié de la description et des dessins, mentionné dans l'art. 6, après que la conformité avec l'expédition originale en aura été reconnue et établie au besoin.

La première expédition des brevets sera délivrée sans frais.

Toute expédition ultérieure, demandée par le breveté ou ses ayants-cause, donnera lieu au paiement d'une taxe de vingt-cinq francs.

Les frais de dessin, s'il y a lieu, demeureront à la charge de l'impétrant.

Art. 12. — Toute demande dans laquelle n'auraient pas été observées les formalités prescrites par les numéros 2 et 3 de l'art. 5, et par l'art. 6, sera rejetée. La moitié de la somme versée restera acquise au trésor, mais il sera tenu compte de la totalité de cette somme au demandeur s'il reproduit sa demande dans un délai de trois mois, à compter de la date de la notification du rejet de sa requête.

Art. 13. — Lorsque, par application de l'art. 3, il n'y aura pas lieu à délivrer un brevet, la taxe sera restituée.

Art. 14. — Une ordonnance royale, insérée au Bulletin des lois, proclamera, tous les trois mois, les brevets délivrés.

Art. 15. — La durée des brevets ne pourra être prolongée que par une loi.

SECTION III.

Des certificats d'addition.

Art. 16. — Le breveté ou les ayants-droit au brevet auront, pendant toute la durée du brevet, le droit d'apporter à l'invention des changements, perfectionnements ou additions, en remplissant, pour le dépôt de la demande, les formalités déterminées par les art. 5, 6 et 7.

Ces changements, perfectionnements ou additions seront constatés par des certificats délivrés dans la même forme que le brevet principal, et qui produiront, à partir des dates respectives des demandes et de leur expédition, les mêmes effets que ledit brevet principal, avec lequel ils prendront fin.

Chaque demande de certificat d'addition donnera lieu au paiement d'une taxe de vingt francs.

Les certificats d'addition, pris par un des ayants-droit, profiteront à tous les autres.

Art. 17. — Tout breveté qui, pour un changement, perfectionnement ou addition, voudra prendre un brevet principal de cinq, dix ou quinze années, au lieu d'un certificat d'addition expirant avec le brevet primitif, devra remplir les formalités prescrites par les art. 5, 6 et 7, et acquitter la taxe mentionnée dans l'art. 4.

Art. 18. — Nul autre que le breveté ou ses ayants-droit agissant comme il est dit ci-dessus, ne pourra, pendant une année, prendre valablement un brevet pour un changement, perfectionnement ou addition à l'invention qui fait l'objet du brevet primitif.

Néanmoins, toute personne qui voudra prendre un brevet pour changement, addition ou perfectionnement à une découverte déjà brevetée, pourra, dans le cours de ladite année, former une demande qui sera transmise, et restera déposée sous cachet, au ministère de l'agriculture et du commerce.

L'année expirée, le cachet sera brisé et le brevet délivré.

Toutefois, le breveté principal aura la préférence pour les

changements, perfectionnements ou additions pour lesquels il aurait lui-même, pendant l'année, demandé un certificat d'addition ou un brevet.

Art. 19. — Quiconque aura pris un brevet pour une découverte, invention ou application se rattachant à l'objet d'un autre brevet, n'aura aucun droit d'exploiter l'invention déjà brevetée, et réciproquement le titulaire du brevet primitif ne pourra exploiter l'invention, objet du nouveau brevet.

SECTION IV.

De la transmission et de la cession des Brevets.

Art. 20. — Tout breveté pourra céder la totalité ou partie de la propriété de son brevet.

La cession totale ou partielle d'un brevet, soit à titre gratuit, soit à titre onéreux, ne pourra être faite que par acte notarié, et après le paiement de la totalité de la taxe déterminée par l'art. 4.

Aucune cession ne sera valable, à l'égard des tiers, qu'après avoir été enregistrée au secrétariat de la préfecture du département dans lequel l'acte aura été passé.

L'enregistrement des cessions et de tous autres actes emportant mutation sera fait sur la production et le dépôt d'un extrait authentique de l'acte de cession ou de mutation.

Une expédition de chaque procès-verbal d'enregistrement, accompagnée de l'extrait de l'acte ci-dessus mentionné, sera transmise, par les préfets, au ministre de l'agriculture et du commerce dans les cinq jours de la date du procès-verbal.

Art. 21. — Il sera tenu au ministère de l'agriculture et du commerce, un registre sur lequel seront inscrites les mutations intervenues sur chaque brevet, et, tous les trois mois, une ordonnance royale proclamera, dans la forme déterminée par l'article 14, les mutations enregistrées pendant le trimestre expiré.

Art. 22. — Les cessionnaires d'un brevet, et ceux qui auront acquis d'un breveté ou de ses ayants-droit la faculté d'exploiter la découverte ou l'invention, profiteront de plein droit des certificats d'addition qui seront ultérieurement délivrés au breveté ou à ses ayants-droit. Réciproquement, le breveté ou ses ayants-droit profiteront des certificats d'addition qui seront ultérieurement délivrés aux cessionnaires.

Tous ceux qui auront droit de profiter des certificats d'addition pourront en lever une expédition au ministère de l'agriculture et du commerce, moyennant un droit de vingt francs.

SECTION V.

De la communication et de la publication des descriptions et dessins de Brevets.

Art. 23. — Les descriptions, dessins, échantillons et modèles des brevets délivrés resteront, jusqu'à l'expiration des brevets, déposés au ministère de l'agriculture et du commerce, où ils seront communiqués, sans frais, à toute réquisition.

Toute personne pourra obtenir, à ses frais, copie desdites descriptions et dessins, suivant les formes qui seront déterminées dans le règlement rendu en exécution de l'article 50.

Art. 24. — Après le paiement de la deuxième annuité, les descriptions et dessins seront publiés, soit textuellement, soit par extrait.

Il sera en outre publié, au commencement de chaque année, un catalogue contenant les titres des brevets délivrés dans le courant de l'année précédente.

Art. 25. — Le recueil des descriptions et dessins et le catalogue publiés en exécution de l'article précédent seront déposés au ministère de l'agriculture et du commerce et au secrétariat de la préfecture de chaque département, où ils pourront être consultés sans frais.

Art. 26. — A l'expiration des brevets, les originaux des descriptions et dessins seront déposés au Conservatoire royal des arts et métiers.

TITRE III.

DES DROITS DES ÉTRANGERS.

Art. 27. — Les étrangers pourront obtenir en France des brevets d'invention.

Art. 28. — Les formalités et conditions déterminées par la présente loi seront applicables aux brevets demandés ou délivrés en exécution de l'article précédent.

Art. 29. — L'auteur d'une invention ou découverte déjà breveté à l'étranger, pourra obtenir un brevet en France; mais la durée de ce brevet ne pourra excéder celle des brevets antérieurement pris à l'étranger.

TITRE IV.

DES NULLITÉS ET DÉCHÉANCES, ET DES ACTIONS Y RELATIVES.

SECTION I.

Des nullités et déchéances.

Art. 30. — Seront nuls et de nul effet les brevets délivrés dans les cas suivants, savoir :

1° Si la découverte, invention ou application n'est pas nouvelle;

2° Si la découverte, invention ou application n'est pas, aux termes de l'article 3, susceptible d'être brevetée;

3° Si les brevets portent sur des principes, méthodes, systèmes, découvertes et conceptions théoriques ou purement scientifiques, dont on n'a pas indiqué les applications industrielles;

4° Si la découverte, invention ou application est reconnue contraire à l'ordre ou à la sûreté publique, aux bonnes mœurs ou aux lois du royaume, sans préjudice, dans ce cas et dans celui du chapitre précédent, des peines qui pourraient être encourues pour la fabrication ou le débit d'objets prohibés ;

5° Si le titre sous lequel le brevet a été demandé indique frauduleusement un objet autre que le véritable objet de l'invention ;

6° Si la description jointe au brevet n'est pas suffisante pour l'exécution de l'invention, ou si elle n'indique pas, d'une manière complète et loyale, les véritables moyens de l'inventeur ;

7° Si le brevet a été obtenu contrairement aux dispositions de l'article 18.

Seront également nuls et de nul effet les certificats comprenant les changements, perfectionnements ou additions qui ne se rattacheraient pas au brevet principal.

Art. 31. — Ne sera pas réputée nouvelle toute découverte, invention ou application qui, en France ou à l'étranger, et antérieurement à la date du dépôt de la demande, aura reçu une publicité suffisante pour pouvoir être exécutée.

Art. 32. — Sera déchu de tous ses droits :

1° Le breveté qui n'aura pas acquitté son annuité avant le commencement de chacune des années de la durée de son brevet ;

2° Le breveté qui n'aura pas mis en exploitation sa découverte ou invention en France, dans le délai de deux ans, à dater du jour de la signature du brevet, ou qui aura cessé de l'exploiter pendant deux années consécutives, à moins que, dans l'un ou dans l'autre cas, il ne justifie des causes de son inaction ;

3° Le breveté qui aura introduit en France des objets fabriqués en pays étranger et semblables à ceux qui sont garantis par son brevet.

Sont exceptés des dispositions du précédent paragraphe les modèles de machines dont le ministre de l'agriculture et du commerce pourra autoriser l'introduction dans le cas prévu par l'article 29.

Art. 33. — Quiconque, dans des enseignes, annonces, prospectus, affiches, marques ou estampilles, prendra la qualité de breveté sans posséder un brevet délivré conformément aux lois, ou après l'expiration d'un brevet antérieur ; ou qui, étant breveté, mentionnera sa qualité de breveté ou son brevet sans y ajouter ces mots, *sans garantie du gouvernement*, sera puni d'une amende de cinquante francs à mille francs.

En cas de récidive, l'amende pourra être portée au double.

SECTION II.

Des actions en nullité et en déchéance.

Art. 34. — L'action en nullité et l'action en déchéance pourront être exercées par toute personne y ayant intérêt.

Ces actions, ainsi que toutes les contestations relatives à la propriété des brevets, seront portées devant les tribunaux civils de première instance.

Art. 35. — Si la demande est dirigée en même temps contre le titulaire du brevet et contre un ou plusieurs cessionnaires partiels, elle sera portée devant le tribunal du domicile du titulaire du brevet.

Art. 36. — L'affaire sera instruite et jugée dans la forme prescrite pour les matières sommaires, par les articles 405 et suivants du Code de procédure civile. Elle sera communiquée au procureur du roi.

Art. 37. — Dans toute instance tendant à faire prononcer la nullité ou la déchéance d'un brevet, le ministère public pourra se rendre partie intervenante et prendre des réquisitions pour faire prononcer la nullité ou la déchéance absolue du brevet.

Il pourra même se pourvoir directement, par action principale, pour faire prononcer la nullité dans les cas prévus aux numéros 2, 4 et 5 de l'article 30.

Art. 38. — Dans les cas prévus par l'article 37, tous les ayants-droit au brevet dont les titres auront été enregistrés au ministère de l'agriculture et du commerce, conformément à l'article 21, devront être mis en cause.

Art. 39. — Lorsque la nullité ou la déchéance absolue d'un brevet aura été prononcée par jugement ou arrêt ayant acquis force de chose jugée, il en sera donné avis au ministre de l'agriculture et du commerce, et la nullité ou la déchéance sera publiée dans la forme déterminée par l'article 14 pour la proclamation des brevets.

TITRE V.

DE LA CONTREFAÇON, DES POURSUITES ET DES PEINES.

Art. 40. — Toute atteinte portée aux droits du breveté, soit par la fabrication des produits, soit par l'emploi de moyens faisant l'objet de son brevet, constitue le délit de contrefaçon.

Ce délit sera puni d'une amende de cent à deux mille francs.

Art. 41. — Ceux qui auront sciemment recélé, vendu ou exposé en vente, ou introduit, sur le territoire français, un ou plusieurs objets contrefaits, seront punis des mêmes peines que les contrefacteurs.

Art. 42. — Les peines établies par la présente loi ne pourront être cumulées.

La peine la plus forte sera seule prononcée pour tous les faits antérieurs au premier acte de poursuite.

Art. 43. — Dans le cas de récidive, il sera prononcé, outre l'amende portée aux articles 40 et 41, un emprisonnement d'un mois à six mois.

Il y a récidive lorsqu'il a été rendu contre le prévenu, dans les cinq années antérieures, une première condamnation pour un des délits prévus par la présente loi.

Un emprisonnement d'un mois à six mois pourra aussi être prononcé si le contrefacteur est un ouvrier ou un employé ayant travaillé dans les ateliers ou dans l'établissement du breveté, ou si le contrefacteur, s'étant associé avec un ouvrier ou un employé du breveté, a eu connaissance, par ce dernier, des procédés décrits au brevet.

Dans ce dernier cas, l'ouvrier ou employé pourra être poursuivi comme complice.

Art. 44. — L'article 463 du Code pénal pourra être appliqué aux délits prévus par les dispositions qui précèdent.

Art. 45. — L'action correctionnelle, pour l'application des peines ci-dessus, ne pourra être exercée par le ministère public que sur la plainte de la partie lésée.

Art. 46. — Le tribunal correctionnel, saisi d'une action pour délit de contrefaçon, statuera sur les exceptions qui seraient tirées par le prévenu, soit de la nullité ou de la déchéance du brevet, soit des questions relatives à la propriété dudit brevet.

Art. 47. — Les propriétaires de brevets pourront, en vertu d'une ordonnance du président du tribunal de première instance, faire procéder, par tous huissiers, à la désignation et description détaillées, avec ou sans saisie, des objets prétendus contrefaits.

L'ordonnance sera rendue sur simple requête et sur la représentation du brevet; elle contiendra, s'il y a lieu, la nomination d'un expert pour aider l'huissier dans sa description.

Lorsqu'il y aura lieu à la saisie, ladite ordonnance pourra imposer au requérant un cautionnement qu'il sera tenu de consigner avant d'y faire procéder.

Le cautionnement sera toujours imposé à l'étranger breveté qui requerra la saisie.

Il sera laissé copie au détenteur des objets décrits ou saisis, tant de l'ordonnance que de l'acte constatant le dépôt du cautionnement, le cas échéant; le tout, à peine de nullité et de dommages-intérêts contre l'huissier.

Art. 48. — A défaut par le requérant de s'être pourvu, soit par la voie civile, soit par la voie correctionnelle, dans le délai de huitaine, outre un jour par trois myriamètres de distance, entre le lieu où se trouvent les objets saisis ou décrits, et le domicile du contrefacteur, receleur, introducteur ou débitant, la saisie ou description sera nulle de plein droit, sans préjudice des dommages-intérêts qui pourront être réclamés, s'il y a lieu, dans la forme prescrite par l'article 36.

Art. 49. — La confiscation des objets reconnus contrefaits, et, le cas échéant, celle des instruments ou ustensiles destinés spécialement à leur fabrication, seront, même en cas d'acquittement, prononcées contre le contrefacteur, le recéleur, l'introducteur ou le débitant.

Les objets confisqués seront remis au propriétaire du brevet, sans préjudice de plus amples dommages-intérêts et de l'affiche du jugement, s'il y a lieu.

TITRE VI.

DISPOSITIONS PARTICULIÈRES ET TRANSITOIRES.

Art. 50. — Des ordonnances royales, portant règlement d'administration publique, arrêteront les dispositions nécessaires pour l'exécution de la présente loi, qui n'aura effet que trois mois après sa promulgation.

Art. 51. — Des ordonnances rendues dans la même forme pourront régler l'application de la présente loi dans les colonies, avec les modifications qui seront jugées nécessaires.

Art. 52. — Seront abrogées, à compter du jour où la présente loi sera devenue exécutoire, les lois des 7 janvier et 27 mai 1791, celle du 20 septembre 1792, l'arrêté du 17 vendémiaire an VII, l'arrêté du 5 vendémiaire an IX, les décrets des 25 novembre 1806 et 25 janvier 1807, et toutes dispositions antérieures à la présente loi, relatives aux brevets d'invention, d'importation et de perfectionnement.

Art. 53. — Les brevets d'invention, d'importation et de perfectionnement actuellement en exercice, délivrés conformément aux lois antérieures à la présente, ou prorogés par ordonnance royale, conserveront leur effet pendant tout le temps qui aura été assigné à leur durée.

Art. 54. — Les procédures commencées avant la promulgation de la présente loi seront mises à fin, conformément aux lois antérieures.

Toute action, soit en contrefaçon, soit en nullité ou déchéance de brevet, non encore intentée, sera suivie conformément aux dispositions de la présente loi, alors même qu'il s'agirait de brevets délivrés antérieurement.

La présente loi, discutée, délibérée et adopté par la Chambre des pairs et par celle des députés, et sanctionnée par nous cejourd'hui, sera exécutée comme loi de l'État.

Fait au palais de Neuilly, le cinquième jour du mois de juillet, l'an 1844.

Louis-Philippe.

CIRCULAIRES
ET ORDONNANCE RÉGLEMENTAIRES.

Cette loi, promulguée le 8 juillet 1844, et mise en vigueur le 9 octobre suivant, a provoqué, en conformité des articles 50 et 51, deux circulaires ministérielles et un arrêté réglant son application dans les colonies françaises.

Voici la teneur de ces divers documents :

CIRCULAIRES

Adressées par M. le Ministre de l'Agriculture et du Commerce à MM. les préfets, concernant l'application de la nouvelle loi française sur les Brevets d'Invention.

PREMIÈRE CIRCULAIRE.

A la date du 1er octobre 1844.

Monsieur le Préfet, la loi du 5 juillet 1844, sur les brevets d'invention, promulguée le 8 du même mois, est exécutoire le 9 octobre courant ; je viens appeler votre attention sur les principales dispositions de cette loi, qui apporte de notables améliorations dans la position des inventeurs, et qui entraînera quelques changements dans la marche suivie par l'administration pour l'enregistrement et l'expédition des demandes de brevets.

La loi nouvelle, comme les lois des 7 janvier et 25 mai 1791, a posé en principe que les brevets d'invention ne peuvent s'appliquer qu'aux *découvertes relatives aux arts industriels*, et que ces titres doivent être expédiés *sans examen préalable*.

Sur le premier point, la loi du 5 juillet est encore plus explicite que les lois précédentes : aux termes de cette loi, l'invention de *nouveaux produits industriels*, l'invention de nouveaux moyens ou l'application nouvelle de moyens connus pour obtenir *un résultat ou un produit industriel*, peuvent seuls devenir l'objet d'un brevet valable. Les principes, méthodes, systèmes, découvertes ou conceptions théoriques, ou purement scientifiques, ne sont pas susceptibles d'être brevetés valablement, à moins que l'inventeur n'ait donné à l'appui l'indication d'une *application industrielle*.

La législation actuelle a d'ailleurs reproduit l'exclusion qui avait été prononcée par la loi du 20 septembre 1792, contre *les plans et combinaisons de crédit et de finances*, et elle y a ajouté celle des *compositions pharmaceutiques* et remèdes de toute espèce.

Mais ces dispositions restrictives n'ont pas, dans le vœu de la loi, la même portée, et elles ne peuvent avoir les mêmes conséquences dans l'application. Les unes appartiennent au régime préventif, et l'exécution en est confiée au gouvernement; les autres, protégées par la sanction pénale d'une nullité absolue, ont été placées, pour leur observation, sous l'autorité répressive des tribunaux.

Cette distinction, qui résulte des termes exprès de la loi, votre préfecture doit avoir soin, le cas échéant, de la faire bien comprendre aux demandeurs, en leur rappelant :

1° *Qu'il ne peut être délivré de brevets* pour des compositions pharmaceutiques et remèdes de toute espèce, ou pour des plans et combinaisons de crédit et de finances ;

2° Que les brevets qui seraient délivrés pour des principes, méthodes, systèmes, découvertes ou conceptions théoriques ou scientifiques, sans application industrielle, *seraient nuls de plein droit*.

Cette explication, bien comprise, portera toujours les inventeurs, je me plais à le croire, à renoncer à une demande qui ne pourrait jamais aboutir qu'à un titre entaché de nullité; mais si, contre mon attente, il en était autrement, votre préfecture ne devrait pas perdre de vue, à l'égard des brevets demandés pour des principes *sans application industrielle*, que le gouvernement n'a pas le droit de les refuser, et doit, dès lors, borner son action à un avertissement officieux ; et à l'égard des préparations pharmaceutiques ou des plans de finances, que la loi n'a attribué qu'au ministre de l'agriculture et du commerce, et non aux préfectures, le droit de refus du brevet.

L'on doit donc, dans l'un comme dans l'autre cas, enregistrer les demandes, et remplir à leur égard les formalités prescrites par la loi. Ces formalités, déterminées par le titre II, sont les suivantes :

I. Exiger le récépissé constatant le versement de la somme de 100 fr., à valoir sur le paiement du montant de la taxe ;

II. Faire déclarer le domicile réel ou élu de l'inventeur dans le département, et, si le demandeur n'est pas lui-même l'inventeur, réclamer le pouvoir écrit de ce dernier ;

III. Recevoir le *paquet cacheté* contenant la demande au ministre, la description de l'invention, les dessins ou échantillons nécessaires pour l'intelligence de l'inscription, et le bordereau des pièces déposées ;

IV. Dresser et faire signer par le demandeur le procès-verbal constatant le dépôt de la demande ;

V. Remettre au demandeur une expédition du procès-verbal de dépôt, sans autres frais que le remboursement du prix du timbre ;

VI. Enfin, expédier au ministre de l'agriculture et du commerce, avec une lettre d'envoi et dans les cinq jours de la date du dépôt, le *paquet cacheté* remis par l'inventeur ou son représentant, et y joindre le récépissé de la taxe, la copie certifiée du procès-verbal de dépôt, et, s'il y a lieu, le pouvoir ci-dessus mentionné.

I. La durée des brevets est fixée comme précédemment à cinq, dix ou quinze années, et le montant de la taxe à 500, 1,000 et 1,500 francs ; la somme à payer d'avance, qui, sous l'ancienne législation, était de la moitié du montant de la taxe, est réduite uniformément à 100 francs, dont la moitié reste acquise au trésor, si la demande vient à être rejetée par une des causes énumérées dans l'article 12 de la loi, et n'est pas reproduite dans le délai de trois mois à compter de la notification de ce rejet.

II. L'élection de domicile a de l'importance, soit pour le paiement ultérieur des annuités de la taxe, soit pour les notifications éventuelles prévues par la loi dans le cas d'instance en nullité absolue du brevet.

La loi n'ayant pas déterminé la forme du pouvoir à exiger des représentants des inventeurs, le mandat sous seing privé peut être admis ; mais, dans ce cas, la signature du mandant doit être légalisée.

III. Les demandes de brevets doivent être déposées cachetées, pour n'être ouvertes qu'au ministère de l'agriculture et du commerce ; les dessins ou modèles qui pourraient y être joints doivent rester également sous le cachet du demandeur.

La demande ou requête au ministre doit, à peine de nullité, satisfaire à chacune des conditions imposées par l'article 6 de la loi. Il est donc de la plus grande importance que les inventeurs soient bien prévenus de cette circonstance, et j'insiste expressément pour que, avant d'être admis à faire le dépôt de leurs pièces, ils soient invités à prendre connaissance de cet article. Je rappelle particulièrement, en outre, que la requête ne doit comprendre qu'une seule invention avec l'ensemble des détails accessoires qui la constituent ou la complètent, et avec l'indication de ses diverses applications : qu'elle doit déterminer la durée (5, 10 ou 15 ans) que l'inventeur entend assigner à son brevet ; qu'elle ne peut contenir aucunes conditions, restrictions ou réserves, comme seraient l'invitation de tenir la description secrète, de ne pas délivrer le brevet avant un délai déterminé, la réserve d'en porter ultérieurement la durée à 10 ou 15 années, etc., etc.; qu'elle doit présenter un titre donnant la désignation sommaire et précise de l'objet de l'invention, en ne perdant pas de vue que toute indication mensongère qui tendrait à dissimuler le véritable objet de l'invention serait une cause de nullité du brevet, que la description doit être, également à peine de nullité, suffisante pour l'exécution de l'invention, et doit exposer d'une manière complète et loyale les véritables moyens de l'inventeur ; enfin, qu'il doit être produit un duplicata collationné avec soin et exactement conforme au primata, tant de la description que des dessins ou échantillons y annexés.

IV. Le procès-verbal constatant le dépôt doit être écrit sur un registre spécial ouvert à cet effet, dont les pages, cotées par première et dernière, auront été probablement paraphées par vous-même. Tous les procès-verbaux y seront inscrits à la suite les uns des autres, sans blanc ni ratures ; ils seront dressés en présence des parties intéressées, porteront un numéro d'ordre et indiqueront le jour et l'heure de la remise des pièces.

V. Une expédition du procès-verbal sera remise au déposant, moyennant le remboursement du prix du timbre.

Le droit d'enregistrement de 12 francs, qui avait été établi par la loi du 25 mai 1791, a été supprimé.

VI. Ainsi que je viens de le rappeler, les demandes de brevets déposées dans les préfectures doivent m'être adressées immédiatement ; la loi a même voulu que le délai entre le dépôt et la transmission au ministre n'excédât jamais cinq jours. L'observation de cette obligation est d'autant plus importante, que, d'après la loi nouvelle, la durée du brevet court à partir du jour même du dépôt.

Telles sont, Monsieur le Préfet, les formalités à remplir, en vertu de la loi nouvelle, pour obtenir un brevet d'invention. L'accomplissement exact de ces formalités est essentiel, car la loi, par son article 12, a prononcé la nullité des demandes à l'égard desquelles ces formalités n'auraient pas été remplies: il importe donc que les demandeurs en soient bien avertis. Il importe également qu'ils ne perdent pas de vue que dorénavant, par suite de la disposition de la loi qui oblige l'inventeur à fournir sa description en double expédition, il ne s'écoulera qu'un intervalle de quelques jours à peine entre l'arrivée des demandes au ministère et l'expédition des brevets, et qu'ainsi les inventeurs ne se trouveront plus en mesure, soit de demander à prolonger la durée d'un brevet, soit de renoncer à leur demande avant la délivrance du titre.

Les dispositions que je viens de rappeler s'appliquent indistinctement à tous les inventeurs, français ou étrangers; la loi ne fait aucune différence entre les uns et les autres, et il était digne de la France de donner ainsi l'exemple du respect pour le droit des inventeurs, sans distinction de nationalité. L'étranger qui, comme le Français, remplit les formalités imposées par la loi, doit donc être admis de la même manière à faire constater son droit.

Mais, si l'invention qui fait l'objet du brevet demandé a été déjà brevetée dans un pays étranger, le demandeur doit signaler ce fait dans sa demande au ministre, et indiquer, par une date précise, le terme de la durée du brevet étranger; en outre, il doit déclarer quel est, dans la limite de cette durée, le nombre d'années qu'il entend assigner au brevet à lui délivrer, et l'inventeur étranger ou français qui prend ainsi un brevet pour sa découverte brevetée en pays étranger ne doit pas oublier que la loi française ne répute pas nouvelle toute découverte, invention ou application qui, en France ou ailleurs, a reçu, antérieurement à la date du dépôt de la demande, une publicité suffisante pour être exécutée. Ces dispositions ont remplacé celles qui, sous la législation antérieure, réglaient ce qui était relatif aux brevets d'importation, désormais supprimés.

Les formalités relatives aux brevets destinés à constater des changements, améliorations, ou perfectionnements, sont, aux termes des articles 16 et 17, les mêmes que celles que je viens d'indiquer. Un seul cas mérite explication : suivant l'article 18, nul autre que le breveté ou ses ayants-droit ne peut, pendant une année, prendre valablement un brevet pour une addition, changement ou perfectionnement à une invention déjà brevetée; seulement la loi fournit à l'inventeur le moyen de prendre date pour sa découverte, en l'autorisant à déposer une demande de brevet qui ne doit être ouverte qu'après l'expiration de l'année de privilége accordée à l'inventeur primitif. Les demandes de cette nature seront reçues et enregistrées comme les autres demandes, mais le procès-verbal de dépôt devra indiquer spécialement l'invention à laquelle se rattache l'addition ou le perfectionnement qu'on veut faire breveter.

Ces premières instructions, Monsieur le Préfet, vous mettront en mesure d'arrêter les dispositions nécessaires pour l'exécution immédiate de la loi, et je vous adresse un modèle du procès-verbal destiné à constater le dépôt des demandes de brevets d'invention. Ce procès-verbal a été calculé de manière à satisfaire aux différentes prévisions de la loi, et j'ai fait remplir, à cet effet, quatre exemplaires de ce modèle, des formules à suivre dans les quatre cas qui peuvent se présenter.

Je vous transmettrai successivement des instructions sur les autres parties de la loi, et notamment sur l'enregistrement des cessions de brevets et le paiement des annuités.

Le ministre secrétaire d'État de l'agriculture et du commerce,

Signé L. CUNIN-GRIDAINE.

DEUXIÈME CIRCULAIRE.

A la date du 31 octobre 1844.

Monsieur le Préfet, l'article 20 de la loi sur les brevets d'invention est ainsi conçu :

« Tout breveté pourra céder la totalité ou partie de la propriété « de son brevet.

« La cession totale ou partielle d'un brevet, soit à titre gra-« tuit, soit à titre onéreux, ne pourra être faite que par acte « notarié et après le paiement de la totalité de la taxe déterminée « par l'article 4.

« Aucune cession ne sera valable, à l'égard des tiers, qu'après « avoir été enregistrée au secrétariat de la préfecture du départe-« ment dans lequel l'acte aura été passé.

« L'enregistrement des cessions et de tous autres actes emportant « mutation sera fait sur la production et le dépôt d'un extrait au-« thentique de l'acte de cession ou de mutation.

« Une expédition de chaque procès-verbal d'enregistrement, ac-
« compagnée de l'extrait de l'acte ci-dessus mentionné, sera trans-
« mise par les préfets au ministre de l'agriculture et du commerce,
« dans les cinq jours de la date du procès-verbal. »

Ces dispositions, Monsieur le Préfet, reproduisent en partie celles de la loi du 25 mai 1791 ; elles posent avec netteté le principe du droit qui appartient au breveté de disposer librement de la propriété de son brevet, en même temps qu'elles subordonnent l'exercice de ce droit à l'accomplissement des formalités nécessaires pour prévenir les fraudes et garantir les intérêts des cessionnaires.

Le droit de disposer du brevet étant général et absolu, l'autorité n'a point à intervenir dans l'examen des conventions auxquelles l'exercice de ce droit peut donner lieu en tant qu'elles ne contiennent rien de contraire à l'ordre public ; le breveté peut aliéner la propriété de son titre, pour un ou plusieurs départements ou pour la totalité du territoire français ; il peut autoriser l'usage total ou partiel de sa découverte sans aliéner son droit de propriété ; il peut, en un mot, adopter toutes les combinaisons que comporte la libre disposition de cette nature de propriété.

Mais, d'un côté, aux termes de la loi, le breveté est déchu de tous ses droits s'il n'a pas acquitté à l'échéance chacune des annuités de la taxe de son brevet, et, de l'autre, aucune cession totale ou partielle ne peut avoir lieu avant le paiement de la totalité de cette taxe. D'autre part, la cession ne peut être faite que par acte notarié, et l'acte de cession doit être enregistré au secrétariat de la préfecture du département dans lequel l'acte a été passé. L'autorité doit donc veiller à ce que ces formalités, à l'observation desquelles la loi a subordonné la validité des cessions, soient exactement accomplies, et je vous prie, Monsieur le Préfet, de vouloir bien, à cet effet, prescrire dans votre préfecture les dispositions suivantes :

Aucun dépôt de cession ne doit être admis que sur la production et le dépôt, 1° du récépissé établissant le paiement, en temps utile, de la dernière annuité échue, autre que la première ; 2° d'un récépissé du receveur général, dans les départements, du receveur central à Paris, constatant le versement intégral du complément de la taxe du brevet ; et 3° d'un extrait authentique de l'acte notarié, passé devant un notaire du département, et constatant la cession totale ou partielle du brevet, soit à titre gratuit, soit à titre onéreux.

Toutefois, si le brevet avait été déjà l'objet d'une cession antérieure, l'expédition du procès-verbal d'enregistrement de ladite cession et l'extrait authentique de l'acte notarié dont il vient d'être parlé suffiraient pour l'enregistrement. Un procès-verbal dressé en présence du déposant et signé par lui, constatera le dépôt des pièces ci-dessus mentionnées, et énoncera les noms, qualité et domicile du déposant, s'il est autre que le breveté ; du cédant et du cessionnaire ; la désignation précise du brevet; la nature des droits conférés au cessionnaire et les conditions de ladite cession qui pourraient affecter la propriété du brevet.

Les procès-verbaux de l'espèce, comme les procès-verbaux relatifs aux demandes de brevets, seront dressés de suite et sans aucun blanc, sur un registre spécial à ce destiné, coté et paraphé comme il a été dit dans mon instruction du 1er octobre courant; ils porteront un numéro d'ordre et seront rédigés dans la forme du modèle ci-annexé.

La loi n'a pas ordonné qu'il soit délivré expédition du procès-verbal; mais cette mesure d'ordre peut être adoptée dans l'intérêt des parties, et elle ne doit entraîner d'autres frais que le remboursement du prix du timbre.

Enfin, de même que pour les demandes de brevets, les procès-verbaux d'enregistrement des actes de cession doivent m'être transmis dans les cinq jours de leur date, et ils doivent être accompagnés du récépissé constatant le paiement de la dernière annuité échue, du récépissé du complément de la taxe et de l'extrait ci-dessus mentionné de l'acte de cession. L'accomplissement des autres formalités concerne mon département, et je n'ai besoin de m'y arrêter que pour vous dire qu'aussitôt après l'arrivée des pièces, il vous en sera accusé réception, en attendant la proclamation trimestrielle ordonnée par l'art. 21 de la loi.

J'ai fait remarquer que l'autorité n'était pas juge des convictions particulières intervenues entre les parties ; j'insiste sur cette observation afin que vous vous pénétriez bien de l'obligation de faire procéder, sans délai, à l'enregistrement des actes de cession présentés, sans s'arrêter à l'examen des questions de fond qui pourraient surgir. L'administration ne manque pas, sans doute, à ce devoir, et elle se montre paternelle en donnant officieusement aux parties les avis qui peuvent les éclairer; mais, si le requérant persiste, l'enregistrement doit être effectué sur-le-champ. Il importe, en effet, que cet acte, auquel la loi a subordonné la validité des cessions envers les tiers, ne soit jamais retardé par la faute de l'administration.

Les observations qui précèdent s'appliquent aux cessions proprement dites, aux cessions partielles comme aux cessions totales, aux cessions à titre gratuit comme aux cessions à titre onéreux, en un mot à tous actes volontaires par lesquels le breveté transporte ou étend à d'autres la propriété de son titre. Tous ces actes, sans exception, entraînent nécessairement le paiement préalable du complément de la taxe.

Mais la propriété du brevet peut aussi se transmettre par d'autres voies que la cession : la mutation peut résulter d'un jugement, dans le cas d'action en revendication de la propriété de la découverte; elle peut être le résultat d'un décès, d'un partage, d'une séparation d'associés, etc. Dans ces différents cas, il y a lieu à la production et à l'enregistrement de l'extrait de l'acte qui opère la mutation, mais la loi n'a pas subordonné l'enregistrement de cet acte, comme celui des actes de cession, à la condition du paiement préalable du complément de la taxe : votre préfecture n'a donc point à l'exiger, et elle doit se borner à réclamer le récépissé constatant le paiement de la dernière annuité échue. Je me réserve, d'ailleurs, l'examen et la solution des difficultés qui pourraient se produire à l'occasion de l'enregistrement des actes de cession ou de mutation, et je vous recommande, dans le cas de doute, de faire procéder provisoirement à l'enregistrement sans réserve de la décision à intervenir.

Je vous rappelle, en outre, que d'après les dispositions formelles des art. 27 et 28 de la loi, la qualité d'étranger, soit comme cédant, soit comme cessionnaire, ne doit faire apporter aucun obstacle à l'enregistrement des actes de cession ou de mutation des brevets, ni aucun changement dans les formalités prescrites pour cet enregistrement.

Les présentes instructions s'appliquent aux brevets qui auront été délivrés sous l'empire de la loi du 5 juillet dernier, comme aux brevets pris antérieurement, seulement, à l'égard de ces derniers, auxquels ne s'étend pas le système des annuités, vous n'aurez à demander, avec l'extrait authentique de l'acte de cession ou de mutation, que la preuve du paiement de la seconde moitié de la taxe.

Veuillez, Monsieur le Préfet, donner dans votre préfecture des instructions conformes aux prescriptions de cette Circulaire, dont je vous prie de m'accuser réception.

Le ministre, secrétaire d'État de l'agriculture et du commerce,

Signé : L. CUNIN GRIDAINE.

ARRÊTÉ

RÉGLANT L'APPLICATION DANS LES COLONIES
DE LA LOI DU 5 JUILLET 1844.

Au nom du Peuple français,

Le Président du conseil des Ministres, chargé du pouvoir exécutif, sur le rapport du Ministre de l'agriculture et du commerce;
Vu l'art. 51 de la loi du 5 juillet 1844;
Vu l'avis du Ministre de la marine et des colonies;
Le conseil d'État entendu;
Arrête :

Article 1er. — La loi du 5 juillet 1844 sur les brevets d'invention recevra son application dans les colonies à partir de la publication du présent arrêté.

Art. 2. — Quiconque voudra prendre dans les colonies un brevet d'invention devra déposer, en triple expédition, les pièces exigées par l'art. 5 de la loi précitée, dans les bureaux du directeur de l'intérieur.

Le procès-verbal constatant ce dépôt sera dressé sur un registre à ce destiné, et signé par ce fonctionnaire et par le demandeur, conformément à l'art. 7 de ladite loi.

Art. 3. — Avant de procéder à la rédaction du procès-verbal de dépôt, le directeur de l'intérieur se fera représenter :

1° Le récépissé délivré par le trésorier de la colonie, constatant le versement de la somme de cent francs pour la première annuité de la taxe ;

2° Chacune des pièces, en triple expédition, énoncées aux paragraphes 1, 2, 3 et 4 de l'art. 5 de la loi du 5 juillet 1844;

Une expédition de chacune de ces pièces restera déposée sous cachet dans les bureaux de la direction pour y recourir au besoin. Les deux autres expéditions seront enfermées dans une seule enveloppe, scellée et cachetée par le déposant.

Art. 4. — Le gouverneur de chaque colonie devra, dans le plus bref délai, après l'enregistrement des demandes, transmettre au Ministre de l'agriculture et du commerce, par l'entremise du Ministre de la marine et des colonies, l'enveloppe cachetée contenant les deux expéditions dont il s'agit, en y joignant une copie certifiée du procès-verbal, le récépissé du versement de la première annuité, et, le cas échéant, le pouvoir du mandataire.

Art. 5. — Les brevets délivrés seront transmis dans le plus bref délai aux titulaires par l'entremise du Ministre de la marine et des colonies.

Art. 6. — L'enregistrement des cessions de brevets dont il est parlé en l'art. 20 de la loi du 5 juillet 1844 devra s'effectuer dans les bureaux des directeurs de l'intérieur.

Les expéditions des procès-verbaux d'enregistrement, accompagnées des extraits authentiques d'actes de cession et des récépissés de la totalité de la taxe, seront transmises au Ministre de l'agriculture et du commerce, conformément à l'art. 4 du présent arrêté.

Art. 7. — Les taxes prescrites par les art. 4, 7, 11 et 22 de la loi du 5 juillet seront versées entre les mains du trésorier de chaque colonie, qui devra faire opérer le versement au trésor public, et transmettre au Ministre de l'agriculture et du commerce, par la même voie, l'état de recouvrement des taxes.

Art. 8. — Les actions pour délit de contrefaçon seront jugées par la cour d'appel dans les colonies.

Le délai des distances, fixé par l'art. 48 de ladite loi, sera modifié conformément aux ordonnances qui, dans les colonies, régissent la procédure en matière civile.

Art. 9. — Le Ministre de l'agriculture et du commerce et le Ministre de la marine et des colonies sont chargés, chacun en ce qui le concerne, de l'exécution du présent arrêté.

Fait à Paris, le 21 octobre 1848.

Signé : E. CAVAIGNAC.

MODÈLE DE POUVOIR.

Un grand nombre d'inventeurs, surtout ceux qui sont éloignés de la capitale, sont souvent embarrassés, pour former leur demande de brevet, de rédiger le mémoire qui doit expliquer leur invention, ou de dresser les dessins nécessaires. Comme la loi les autorise à se faire représenter à ce sujet par un mandataire, moyennant un pouvoir authentique qui peut être sous seing privé, ou notarié à la volonté du demandeur, nous avons cru utile de donner la teneur d'un de ces pouvoirs, afin que toutes les personnes qui jugeront convenable de s'en rapporter à cet égard aux hommes compétents, puissent le faire sans dérangement et dans les formes adoptées.

MODÈLE DE POUVOIR SOUS SEING PRIVÉ

A donner par tout inventeur, français ou étranger (non breveté à l'étranger), pour former la demande d'un brevet d'invention, en son nom, en France.

Je soussigné (*noms, prénoms, qualités et demeure*) donne par ces présentes pouvoir à M. A....., ingénieur, demeurant à Paris, de pour moi et en mon nom demander un brevet d'invention de quinze ans pour (*donner le titre de l'invention*).

L'autorise à élire domicile chez lui pour l'exécution des formalités prescrites par la loi du 5 juillet 1844; à signer tous actes et à satisfaire à toutes les obligations imposées aux brevetés par ladite loi.

Le présent pouvoir aura force et valeur pour déposer en

mon nom toutes demandes de certificats d'addition se rattachant à ladite invention.

Je l'autorise en outre à retirer des mains de qui de droit tous titres et pièces relatifs audit brevet, et à en donner décharge; promettant d'avoir le tout pour agréable et de le ratifier au besoin.

Fait à le

Bon pour pouvoir

Signature

Nota. Ce pouvoir, qui peut être donné par une ou plusieurs personnes, ou par le gérant d'une société, doit être dressé sur papier timbré et la signature légalisée par les autorités compétentes. Ainsi, à l'étranger, par un magistrat municipal, et, en dernier lieu, par le consul de France dans le pays; et en France par le maire, le préfet ou le sous-préfet.

Lorsque la procuration sera dressée devant notaire, en province, la signature du notaire devra être légalisée par le président du tribunal civil.

Quant à la procuration donnée par acte notarié à l'étranger, la signature du notaire devra être légalisée par le consul de France dans le pays.

Enfin si l'inventeur est déjà breveté à l'étranger, il doit déclarer dans la procuration la date, le titre et la durée du brevet étranger.

INTERPRÉTATION

des principaux articles

DE LA LOI DU 5 JUILLET 1844

SUR

LES BREVETS D'INVENTION

D'APRÈS L'EXPOSÉ DES MOTIFS

LES RAPPORTS AUX CHAMBRES DES PAIRS ET DES DÉPUTÉS
ET LES DISCUSSIONS PARLEMENTAIRES.

TITRE PREMIER.

DISPOSITIONS GÉNÉRALES.

ARTICLE Ier.

Nature et effet des Brevets d'invention.

Garantir à tout inventeur, pendant un temps donné, la jouissance pleine et entière de sa découverte, à la condition que son invention sera acquise à la société après l'expiration de son privilége; telle est la base légale du contrat intervenu entre l'inventeur et la société.

Ainsi, le premier vient loyalement communiquer à la société une invention qu'il a conçue, qui lui appartient incontestablement, et, en retour, le gouvernement, au nom de la société, qu'il représente, vient assurer à l'inventeur le droit exclusif, mais temporaire, d'exploiter sa découverte. Bien que l'expression propriété, dans le sens absolu, ne soit pas réservée à la rémunération du génie de l'invention dans les arts industriels, cependant le droit acquis à l'inventeur d'exploiter son brevet par fabrication directe ou indirecte, par licence, concession, transfert, etc., a tous les caractères d'une propriété, seulement c'est une propriété à terme. A cet égard, le ministre de l'agriculture et du commerce, dans l'exposé des motifs du projet de loi, s'exprime ainsi :

Sans contredit, rien n'est plus intimement lié à l'homme que sa pensée; par cela même qu'il la conçoit, l'auteur d'une découverte en est le propriétaire; mais ce droit lui échappe dès qu'il veut la produire au dehors, c'est-à-dire en obtenir un résultat; elle passe au domaine public. Il a besoin de la société et de la loi pour lui assurer le privilége de la mettre seul en œuvre et d'en recueillir primitivement les avantages.

L'inventeur ne peut donc exploiter sa découverte sans la société, et la société ne peut en jouir sans la volonté de l'inventeur; la loi, arbitre souverain, est intervenue; elle a garanti à l'un une jouissance exclusive temporaire, à l'autre une jouissance différée, mais perpétuelle; telle est la solution considérée comme le règlement le plus équitable des droits respectifs, et qui est devenu la base de la législation industrielle chez tous les peuples civilisés.

Le titre délivré par le gouvernement, sous la dénomination de *Brevets d'invention*, est un arrêté constatant la régularité, quant à la forme, du dépôt de l'invention, mais sans garantir l'exactitude de la déclaration de l'inventeur ; c'est-à-dire que le brevet d'invention est délivré sans examen préalable ; c'est simplement un acte qui constate la prise de possession légale par l'inventeur d'une idée qu'il a conçue.

Que cette idée soit bonne ou mauvaise, neuve ou ancienne, le point principal est de ne point l'étouffer dès sa naissance et d'attendre, pour la juger, qu'elle ait reçu tous ses développements. Il est juste que l'inventeur en recueille les prémices, s'il dit vrai ; et s'il dit faux, elle sera bientôt réclamée par ceux qui l'auront employée avant lui.

Il est donc bien entendu que la demande d'un brevet n'est soumise à aucun jury d'examen ; que l'inventeur assume la responsabilité de toutes ses erreurs, et que tout brevet est délivré, sans examen préalable, aux risques et périls du demandeur et sans garantie soit de la réalité, de la nouveauté ou du mérite de l'invention, soit de la fidélité ou de l'exactitude de la description. Le rôle du gouvernement, qui n'est pas solidaire de la déclaration de l'inventeur, se réduit à un simple enregistrement, à un acte purement administratif ; aux tribunaux reste la tâche de juger les contestations relatives à la propriété des brevets.

Le brevet est accordé soit à l'inventeur lui-même, soit à celui qui aurait acquis préalablement de l'inventeur la propriété exclusive de la découverte.

Le brevet peut être délivré à une seule ou à plusieurs personnes, soit en leurs noms personnels, soit au nom d'une société. Ainsi un brevet peut avoir plusieurs propriétaires, soit qu'il ait été délivré à une société ou à plusieurs personnes conjointement, soit que, délivré à une seule personne, il soit devenu la propriété de plusieurs, par résultat de conventions, de décès, de mutations et transmissions à titre quelconque.

Les droits respectifs des divers copropriétaires sont déterminés par les règles de la législation commune. Les conventions arrêtées entre eux font leur loi. A défaut de conventions, tous les titulaires d'un même brevet sont propriétaires au même degré, et le brevet constitue une propriété indivise.

Dans ce cas, l'exploitation par un ou par plusieurs se fera en commun ou pour le compte de tous, avec partage des bénéfices et des charges, et nul des intéressés ne pourra disposer du brevet sans le concours et sans le consentement des copropriétaires, que pour la part qui lui appartient personnellement.

En cas de contestation, comme nul ne peut être contraint à rester dans l'indivision, il y aura lieu à partage, ou sinon à une licitation.

Lorsque le brevet est pris au nom d'une société régulièrement constituée, il appartient à la raison sociale, et non aux associés individuellement. En conséquence, quand la société est dissoute, le brevet subit le sort de la société et fait partie de la liquidation.

ARTICLE 2.

Inventions susceptibles d'être brevetées.

Une nation, pour augmenter son bien-être, ses jouissances, ses besoins, et rester en mesure de rivaliser en commerce et en industrie avec les autres peuples, doit constamment faire appel au développement et à la constante application des intelligences, au travail de ses savants, comme au génie inventif de ses ouvriers.

On obtient ces résultats féconds, soit en faisant d'utiles emprunts à la nature, soit en conquérant sur elle des produits industriels jusqu'alors inconnus, soit en perfectionnant les moyens d'obtenir ceux dont elle est en possession, soit encore en diminuant la main-d'œuvre, soit enfin en employant des agents ou des moteurs moins coûteux, ou des rouages moins compliqués.

La loi protége donc à égal titre : les inventeurs de nouveaux produits industriels et les inventeurs de procédés plus prompts, plus faciles, plus économiquement produits, afin d'obtenir par là l'abaissement du prix de revient, qui importe si essentiellement à la prospérité du commerce et au bien-être des consommateurs, ainsi qu'un accroissement dans la richesse nationale.

Le deuxième paragraphe a un caractère de généralité qui embrasse l'invention de moyens, ou l'application nouvelle de moyens connus, soit pour obtenir un produit industriel, soit pour obtenir un résultat industriel. Ainsi tout ce qui rend plus facile ce qui est utile, et produit plus d'effet avec moins d'efforts, est encouragé à l'égal de l'invention.

Mais une découverte purement scientifique sans aucune application déterminée, ne peut constituer un brevet valable; pour qu'une invention soit brevetable, il faut qu'elle s'applique industriellement, et qu'elle constitue un objet ou un résultat matériel et vénal.

Une invention peut concerner :

1° Un produit industriel nouveau conquis sur la nature ou combiné par l'intelligence de l'homme.

2° Un moyen ou procédé nouveau par lequel on obtient des produits ou résultats déjà connus.

3° Une application nouvelle de moyens connus pour obtenir un produit connu avec économie de fabrication, et qualité supérieure.

4° Une application nouvelle de moyens connus pour obtenir un résultat nouveau.

Les faits industriels offrent d'ailleurs une telle variété, ils se présentent sous des aspects si divers, qu'il est impossible *à priori* de donner une règle générale et infaillible pour discerner toujours ce qui est brevetable et ce qui ne l'est pas. A vrai dire cependant, les auteurs et la jurisprudence semblent être d'accord sur les points suivants :

Il y a des applications nouvelles de moyens connus en dehors de toute controverse. Ainsi, le fait de préparer la laine par l'oléine constitue une application nouvelle d'une substance déjà connue. C'est là une préparation qui réalise certains avantages et remplace une préparation du même genre usitée antérieurement. Il en est de même, soit de la disposition d'un système électro-magnétique sur une locomotive, pour rendre plus énergique l'adhérence des roues sur les rails; soit encore de l'introduction d'un jet de vapeur dans un appareil de distillation ou dans une cheminée pour accélérer l'opération ou le tirage.

Dans ces exemples que l'on peut multiplier à l'infini, il y a toujours à côté de l'application un résultat industriel nouveau, réalisé ou tout au moins visé. Aussi, n'hésitera-t-on pas à y reconnaître une application brevetable dont le caractère est parfaitement défini.

Mais les auteurs et la jurisprudence établissent une distinction importante entre ce qui constitue l'application dans le sens légal et ce qui n'est qu'un simple transport d'un objet à un autre, une sorte de mise en œuvre, pour ainsi dire, sans aucun travail d'appropriation. On ne fera pas breveter valablement un chambranle de cheminée émaillé et doré, sous le prétexte que l'émail et l'or n'ont pas encore été *appliqués* à cet objet, parce qu'il n'y a ici qu'un simple transport, sans artifice nouveau, d'un procédé connu. Il en est de même des boutons de porte que l'on fabriquait autrefois en fer ou en cuivre, et que l'on fait aujourd'hui en verre, en cristal blanc et coloré, argenté, doré, etc. Il y a bien là, sous le rapport commercial, quelque chose de nouveau, mais ce quelque chose n'est pas suffisant pour qu'on le considère comme une application.

Au reste, il est bon de remarquer, que pour tous les produits qui se rapprochent des objets d'art, et dont la forme extérieure peut captiver la vogue, la mode, le dépôt d'un échantillon au tribunal de commerce ou au conseil des prud'hommes, à défaut d'un brevet, en garantira la propriété à leur auteur. Tels sont, par exemple, les modèles de pendules, de candélabres, de coupes, de flacons surmontés de sujets sculptés ou moulés, mais c'est seulement pour la partie artistique que le dépôt est efficace. Les produits industriels ou commerciaux qui ne participent pas de ce caractère ne sont point protégés dans l'état actuel de notre législation. C'est une lacune, si l'on veut, mais il n'appartient qu'à la loi de modifier cet ordre de choses. Bien des industriels commettent cette erreur, ils se croient sûrs de leur droit, parce qu'ils ont déposé des produits de fabrique; on ne saurait trop leur répéter que le dépôt n'est utile que pour les objets d'art, les dessins et les marques de fabrique, mais qu'étendu au delà, il ne signifie plus rien. Chaque jour, le tribunal de commerce repousse des prétentions de cette nature, chaque jour elles se reproduisent, et c'est pour cela qu'on ne saurait trop répéter ce qui a été déjà dit tant de fois.

La distinction plus haut signalée entre l'application et le simple transport n'est pas toujours aussi saisissante que dans les exemples cités. Souvent il y a doute, et dans ces questions, il n'est pas rare que le fait soit qualifié application par les uns, transport par les autres.

En général, il y a application nouvelle dans le sens légal toutes les fois que par suite de l'appropriation d'un moyen connu à une industrie spéciale, on réalise une amélioration sensible, soit comme économie de matière ou de main-d'œuvre, soit comme qualité supérieure du produit.

ARTICLE 3.
Inventions non susceptibles d'être brevetées.

L'exception au sujet des compositions pharmaceutiques et des remèdes de toute espèce est tirée de considérations de santé publique.

Un remède peut être dangereux par sa propre efficacité, par l'usage inopportun et par l'application inintelligente qu'on en fait; et, bien que la loi proclame qu'un brevet d'invention ne préjuge pas le mérite d'une invention, il fallait sauver la crédulité publique d'ajouter foi, sur la simple déclaration d'un breveté charlatan, à la puissance d'un remède inefficace ou dangereux ou mal administré.

L'auteur de produits pharmaceutiques rentre d'ailleurs sous l'empire du décret du 18 août 1810, qui autorise l'achat, par le gouvernement, des remèdes secrets dont le mérite serait reconnu et constaté.

Cette exclusion ne concerne ni les substances alimentaires solides ou liquides, ni les cosmétiques, ni les produits chimiques industriels.

Une autre exclusion est prononcée par l'article 3 relativement aux plans et combinaisons de crédit et de finances.

L'expérience avait notoirement démontré, peu après la promulgation des lois de 1791, que les brevets appliqués aux combinaisons financières devenaient un moyen de fraude et un piége contre les fortunes particulières. La loi du 20 septembre 1792 avait non-seulement rapporté cet article comme dangereux dans ses effets, mais même supprimé, par une disposition rétroactive, les brevets déjà accordés.

Dans la même exclusion rentrent les principes, méthodes, systèmes et généralement toutes découvertes scientifiques et théoriques dont les applications industrielles ne sont pas indiquées.

La loi est faite dans l'intérêt de l'industrie et non de la science; les principes, méthodes, systèmes sont du domaine de la pensée ; ils ne peuvent devenir une propriété exclusive que par les applications particulières dont ils sont susceptibles. Quant aux inventions contraires à l'ordre et à la sûreté publique, aux bonnes mœurs ou à la loi, la législation actuelle prononce la nullité des brevets qui y ont rapport, sans préjudice des pénalités au cas d'application ou d'exploitation.

ARTICLE 4.

Durée et taxe.

On a souvent émis le désir que la propriété industrielle fût, sinon perpétuelle, du moins traitée à l'égal de la propriété littéraire, et que, par conséquent, la durée du privilége fût fixée à toute la vie de l'inventeur et s'étendît même au delà.

Le rapporteur à la Chambre des pairs a réfuté cette proposition par les considérations suivantes :

« La pensée industrielle et la pensée littéraire sont toutes deux sans doute le produit de l'intelligence, mais sont-elles au même degré l'apanage particulier de ceux qui les ont conçues, et leurs auteurs doivent-ils dès lors être traités à l'égal l'un de l'autre? L'industrie se compose de la masse des découvertes préexistantes; aussi l'industriel profite-t-il bien plus pour ses inventions de toutes les connaissances répandues avant lui dans les arts et métiers, que le littérateur ne tire parti des ouvrages existant dans les bibliothèques. Un mécanicien ordinaire, de nos jours, en sait plus, pour la perfection de son art, que le plus habile inventeur des siècles précédents. L'industrie, par un heureux privilége, non-seulement ne perd jamais, mais d'un pas tantôt plus lent, tantôt plus rapide, elle avance incessamment. Le génie des auteurs est-il également progressif? Notre siècle, sous ce rapport, dépasse-t-il celui de Périclès, d'Auguste, de Louis XIV? N'établissons donc point de comparaison entre les applications diverses du génie de l'homme à des objets si différents.

« N'est-il pas d'ailleurs une circonstance qui, en dehors de ce parallèle, vient impérieusement exiger des règles différentes? Les droits accordés aux inventeurs par les brevets d'invention ne constituent-ils pas, à leur profit, un temps d'arrêt pour l'industrie? N'est-il point expressément défendu de faire usage du perfectionnement apporté à une invention privilégiée sans l'assentiment du breveté ? En est-il de même de l'homme de lettres et du savant ? Les livres ne sont ils pas faits avec des livres, et chacun n'est-il pas libre de s'inspirer des idées et du travail d'autrui ? Le plagiat seul ne constitue-t-il pas la contrefaçon ?

« Dans la question industrielle, comme dans tant d'autres, le droit de chacun rencontre une limite dans le droit d'autrui. En face du droit de création se trouve le droit de reproduction et d'imitation qui vient aussi de Dieu, qui a sa source aussi dans le travail dirigé par la pensée. Faut-il que ce droit soit immolé au premier pour toujours ou pour un temps donné ? Là est la difficulté.

« D'ailleurs, par un accord presque unanime, les nations, si divisées et si différentes sur la manière de traiter les hommes de lettres et les savants, n'ont-elles pas fixé toutes le privilége des inventeurs à quatorze ou quinze ans au plus ?

« Dans l'état actuel, l'inventeur est libre de donner à son privilége une durée de cinq, dix ou quinze années, à son choix ; sa détermination, une fois arrêtée, doit faire sa règle comme celle du public. L'industrie, qui le sait, se dispose en conséquence, et, lorsque, sur la foi de l'expiration prochaine d'un brevet (véritable contrat qui lie l'inventeur à la société), elle s'est préparée à grands frais peut-être, à l'exploitation libre d'une découverte acquise, dans sa pensée, au domaine public, il ne faut pas qu'une décision soudaine, même fondée sur des titres légitimes, vienne lui enlever le bénéfice de la loi ; car la loi est la sauvegarde des droits et des intérêts de tous.

« L'inventeur est donc tenu d'indiquer, dans sa demande, la durée qu'il prétend assigner à son brevet dans la limite de quinze années, et, quelle que soit cette durée, il lui est imposé une taxe annuelle de cent francs.

« La taxe est à la fois un droit de rémunération en compensation du privilége d'exploitation exclusive conféré au breveté par la société, et un frein pour écarter la plus grande partie des rêveries ou futilités qu'en présence du système de non-examen préalable on présenterait journellement au bureau des brevets.

« La loi prononce la déchéance absolue d'un brevet si chaque annuité n'est pas acquittée avant l'anniversaire du jour du dépôt de sa demande à la préfecture.

« D'un autre côté, l'inventeur est toujours libre de renoncer à son brevet; il lui suffit de cesser le paiement des annuités. »

TITRE II.

DES FORMALITÉS RELATIVES A LA DÉLIVRANCE DES BREVETS.

ARTICLES 5, 6 ET 7.

Demandes de Brevets et Enregistrements.

Toute personne, un citoyen comme un étranger, une femme mariée autorisée de son mari ou un mineur accompagné de son tuteur, est apte à prendre un brevet d'invention.

Un brevet peut être demandé par une seule personne ou par plusieurs, même au nom d'une société.

L'inventeur ou son mandataire, après avoir effectué à la recette générale le versement de 100 francs pour la première année de la taxe du brevet qu'il sollicite, devra, muni de ce récépissé, déposer au secrétariat de la préfecture de son département, ou de tout autre département où il élit domicile, un paquet cacheté à l'adresse du ministre de l'agriculture et du commerce. Ce pli contiendra :

1° Une requête, en forme de lettre, mentionnant les nom, prénoms, profession et domicile du pétitionnaire, et indiquant le titre sommaire de l'invention et la durée assignée au brevet ;

2° Une description claire, précise, complète, telle enfin qu'à l'expiration du brevet chacun puisse exécuter l'invention. Toute obscurité, toute réticence dans la description s'interprètent contre le breveté ;

3° Les dessins ou échantillons suivant la nature de l'invention ; dans le cas le plus général, c'est-à-dire pour tout objet se rattachant aux arts mécaniques, une description, quelque développée qu'elle soit, serait insuffisante pour l'intelligence de l'invention si elle n'était accompagnée de dessins graphiques avec lettres de report. Mais lorsqu'il s'agit de produits chimiques, de matières textiles ou d'épreuves de typographie et lithographie, des échantillons remplacent les dessins, et viennent utilement corroborer la spécification.

On ne satisferait pas à la loi si, en déposant les

échantillons, on se contentait de les accompagner d'une description incomplète. Il doit être bien compris, et une décision toute récente de la cour d'appel vient de le consacrer, que les échantillons ne sont pas suffisants pour établir l'invention, et qu'il faut exposer et détailler celle-ci en termes clairs et précis dans la description qui réellement forme le document unique du brevet.

4° Un duplicata conforme de la description et des dessins.

5° Un bordereau des pièces renfermées dans le pli cacheté.

Règles à observer.

Un seul et même brevet ne peut comprendre plusieurs inventions hétérogènes ou dissemblables. La loi prononce la nullité d'un tel brevet, qui a le double inconvénient de frauder le trésor et d'induire le public en erreur.

Cette exception s'applique à des objets distincts n'ayant entre eux aucune solidarité indispensable, et non à une invention complexe, c'est-à-dire embrassant divers moyens d'arriver à un même résultat, ou qui comporte un objet principal, et des accessoires qui s'y rattachent, comme une chaudière à vapeur, objet principal, et ses accessoires, tels que les soupapes, le flotteur, le manomètre, etc. Un même brevet s'étend également aux diverses applications dont l'invention est susceptible, et que l'inventeur est tenu de mentionner.

La demande de brevet ne doit être accompagnée d'aucunes restrictions, conditions ou réserves relatives soit, par exemple, au maintien du brevet sous le secret, soit à la prolongation du brevet, soit à la garantie de l'invention, soit à l'extension, par une expression de généralité non définie, de la découverte au delà des points précités et bien définis; elle doit se conformer aux prescriptions de la loi.

Le titre de l'invention doit sommairement préciser l'objet revendiqué, sans aucune indication erronée, sous peine de nullité du brevet.

On ne saurait apporter trop de soin à la rédaction de la description de la découverte.

Ce document a, en effet, un double objet : il est destiné à formuler, avec la plus parfaite exactitude, l'invention qui fait l'objet du brevet, et à en fixer aussi l'étendue et les limites. Il doit, en outre, être suffisamment intelligible à tout homme de l'art, pour assurer au public l'exploitation de la découverte à l'expiration du brevet.

La loi est d'autant plus sévère à l'égard d'une description incomplète, ou insuffisante par réticence ou négligence, peu importe, que l'inventeur qui reçoit pour prix de son invention un privilége exclusif temporaire, fraude la société en ne remplissant qu'imparfaitement la clause fondamentale de son contrat; aussi l'article 30 prononce-t-il, dans ce cas, la nullité du brevet.

La description, qui est la pièce principale du brevet, est rédigée sur papier libre, entièrement en langue française, sauf certains termes techniques puisés dans l'industrie étrangère.

Le contenu de ce document n'aura de forme réellement authentique que par l'absence de toute altération ou surcharges; on devra donc compter et constater avec soin les mots rayés nuls, et parapher les pages et les renvois.

Les dénominations de poids et mesures autres que celles reconnues par la loi sont impérativement défendues.

Les dessins qui viennent à l'appui de la description doivent, comme elle, avoir une forme authentique, et, à cet effet, être arrêtés à l'encre et non au crayon; ils doivent être faits sur une échelle qui indique les proportions. La description, comme les dessins, doivent être tracés à la main, pour éviter tous les inconvénients d'une publicité anticipée dont on pourrait arguer s'ils étaient autographiés, lithographiés ou gravés.

Un duplicata de la description et des dessins sera joint à la demande, parce qu'une expédition dite *primata*, désignée par l'inventeur, reste au ministère pour être communiquée au public, tandis que l'autre expédition, dite *duplicata*, signée et paraphée par le ministre, fait partie de l'arrêté remis aux mains du breveté.

Toutes les pièces seront signées par le demandeur ou par un mandataire muni d'un pouvoir spécial, qui restera annexé à la demande.

Cette mesure est une précaution en vue d'éviter tout désaveu éventuel du mandant.

Enregistrement de la demande d'un brevet d'invention.

En se présentant au secrétariat de la préfecture pour l'enregistrement de sa demande de brevet, l'inventeur doit justifier du versement de la somme de cent francs, effectué à la recette du département, pour la taxe de la première annuité du brevet. Le secrétaire général dresse alors, en présence de l'inventeur, un procès-verbal constatant les nom, prénoms, qualités et domicile du requérant, et l'heure exacte du dépôt. Il est de la plus grande importance de préciser, à la minute près, le dépôt des pièces, car, en cas de contestation entre deux brevetés pour le même objet, la priorité est acquise, et, par suite, le droit exclusif d'exploitation appartient à celui dont le dépôt a la première date.

Comme l'administration ne remet au déposant qu'un bulletin sans aucun caractère d'authenticité, l'inventeur peut exiger, pour s'en servir, au besoin, en attendant l'expédition de son brevet, une copie du procès-verbal ; cette expédition lui est délivrée sur papier dont le timbre seul est à ses frais.

ARTICLE 8.

Date de la jouissance.

Le droit exclusif d'exploitation d'un brevet remonte au jour même du dépôt légal des pièces ; la date inscrite au bas de l'arrêté ministériel ne doit pas être prise en considération ; elle ne sert qu'à indiquer le jour de l'expédition. Comme il y a déchéance absolue d'un brevet pour retard dans le paiement des annuités, les intéressés doivent tenir bonne note du jour du dépôt, afin que le paiement successif de chaque annuité précède cet anniversaire.

Bien que les droits d'un inventeur datent de l'enregistrement des pièces à la préfecture, et que dès ce jour il puisse commencer l'exploitation de sa découverte, cependant il ne peut poursuivre les contrefacteurs qu'après avoir reçu l'expédition du brevet, dont il est tenu de justifier lors d'une instance en contrefaçon.

ARTICLES 9 ET 10.

Expédition de la demande.

Dans le délai de cinq jours après l'enregistrement, le préfet adresse le paquet cacheté au ministre de l'agriculture et du commerce. Chaque demande, en arrivant dans les bureaux du ministère, est décachetée et examinée seulement pour reconnaître la régularité des documents déposés, qui sont ensuite mis dans un dossier, avec un numéro d'ordre, suivant la date de la réception. Les pièces sont alors collationnées, puis revêtues d'un timbre spécial. Le duplicata des pièces, signé par le ministre, est joint à l'arrêté ministériel pour constituer le brevet.

Ainsi, aussitôt l'enregistrement de sa demande à la préfecture, l'inventeur n'a plus à s'en occuper; et, si elle est régulière, il reçoit, dans le délai de deux mois environ, avis de la préfecture de venir retirer l'expédition de son brevet.

ARTICLE 11.

Expédition ministérielle du Brevet.

L'administration n'a pas à examiner la demande d'un brevet sous le rapport de la réalité, de la nouveauté et du mérite de l'invention ; elle est exclusivement chargée de constater si le paquet renferme bien, et en bonne forme, toutes les pièces exigées par les articles 5, 6 et 7, ou si l'objet n'est pas susceptible d'être breveté, conformément à l'article 3.

Lorsque la régularité de la demande est certifiée, et que toutes les pièces ont été collationnées, le bureau soumet à la signature du ministre un arrêté qui, accompagné du duplicata de la description et des dessins déposés par l'inventeur, constitue le brevet proprement dit, et est adressé sans frais à l'inventeur par le canal de la préfecture où a eu lieu l'enregistrement.

On peut former opposition, entre les mains du ministre, à la délivrance d'un brevet. Le seul effet de cette opposition c'est d'empêcher la délivrance du titre jusqu'à ce que les tribunaux aient statué sur la contestation, mais non d'arrêter l'exploitation.

On peut aussi former opposition à l'enregistrement d'une cession. La main-levée de l'opposition peut être donnée par acte notarié ou signifiée par huissier.

Toute personne peut ultérieurement obtenir l'expédition d'un brevet par une demande spéciale au ministre de l'agriculture et du commerce en y joignant un récépissé de la somme de vingt-cinq francs payée comme droit à la recette du département.

Lorsque le brevet dont on désire une expédition est accompagné de dessins, la copie de ces derniers reste à la charge du requérant, qui peut confier ce travail à un artiste compétent.

ARTICLE 12.

Rejet de la demande.

Avant de formuler la demande d'un brevet, le requérant doit se conformer avec soin aux prescriptions de la loi, et, au besoin, recourir à des hommes spéciaux; car toute irrégularité dans la rédaction des documents entraîne le rejet et la nullité du dépôt, et, par suite, la date qui sauvegardait sa priorité.

Après notification du rejet de sa demande, l'inventeur qui la reproduit régulièrement dans les trois mois, ne perd pas la moitié de la somme versée pour la première annuité.

Tout inventeur qui, postérieurement au dépôt de sa demande de brevet, en reconnaît la futilité ou l'inutilité, peut, si le brevet ne lui est pas encore expédié, solliciter, par une requête directe au ministre de l'agriculture et du commerce, la nullité de sa demande, la remise de ses pièces et le remboursement de la taxe. Cette faculté n'a pas été prévue par la loi, qui supposait l'expédition rapide des brevets, mais elle résulte du retard apporté par l'administration, en raison du nombre considérable des demandes relativement au petit nombre d'employés; le délai qui s'écoule ordinairement entre les demandes d'expédition est d'environ deux mois.

ARTICLE 13.

Remboursement de la taxe.

Lorsque l'objet du brevet concerne une composition pharmaceutique ou un remède secret, ou un plan de crédit, ou une combinaison financière, l'administration notifie le rejet de la demande et fait rembourser la taxe au pétitionnaire.

ARTICLE 14.

Proclamation des Brevets.

L'arrêté ministériel, accompagné du duplicata de la description et du dessin, fait foi devant les juridictions, et constitue le titre du breveté. L'insertion du brevet au *Bulletin des Lois*, pour la publicité légale, est une formalité purement administrative.

ARTICLE 15.

Prolongation d'un Brevet.

L'administration est incompétente pour statuer sur une demande de prolongation soit en deçà, soit au delà de quinze années. La prolongation d'un brevet est déférée au pouvoir législatif, et, comme on doit le prévoir, elle ne sera accordée que pour des inventions exceptionnelles, et dans des cas très-rares. Depuis la législation de 1844, une seule prolongation de cinq années a été décrétée par l'Assemblée législative en faveur de M. Boucherie pour la conservation des bois.

ARTICLE 16.

Des certificats d'addition.

Le titulaire ou le cessionnaire d'un brevet, qui modifie ou perfectionne l'objet revendiqué, peut s'assurer la jouissance privative desdites modifications ou améliorations par des demandes successives de certificats d'addition.

Il devra, à cet effet, remplir les mêmes formalités que pour un brevet principal ; mais la loi réduit, en sa faveur, la taxe à la somme de vingt francs pour chaque brevet d'addition, qui peut comprendre plusieurs changements à l'invention décrite au brevet.

L'administration lui remet chaque fois un arrêté ministériel, dit certificat d'addition, lequel se rattache au brevet principal, s'y identifie pour finir avec lui, et subit les mêmes éventualités, c'est-à-dire que, si le brevet est déclaré nul, les additions tombent avec lui.

Lorsqu'un brevet principal est au nom de plusieurs titulaires, les certificats d'addition déposés par l'un quelconque des signataires deviennent de droit la propriété de tous les intéressés au brevet.

Ainsi, un certificat d'addition complète l'insuffisance des documents primitifs, ou améliore, change ou modifie les moyens décrits. Si donc un breveté n'annexe pas successivement à son brevet principal les perfectionnements que l'expérience lui suggère, il est considéré comme les concédant au domaine public.

ARTICLE 17.

Faculté réservée au perfectionneur déjà possesseur d'un Brevet principal pour le même objet.

Comme un certificat d'addition expire avec le brevet principal auquel il est annexé, la loi accorde la faculté au titulaire d'un brevet de prendre, au lieu d'une addition, un brevet distinct pour un perfectionnement dont il désire s'assurer la jouissance exclusive pendant une plus longue durée. Il aura, dans ce cas, à se conformer aux prescriptions des art. 5, 6 et 7 concernant un premier brevet, et à acquitter annuellement la somme de 100 fr., conformément à l'art. 4.

ARTICLE 18.

Délai en faveur de l'auteur d'une invention.

Une année, à partir du dépôt régulier de sa demande de brevet, est accordée à l'inventeur pour perfectionner son invention, à l'exclusion de tout autre. Cette disposition est très-favorable au créateur d'une invention; il n'est pas donné à toute personne qui poursuit l'application d'une idée nouvelle de la résoudre de prime abord suivant toutes les conditions théoriques et pratiques, il est donc tenu de s'adresser aux hommes de l'art pour la réaliser convenablement; et souvent la crainte d'être dépossédé du fruit de son intelligence empêcherait l'inventeur de produire sa découverte. Le législateur a prévu ce cas : d'après l'article 18, tout inventeur peut déposer la demande d'un brevet, quel que soit l'état de sa découverte; puis, une fois son enregistrement effectué, il peut, sans crainte, recourir aux lumières des industriels compétents, modifier et transformer sa découverte à l'état d'exploitation.

Une année lui est en effet acquise, de préférence à tout autre, pour consigner dans des certificats d'addition les changements et perfectionnements qu'aura subis sa découverte.

Si dans le courant de la première année d'un brevet, toute autre personne veut déposer une demande de brevet principal sous le titre de perfectionnement à l'objet breveté, cette demande restera tout ce temps sous cachet au ministère de l'agriculture et du commerce, et l'expédition du brevet sera alors délivrée à l'auteur du perfectionnement; mais il est bien entendu que le premier breveté aura la préférence pour les changements qu'il aura bien lui-même prévus dans l'année, lors même que la date de leur enregistrement aurait été devancée par le perfectionnement.

Le délai prévu par l'article 18 en faveur de l'auteur d'une invention s'entend d'un produit nouveau, d'une découverte nouvelle ou d'une machine établie d'après un principe nouveau; mais cette faculté ne s'étend pas à une foule d'objets brevetés qui ne concernent que des perfectionnements à des produits, découvertes et machines du domaine public.

ARTICLE 19.

Positions respectives de l'inventeur et du perfectionneur.

Le titre accordé à l'auteur d'un perfectionnement n'enlève pas au premier inventeur l'exercice privatif de sa découverte, car l'invention est le sujet et le perfectionnement est une addition. Chacun doit se renfermer dans les limites de son brevet. Si donc un perfectionnement ne peut être appliqué qu'en se servant de l'invention déjà brevetée, le brevet de perfectionnement se trouve sans exercice jusqu'à l'expiration du brevet d'invention ; et réciproquement, si l'invention ne peut être avantageusement exploitée sans le perfectionnement, elle reste elle-même à l'état de stérilité. Dans cette conjoncture, l'inventeur et le perfectionneur ont intérêt à s'entendre pour exploiter fructueusement leurs brevets.

ARTICLES 20, 21 et 22.

Transmission et cession des Brevets.

Un brevet est assimilé à une propriété mobilière et se transmet comme elle, mais suivant certaines formalités spéciales.

Le breveté peut donc disposer comme il l'entendra des droits qui lui sont conférés par son privilége :
1° céder le droit de fabriquer, en se réservant le droit

de vendre, ou réciproquement; 2° aliéner la propriété de son titre pendant tout ou partie de sa durée légale, pour un ou plusieurs départements ou arrondissements, comme pour toute la France; 3° autoriser l'usage total ou partiel de sa découverte, ou accorder licence sans aliéner son droit de propriété; 4° s'il s'agit de plusieurs perfectionnements ou de plusieurs parties distinctes d'une même invention, traiter avec des personnes différentes pour chacune d'elles.

Il peut enfin adopter toutes combinaisons à titre onéreux ou gratuit que comporte la libre disposition de cette nature de propriété.

La loi, en autorisant ces transactions, a voulu les environner d'une sage publicité destinée à prévenir toute incertitude sur les droits de chacun et sur la manière de les exercer; aussi exige-t-elle que la cession totale ou partielle d'un brevet soit dressée devant notaire et que la totalité des annuités restant à payer soit acquittée. Cette disposition peut seule couvrir les intérêts des cessionnaires contre les éventualités de non-paiement des annuités ultérieures par le breveté.

Toute cession, pour être régulière et valable vis-à-vis des tiers, devra être enregistrée au secrétariat de la préfecture dans le ressort de laquelle l'acte aura été dressé; à cet effet, les intéressés devront y déposer un extrait authentique, en double expédition, de l'acte notarié, avec la justification du paiement de la taxe intégrale du brevet.

Une de ces expéditions, accompagnée de l'extrait-verbal d'enregistrement à la préfecture, sera adressée par le préfet au ministre de l'agriculture et du commerce, l'autre expédition portant la mention dudit enregistrement sera remise au cessionnaire.

Toute autre forme de cession sous seing privé peut bien lier, suivant le droit commun, le breveté et son cessionnaire, mais ne saurait avoir aucune authenticité légale.

Mais lorsque la propriété d'un brevet se transmet par d'autres voies que la cession, soit que la mutation résulte d'un jugement, dans le cas d'actes en revendication de la propriété de la découverte, soit qu'elle soit le résultat d'un décès, d'un partage, d'une séparation d'associés, etc. : dans ces différents cas il y a lieu à la production et à l'enregistrement de l'extrait de l'acte qui opère la mutation, mais la loi ne subordonne pas l'enregistrement de cet acte à la condition du paiement préalable du complément de la taxe.

Ces formalités concernent la cession d'un brevet et non les licences ou autorisations accordées par le breveté.

La circulaire ministérielle du 31 octobre 1844 (voir page 33), concernant les interprétations administratives des cessions de brevets, prescrit les dispositions suivantes :

Aucun dépôt d'acte de cession ne doit être admis que sur la production et le dépôt :

1° Du récépissé établissant le paiement en temps utile de la dernière annuité échue, autre que la première ;

2° D'un récépissé du receveur constatant le versement intégral du complément de la taxe du brevet;

Et 3° d'un extrait authentique de l'acte notarié passé devant un notaire du département et constatant la cession totale ou partielle du brevet, soit à titre gratuit ou onéreux.

Toutefois, si le brevet avait été l'objet d'une cession antérieure, l'expédition du procès-verbal d'enregistrement de ladite cession et l'extrait authentique de l'acte notarié suffiraient pour l'enregistrement.

En conformité de l'article 21, une ordonnance royale doit proclamer, tous les trois mois, les mutations intervenues dans le trimestre précédent, et relevées sur un registre spécial au ministère de l'agriculture et du commerce.

L'article 22 stipule que les cessionnaires, comme les personnes autorisées par l'inventeur à l'exploitation d'un brevet principal, auront la faculté, sauf les stipulations contraires prévues par les parties, de faire usage des moyens, procédés, consignés ultérieurement par l'inventeur dans des certificats d'addition, se rattachant au brevet principal.

Cette disposition, qui s'applique, par réciprocité, du cessionnaire à l'inventeur, lorsque ce dernier n'a fait qu'une cession partielle de son brevet découle du principe de l'indivisibilité du brevet et de ses annexes.

Mais si, postérieurement à la cession ou à la licence d'exploitation d'un brevet, le cédant ou le cessionnaire apportent des modifications, changements ou perfectionnements à l'invention primitive, et qu'ils veuillent se les réserver exclusivement, il leur faudra prendre un brevet nouveau en remplissant alors toutes les formalités indiquées aux articles 4, 5 et 6.

Comme un brevet peut être le partage de plusieurs cessionnaires, chaque partie intéressée peut obtenir une expédition d'un brevet principal en payant un droit de vingt-cinq francs, et de chaque certificat d'addition moyennant un droit de vingt francs, et à la charge de faire lever à ses frais les dessins y annexés.

ARTICLE 23.

Communication des dessins et descriptions.

Dès que les brevets sont délivrés et les droits de l'inventeur assurés, les descriptions, dessins, échantillons et modèles des brevets déposés au ministère du commerce doivent être communiqués, sans frais, à tous ceux qui le réclament.

Cette communication au public est motivée par deux raisons principales que voici :

1° Pour que les inventeurs puissent toujours, avant de prendre un brevet, vérifier si leur découverte n'est pas déjà l'objet d'un brevet délivré ;

2° Parce que toute poursuite en contrefaçon serait impossible si le contrefacteur pouvait invoquer légitimement son ignorance.

Ce qui fait en effet la force du breveté vis-à-vis d'un contrefacteur, c'est que d'après cet axiome, que nul n'est censé ignorer la loi, le contrefacteur ne peut exciper de l'ignorance du brevet, puisqu'il avait la faculté d'en prendre connaissance. C'est donc à tort que, par une crainte mal fondée de cet examen public, des inventeurs croient devoir dissimuler une partie de leur invention ; cette réticence n'est nuisible qu'à eux-mêmes, car leur brevet serait passible de la déchéance (art. 30).

Toutefois, la communication des dessins et descriptions au bureau des brevets se borne à un simple examen, avec défense expresse de prendre aucune note ; cependant, pour étendre cette faculté aux industriels de la province, la loi accorde à toute personne la faculté d'obtenir une copie des brevets, moyennant un droit de vingt-cinq francs pour chaque brevet principal, et de vingt francs pour chaque brevet d'addition, non compris les frais de dessins, qui sont à la charge du pétitionnaire.

ARTICLES 24, 25 et 26.

Documents à consulter.

La publication officielle par le gouvernement des descriptions et dessins, après le paiement de la deuxième annuité, a l'avantage de divulguer les ressources nouvelles offertes à l'industrie, et de provoquer leur perfectionnement ou mettre sur la route des découvertes qui s'y rattachent.

Les brevetés n'y perdront rien en réalité, et l'industrie générale y gagnera ; cette mesure est très-propre à répandre l'éducation industrielle et à faire pénétrer, sur tous les points de la France, les découvertes qui intéressent le commerce et les arts.

A l'expiration des brevets, les originaux des descriptions et dessins seront déposés au Conservatoire des arts et métiers.

Cette mesure met à la disposition du public des documents importants à consulter pour les progrès successifs de l'industrie. Pour faciliter les recherches, il est mis à la disposition du public, au ministère de l'agriculture et du commerce et dans toutes les bibliothèques des départements, des catalogues contenant successivement, et par industries, la désignation sommaire des brevets délivrés dans le courant de chaque année.

TITRE III.

DES DROITS DES ÉTRANGERS.

ARTICLE 27.

Faculté accordée aux étrangers.

Les étrangers pourront obtenir en France des brevets d'invention. Cette disposition, dont le principal objet est d'encourager et de protéger ceux qui viennent enrichir le pays des fruits de leurs découvertes, est conforme à notre droit public, qui permet aux étrangers, sans aucune restriction, l'exercice du commerce et de l'industrie en France. Il était digne de la France de donner l'exemple du respect pour le droit des inventeurs, sans distinction de nationalité, et d'élever la garantie, pour les œuvres du génie industriel, à la hauteur d'un principe de droit public international. En même temps, la loi nouvelle laisse pleine et

entière faculté à tout breveté français de se faire
breveter également à l'étranger.

ARTICLE 28.

Formalités à observer par un étranger.

Les conditions, pour qu'un brevet délivré à un
étranger soit valable, sont les mêmes que celles exigées pour la validité du brevet délivré à un régnicole;
il faudra donc que, aux termes de l'article 31, l'invention soit nouvelle, c'est-à-dire qu'elle n'ait pas reçu,
non-seulement en France, mais même partout ailleurs, soit par la voie de l'impression, soit de toute
autre manière, une publicité suffisante pour pouvoir
être exécutée.

Il faudra en outre l'exploitation réelle et continue
de l'invention brevetée, conformément à l'article 32.

La Belgique et l'Angleterre publiant *in extenso* ou
par extrait les inventions dans les six mois de la concession du brevet, il est indispensable pour la validité
des brevets pris en France pour des inventions déjà
brevetées à l'étranger, que les titulaires des brevets
étrangers fassent enregistrer leurs demandes en France
avant toute publication; sans cette précaution les brevets enregistrés en France postérieurement à cette
publicité, tomberaient sous le coup de l'article 31, qui
en prononce la nullité pour cause de divulgation.

ARTICLE 29.

Invention déjà brevetée à l'étranger.

Sous l'ancienne loi, tout régnicole ou étranger qui

importait le premier en France une invention privilégiée à l'étranger, pouvait obtenir valablement un brevet en France pour cet objet, sous la dénomination de brevet d'importation; mais la loi nouvelle, reconnaissant que les priviléges d'importation étaient moins un hommage rendu au génie de l'inventeur qu'une prime offerte à l'importation des découvertes étrangères, a supprimé les brevets d'importation, et réservé à l'auteur seul d'une invention brevetée à l'étranger la faculté de se faire valablement breveter en France pour le même objet.

Mais, dans cette faveur accordée à l'étranger, la loi ne pouvait créer une cause d'infériorité pour la France en privilégiant chez elle une découverte qui partout ailleurs serait libre de toute entrave; elle a, en conséquence, déclaré que la durée du brevet français, dans ce cas, ne pourrait excéder celle du brevet étranger. Ainsi, lorsque, pour une cause quelconque, le brevet pris à l'étranger expire ou est frappé de nullité, le brevet français subit le même sort.

TITRE IV.

NULLITÉS ET DÉCHÉANCES.

ARTICLE 30.

Seront nuls et de nul effet, les brevets délivrés dans les cas suivants, savoir :

1° *Si la découverte n'est pas nouvelle.*

La première condition de la validité d'un brevet,

est la nouveauté de l'invention. Si la découverte, en effet, n'est pas nouvelle, la société ne reçoit rien et n'a rien à garantir.

Dans ce cas, le brevet est usurpé, car le prétendu inventeur, loin d'enrichir la société d'une découverte, tend à enlever à l'industrie, à son profit particulier, un droit qu'elle a d'exploiter librement. Cette clause concerne tous les brevets accordés aux Français et aux étrangers.

La législation des brevets ayant essentiellement pour but, par la protection d'un privilége, de propager tout ce qui émane du génie des arts, par opposition à la clandestinité des découvertes qui se transmettaient anciennement sous le sceau du secret, sans aucun avantage pour la société, récompense surtout le premier qui vient loyalement décrire dans un acte officiel, une découverte; si donc, une ou plusieurs personnes avaient possédé secrètement l'invention antérieurement à l'obtention d'un brevet, les droits du breveté ne sont pas pour cela annulés; ce dernier conserve l'exploitation exclusive de son brevet; seulement, comme il ne peut y avoir d'effet rétroactif, et qu'on ne peut dépouiller personne d'une propriété légitime, les premiers propriétaires conservent la faculté d'en faire usage pour leur compte personnel.

2° *Si l'invention n'est pas, aux termes de l'article 3, susceptible d'être brevetée.*

C'est-à-dire si le brevet a pour objet, soit : une composition pharmaceutique ou un remède secret, soit un plan ou une combinaison de finance.

3° *Si les brevets portent sur des principes ou conceptions théoriques, sans applications déterminées.*

Tout brevet doit comprendre un objet matériel, saisissable, transmissible ; un principe purement élémentaire, une découverte intellectuelle, une vérité scientifique, une théorie, une méthode, ne sauraient être brevetés. Il en est, en effet, de ces créations du génie comme des œuvres de l'imagination, la civilisation les accepte comme des bienfaits ; si la société ne peut en assurer la possession exclusive à un seul, du moins, elle les paie en gloire et en renom, et elle distribue aux inventeurs ces brevets d'immortalité qui font les Galilée, les Newton, les Lavoisier, les Volta, etc.

La vertu de l'aiguille aimantée constituait un principe élémentaire, non brevetable ; l'homme en a fait la boussole, application brevetable. L'élasticité a fourni un moteur mécanique dont les diverses transformations sont brevetables ; de même, le gaz hydrogène qui produit le plus bel éclairage des temps modernes, l'air chaud qui active la combustion, la pile de *Volta* qui opère la fusion des métaux à froid, ne pouvaient être inféodés à un seul homme à l'état de principe élémentaire. Ce ne sont que les applications de ces principes, leurs transformations matérielles, qui étaient susceptibles d'être brevetées.

4° *Si la découverte est reconnue contraire à l'ordre ou à la sûreté publique, etc.*

Cette nullité n'a pas besoin d'être justifiée. Le droit commun ne permet pas de considérer comme valable, un brevet délivré contrairement à la sûreté ou à la morale publique, ou aux lois du pays. L'exploitation d'un tel brevet, d'ailleurs, rendrait son auteur passible des pénalités prévues par la loi.

5° *Si le titre du brevet est faux.*

En frappant sévèrement l'inventeur qui a dissimulé sous un faux titre le véritable objet de l'invention, la loi a voulu conserver au contrat qui lie la société avec l'inventeur, le caractère de loyauté qui est l'âme de toutes les conventions. La nullité s'applique à la fraude dans le titre, mais non au manque de correction ou à l'inexactitude de l'expression par ignorance.

6° *Si la description est insuffisante.*

Toute réticence coupable, toute dissimulation des moyens d'exécution, encourent les sévérités de la loi. Il importe que la société qui donne un privilége et s'impose des sacrifices, reçoive en échange de l'avantage qu'elle accorde, quelque chose de sérieux et d'une exécution facile, lorsque l'invention ou l'application brevetée tombera dans le domaine public. Le mensonge et la fraude doivent retomber avec toutes leurs conséquences sur un inventeur de mauvaise foi.

La loi entend par description suffisante, celle qui permet à un ouvrier ou à un homme de l'art l'exécution d'une chose de sa compétence.

7° *Si le brevet est contraire à l'article* 18.

Le breveté peut seul, pendant une année, modifier, changer et perfectionner l'invention qui fait l'objet de son brevet principal ; en conséquence, tout brevet de perfectionnement pris concurremment avant l'expiration dudit délai, par toute autre personne, est légalement nul.

8° Seront également nuls, et de nul effet, les certificats comprenant des changements, perfectionnements ou additions, qui ne se rattacheraient pas au brevet principal.

De même qu'on ne peut comprendre deux objets distincts dans un même brevet, sans éluder l'article 6 de la loi, il ne faut pas non plus, sous prétexte de simple perfectionnement, qu'on puisse éluder le paiement de la taxe, en y introduisant une invention distincte du brevet principal.

La nullité d'un brevet pour l'une des clauses de l'article 30, remontant à son origine, tout concessionnaire peut répéter contre le breveté le prix de la cession ou la rémunération de la licence, et même lui réclamer, au besoin, des dommages-intérêts.

ARTICLE 31.

Publicité antérieure.

Toute découverte décrite dans un ouvrage, ou qui, par la presse, par la gravure, par une exploitation quelconque, par une divulgation à une ou plusieurs personnes, soit par tout autre mode de manifestation, aura reçu une publicité suffisante pour être exécutée, antérieurement à la demande d'un brevet, n'est pas nouvelle, et ne peut valablement être brevetée. En effet, les avantages du monopole, accordés au breveté, sont le prix d'une révélation industrielle, dont il dote la société; mais la société ne lui doit rien, si elle ne reçoit rien de lui. L'inventeur ne peut donc s'en prendre qu'à lui de la divulgation de son secret, s'il a préféré une exploitation clandestine à une exploitation temporaire garantie par un brevet. Cette clause s'applique également aux brevets pris en France par des brevetés à l'étranger, après la publication de leur découverte.

ARTICLE 32.

Déchéance.

1° *Retard dans le paiement des annuités.*

La déchéance est irrémissiblement encourue par le seul fait du défaut de paiement de chaque annuité, avant l'anniversaire de la date de l'enregistrement de la demande de brevet à la préfecture du département du domicile de l'inventeur.

Les tribunaux, organes sévères de la loi, appliquent cet article dans toute sa rigueur.

Il est donc du plus grand intérêt, pour l'inventeur qui désire le maintien de son brevet, de se mettre en mesure de payer chaque annuité dans le délai permis. Tout versement effectué tardivement, bien que reçu par l'administration, ne peut relever un brevet de la déchéance irrévocable qu'il a encourue.

2° *La non-exploitation dans le délai de deux ans, à dater du jour de la signature du brevet, ou la cessation d'exploitation pendant deux années consécutives, à moins de justification.*

3° *L'introduction en France d'objets fabriqués en pays étranger.*

Cette double clause s'applique au breveté français, comme au breveté étranger. La loi ne permet pas que le privilége accordé à l'inventeur, soit entre ses mains, une concession stérile pour l'industrie; elle ne saurait non plus permettre que le brevet serve à créer à l'inventeur, un monopole à l'aide duquel il puisse, sans concurrence et au préjudice du travail national, introduire et débiter en France, des produits fabriqués à l'étranger.

L'inventeur qui ne met pas en exploitation sa découverte dans le délai de deux ans, ou qui cesse de l'exploiter pendant deux années consécutives, est censé faire un abandon de son privilége.

Comme cependant nul n'est tenu à l'impossible, si l'inventeur peut justifier d'un commencement d'exploitation ou de la fabrication d'échantillons et modèles, que malgré lui sa découverte n'a pu prendre d'extension, et suivre une marche continue en raison de circonstances impérieuses, les tribunaux pourront apprécier ces considérations.

4° *Exception.* — Lorsqu'il s'agit d'une découverte importée de l'étranger par l'inventeur lui-même, les premiers modèles indispensables à l'exploitation du brevet, pourront être introduits en France sur l'autorisation spéciale du ministre de l'agriculture et du commerce.

La déchéance d'un brevet prononcée par jugement remonte, article 32, au jour où les formalités présentées par la loi n'ont pas été accomplies en temps et lieu. Ainsi le contrefacteur ne peut exciper de la déchéance d'un brevet encourue, postérieurement au fait de contrefaçon, pour se mettre à couvert du délit.

ARTICLE 33.

Qualification du Brevet dans les affiches, annonces, etc.

Cet article a pourvu, par une peine sévère, à la répression de l'abus que le charlatanisme pourrait faire des brevets d'invention. On a paru trop souvent oublier qu'un brevet n'est qu'un arrêté ministériel constatant la régularité du dépôt d'une invention, sans aucune garantie du mérite de la découverte.

Et, bien que nul ne soit censé ignorer la loi, les législateurs ont voulu mettre le public en garde contre toute annonce frauduleuse.

En conséquence, la loi frappe d'une amende :

Tout individu qui prend la qualité de breveté sans l'être légalement, ou la conserve après l'expiration de son privilége; celui qui appose cette désignation sur des objets autres que ceux mentionnés au brevet; ceux qui enfin mentionnent leur brevet sans y ajouter ces mots : *sans garantie du gouvernement.*

Toutefois, une grande latitude est laissée aux juges, entre le minimum et le maximum de l'amende, pour appliquer le chiffre sagement, suivant le degré de bonne foi du breveté.

SECTION II.

Des actions en nullité et en déchéance. — Contrefaçons et poursuites.

ARTICLES 34 A 49.

Les procès industriels présentent des questions complexes. Nous allons examiner d'abord l'origine de chacune des actions relatives aux brevets d'invention, et la voie qu'elles doivent suivre ; nous montrerons ensuite comment ces actions se joignent quelquefois, s'opposent le plus souvent, et nous donnerons une analyse rapide de la procédure dans une instance correctionnelle et dans une instance civile.

Le brevet assure au titulaire un droit de jouissance privative. Pour que ce droit ne soit point illusoire, il lui faut une sanction : cette sanction est l'action en contrefaçon.

Qu'est-ce que la contrefaçon? L'article 40 de la loi du 5 juillet 1844 dit : « Toute atteinte portée aux droits du breveté, soit par la fabrication de produits, soit par l'emploi de moyens faisant l'objet du brevet, constitue le délit de contrefaçon. Ce délit sera puni d'une amende de cent à deux mille francs. »

Constatons d'abord que la contrefaçon est un délit; constatons aussi que la loi ne distingue pas si celui qui s'en est rendu coupable connaissait ou ne connaissait pas l'invention ; il avait le moyen de la connaître. L'article 40 n'exige pas, comme condition constitutive du délit spécial qu'il caractérise, la mauvaise foi, l'intention frauduleuse, le dol. On peut être contrefacteur sans le savoir; c'est le fait matériel seul auquel on s'attache. Inutile de dire, au reste, que, dans la fixation de l'amende, les tribunaux auront égard au degré de bonne foi de l'inculpé, l'article 44 rendant applicable à ces matières l'article 463 du Code pénal relatif aux circonstances atténuantes. La peine des contrefacteurs frappe pareillement ceux qui ont recélé, vendu ou exposé en vente, ou introduit sur le territoire français un ou plusieurs objets contrefaits; mais il faut qu'ils agissent sciemment, ce qui établit entre eux et le prévenu principal une différence sensible, et impose au breveté qui les attaque la preuve de leur mauvaise foi.

En cas de récidive (article 43), c'est-à-dire quand il a été rendu contre le prévenu, dans les cinq années antérieures à la poursuite, une première condamnation pour un des délits prévus par la loi de 1844, outre l'amende, un emprisonnement d'un mois à six mois pourra être prononcé. Il en sera de même si le contrefacteur est un ouvrier ou un employé ayant travaillé dans les ateliers ou dans les établissements du breveté, ou si le contrefacteur, s'étant associé avec un ouvrier ou un employé du breveté, a eu connaissance, par ce dernier, des procédés décrits au brevet. Dans cette dernière hypothèse, l'ouvrier ou l'employé pourra être poursuivi comme complice.

Mais revenons à notre article 40. *Toute atteinte*, c'est-à-dire qu'il ne faut pas nécessairement un préjudice souffert pour donner ouverture à l'action qui nous occupe; il suffit que le tort soit éventuel. Ainsi, par exemple, la fabrication d'un produit breveté sans qu'il y ait vente, la construction d'un outillage, quand même il ne fonctionnerait pas encore, constituent le délit. A plus forte raison, bien entendu, si les produits ont été livrés au commerce, si les appareils marchent.

Il n'est pas nécessaire que l'ensemble d'un procédé soit imité; il suffit qu'un seul moyen faisant l'objet du brevet ait été reproduit : ainsi le veut la saine raison.

L'inventeur s'illusionne parfois sur les caractères distinctifs de sa conception, et voit des analogies frappantes, une identité absolue dans des choses qui offrent des différences essentielles, des principes divers suffisants pour fonder une nouvelle propriété industrielle. D'ailleurs, l'intérêt personnel est un mauvais conseiller. C'est donc avant d'agir que le breveté doit consulter, s'éclairer auprès de ceux dont l'attention impartiale et calme verra ce qu'il ne voit pas, discernera ce qu'il confond. Beaucoup de demandeurs succombent dans leurs prétentions, faute d'avoir pris d'avance ces renseignements salutaires, indispensables ; et, au lieu d'un bénéfice qu'ils attendaient de la décision du tribunal, ils sont eux-mêmes condamnés à des dommages-intérêts. Les exemples abondent : mieux que tout ce que nous pouvons dire, ils rendent sensible l'utilité de nos recommandations.

Dès que le propriétaire d'un brevet est fixé sur la nature exacte et la portée de son droit, il présente requête au président du tribunal de première instance pour être autorisé à faire procéder par tous huissiers à la désignation et description détaillées, avec ou sans saisie, des objets prétendus contrefaits (article 47). La requête est répondue, sur la présentation du brevet, par une ordonnance. Si la question semble nécessiter le concours d'un expert, il est nommé avec mission d'aider l'huissier dans sa description.

Description avec ou sans saisie. — Dans un cas, on se borne à constater l'existence des objets trouvés au domicile en les laissant en la possession de l'inculpé ; dans l'autre cas, les produits fabriqués ou les machines sont enlevés et déposés au greffe du tribunal, ou mis sous les scellés lorsque leur poids ou leur volume ne les rend pas facilement transportables. Il n'est pas besoin de faire remarquer que la saisie avec enlèvement est beaucoup plus grave que la simple désignation et assume sur la tête du plaignant une importante responsabilité, dont il supportera les conséquences s'il vient à échouer. Comme ce droit exceptionnel met, pour ainsi dire, à la merci d'un homme la position et la fortune d'un autre, temporairement au moins, la loi a sagement décidé que, suivant les circonstances, le requérant, sollicitant la saisie, pourra être tenu de fournir un cautionnement qui sera consigné au préalable. Ce cautionnement sera toujours imposé à l'étranger, suivant les principes du droit commun (art. 47, § 4).

L'huissier doit laisser au prévenu copie tant de l'ordonnance du président que du procès-verbal de saisie et du dépôt d'argent, s'il a été ordonné, le tout à peine de nullité. Cette prescription porte avec elle sa raison d'être (art. 47, § 5).

Afin de ne pas laisser planer longtemps sur le saisi, qui peut n'être pas coupable, une présomption fâcheuse, et pour ne pas permettre au saisissant de perpétuer une situation exceptionnelle dont il s'est constitué l'arbitre, il importait que l'assignation devant le tribunal ne se fît pas attendre; aussi l'art. 48 s'exprime-t-il ainsi :

« A défaut, par le requérant, de s'être pourvu, soit
« par la voie civile, soit par la voie correctionnelle,
« dans le délai de huitaine, outre un jour par trois
« myriamètres de distance entre le lieu où se trouvent
« les objets saisis ou décrits et le domicile du contre-
« facteur, receleur, introducteur ou débitant; la saisie
« ou description sera nulle de plein droit, sans pré-
« judice des dommages-intérêts qui pourront être
« réclamés, s'il y a lieu, dans la forme prescrite par
« l'art. 36. »

Voilà donc le procès engagé. Le demandeur peut assigner, soit devant le juge civil, soit devant le juge correctionnel; la loi le laisse libre. Quant à lui personnellement, le résultat sera le même, car il ne réclame que la confiscation des objets saisis et des dommages-intérêts pour le préjudice qu'il a éprouvé. Mais la position du contrefacteur change suivant la juridiction. Le tribunal civil, en effet, n'applique pas d'amende, car il ne saurait punir le délit; en lui déférant sa réclamation, le breveté ne lui donne à juger que la question d'identité des objets ou procédés et de l'indemnité équivalente au tort souffert. Tandis qu'au contraire la voie correctionnelle, présentant au breveté les mêmes avantages, a pour conséquence d'arriver à la constatation d'un délit entraînant condamnation à l'amende, à la prison, ce qui rend plus énergique et plus sévère la sanction du droit sacré de l'inventeur.

Au jour indiqué pour les plaidoiries, les deux parties prennent leurs conclusions; les développent devant le tribunal, tant par elles-mêmes que par leurs avocats. Si le tribunal se trouve suffisamment éclairé, il prononce de suite; mais comme la plupart du temps les questions industrielles sont compliquées, difficiles à saisir, et que les juges, en présence d'affirmations contradictoires, n'ont pas toujours les éléments nécessaires pour statuer en parfaite connaissance de cause, tantôt on a recours à une enquête si les faits ne sont pas constants; tantôt il faut commettre des experts pour apprécier la partie technique. Le jugement qui les nomme précise leur mission, en formulant une série de questions qu'ils auront à résoudre. Devant les experts, le débat recommence, toutes les pièces sont examinées avec soin, tous les détails discutés. Leur devoir est de ne négliger aucun renseignement, aucune information, de s'enquérir si le brevet porte sur des choses vraiment nouvelles, s'il est régulier, si la description est suffisante, etc. Quand le travail des experts est terminé, ils rédigent leur acte sous la forme d'un rapport qui est déposé au greffe. Puis les parties reviennent à l'audience, on plaide de nouveau, on défend et on attaque le rapport. Le tribunal délibère et rend son jugement sur le fond.

L'art. 49 de la loi de 1844 contient une disposition qu'il importe de remarquer, et est ainsi conçue :

« La confiscation des objets reconnus contrefaits, « et, le cas échéant, celle des instruments ou usten- « siles destinés spécialement à leur fabrication, seront, « même en cas d'acquittement, prononcées contre le « contrefacteur, le recéleur ou le débitant. Les objets « confisqués seront remis au propriétaire du brevet, « sans préjudice de plus amples dommages-intérêts et « de l'affiche du jugement. »

Cette prescription est impérative, en sorte que le tribunal doit prononcer la confiscation au profit du plaignant, quand même il résulterait des circonstances de l'affaire la preuve manifeste de la loyauté et de la bonne foi du prévenu, car la loi dit « même en cas d'acquittement. » La confiscasion n'est pas considérée comme une peine, et elle sera ordonnée aussi bien au civil qu'au criminel. Si c'est devant la juridiction correctionnelle que le débat s'est engagé, les plaideurs peuvent se présenter eux-mêmes; mais quand le requérant choisit la loi civile, le concours de l'avoué est nécessaire ; de là une première différence entre les deux instances. Une autre différence résulte du délai d'appel.

Délai d'appel. — Le jugement rendu par le tribunal correctionnel n'est exécutoire que dix jours après sa date. Pendant ce délai, la partie qui veut interjeter appel doit en faire la déclaration au greffe; ce délai ne peut être augmenté, en sorte que l'appel formé le onzième jour serait nul (203, *C. Instr. crim.*).

Au civil, il en est autrement. L'appel ne peut avoir lieu que dans la huitaine qui suit le jugement (art. 449, C. Proc. civ.), et le délai d'appel pour les jugements contradictoires est de trois mois, à partir de la signification à personne ou domicile (art. 443, C. Proc. civ.).

D'où il suit qu'en général le procès civil est plus long que le procès correctionnel. L'effet du jugement est suspendu pendant le délai et l'instance d'appel.

L'affaire, renvoyée devant la Cour ou devant le tribunal compétent, est plaidée derechef, et la décision nouvelle, confirmative ou infirmative, s'exécute définitivement, sauf toutefois recours en cassation.

La possession d'un brevet établit, au profit du titulaire, une présomption de réalité et de nouveauté de son invention. C'est un privilége que la loi confère, et qui subsiste tant qu'on n'établit pas judiciairement contre lui que le procédé qu'il revendique comme sien n'était par susceptible d'une exploitation exclusive, soit à raison de la divulgation qu'il aurait faite lui-même, soit pour une des causes prévues par l'art. 4 de la loi de 1844.

Action en nullité et en déchéance. — Il était indispensable et juste qu'on réservât une action contre le breveté qui usurpe un droit qu'il n'a pas. De là l'origine de l'action en nullité et de l'action en déchéance.

La nullité d'un brevet résulte de faits antérieurs à la délivrance de la déchéance, suppose un titre valable à l'origine, mais qui perd sa force et sa valeur par l'imprévoyance ou l'inactivité de l'inventeur, ou par un fait blâmable qui porte préjudice à l'industrie nationale.

Les faits qui donnent naissance aux actions en nullité et en déchéance de brevets ont été bien caractérisés par la loi et ressortent des articles 30, 31 et 32 que nous avons précédemment examinés.

Les actions en nullité et en déchéance font quelquefois l'objet principal d'un procès. Suivant l'article 34, « elles peuvent être exercées par toute personne y ayant intérêt. » Mais il résulte de la discussion, tant à la chambre des pairs qu'à la chambre des députés, qu'il n'est pas nécessaire que l'intérêt soit actuel. Il suffira que le demandeur établisse devant la justice qu'il a un intérêt présent ou éventuel quelconque; c'est dans le sens le plus général qu'il faut entendre ce mot. Les juges apprécieront la nature de l'intérêt qui le fait agir, ils verront si cet intérêt est respectable, car le législateur n'a pas voulu encourager la coupable industrie de certaines gens qui attaqueraient l'inventeur dans le but unique de le faire capituler. Il n'a pas eu non plus la pensée d'investir les particuliers d'une sorte d'action publique qui serait une dérogation unique au droit commun.

« Ces actions (de nullité et déchéance, dit encore « l'article 34), ainsi que toutes contestations relatives à « la propriété des brevets, seront portées devant les tri- « bunaux civils de première instance. »

Ce que nous avons dit plus haut sur la procédure, les expertises, les deux degrés de juridiction, est applicable ici ; nous n'avons donc pas besoin d'y revenir.

Revendication de la propriété d'un brevet. — L'article 34, que nous venons de citer, indique encore l'origine d'une action particulière, celle relative à la propriété d'un brevet. Si, par exemple, un homme ayant abusé de la confiance de l'inventeur lui a dérobé son secret et s'est fait breveter en son lieu et place, il est évident qu'il ne conservera pas un titre usurpé. Ce qui est en jeu là, c'est la propriété du brevet; et si le véritable inventeur parvient à prouver d'une façon péremptoire sa qualité réelle, le jugement ordonnera que le titre délivré à un autre sera remis à son nom.

Nous avons supposé jusqu'à présent que les questions de nullité, de déchéance, de propriété de brevet, étaient portées devant le tribunal comme action principale; mais c'est le cas le plus rare. D'ordinaire, ces moyens ne sont employés qu'autant que l'inventeur exerce une poursuite en contrefaçon. Dans toutes les instances de cette nature, c'est la défense accoutumée; en même temps que l'inculpé cherche à prouver la dissemblance des produits ou des procédés en litige, il s'efforce de découvrir le côté vulnérable du titre qu'on lui oppose.

Lorsque la nullité ou la déchéance du brevet est demandée reconventionnellement par l'inculpé de contrefaçon, la juridiction naturelle change.

Quoique ce soit là un procès essentiellement civil, l'article 46 décide que « le tribunal correctionnel saisi « d'une action pour délit de contrefaçon statuera sur « les exceptions qui seraient tirées par le prévenu, soit « de la nullité ou de la déchéance du brevet, soit des

« questions relatives à la propriété dudit brevet. » Il n'y a là aucun inconvénient; bien plus, il y a avantage; car la solution se fera moins attendre, et par conséquent la position de chaque partie sera plus vite fixée.

Néanmoins, l'article 46 n'atteint pas toujours le but qu'il s'est proposé, à savoir, la réunion des deux instances connexes en une seule. Il arrive parfois que le prévenu de contrefaçon, qui a grand intérêt à gagner du temps, assigne le plaignant devant le tribunal civil par action principale en nullité ou en déchéance, au lieu d'opposer ce moyen par voie d'exception. Alors les deux procès sont distincts et séparés malgré l'article 46, et, suivant les cas, le tribunal ordonnera qu'il sera sursis à la plainte en contrefaçon jusqu'à ce que la question civile incidente soit jugée; ou, au contraire, décidera qu'il sera passé outre aux débats, sans avoir égard à la prétention du prévenu.

TITRE VI.

DISPOSITIONS PARTICULIÈRES ET TRANSITOIRES.

ARTICLES 50 A 54.

L'art. 50 dispose que des ordonnances royales portant règlement d'administration publique arrêteront les modes d'exécution de la présente loi, qui n'aura effet que trois mois après sa promulgation.

D'après l'art. 54, l'application de cette loi dans les colonies sera réglée par des ordonnances comprenant les modifications qui seront jugées nécessaires (voir décret Cavaignac, page 37).

L'art. 52 abroge, à compter du jour où la loi présentée sera devenue exécutoire, l'ancienne législation relative aux brevets d'invention, d'importation et de perfectionnement.

En conformité de l'art. 53, les brevets délivrés sous l'empire de l'ancienne législation conserveront leur effet pendant toute leur durée.

L'art. 54 stipule que les procédures commencées avant la promulgation de la présente loi seront mises à fin, conformément aux lois antérieures; mais que toute action, soit en contrefaçon, soit en nullité ou déchéance de brevet, non encore intentée, sera suivie d'après les dispositions de la présente loi, alors même qu'il s'agirait de brevets délivrés antérieurement.

APERÇU SOMMAIRE

DE LA LOI DU 5 JUILLET 1844.

Un premier examen fait reconnaître que la nouvelle loi française sur les brevets d'invention est déjà plus libérale que l'ancienne. Nos législateurs ont voulu que cette loi fût favorable aux inventeurs-nés, qui, pour arriver à doter leur pays d'un progrès industriel, ne craignent pas de sacrifier leurs veilles, puis qui, une fois le but atteint, se trouvent sans ressources pour garantir leur œuvre.

Le paiement de la taxe par annuités de cent francs permet à tout inventeur d'obtenir immédiatement un brevet de quinze ans, sauf à en voir finir la durée à l'époque où il cesserait, pour une raison quelconque, d'effectuer le paiement annuel. Cette taxe uniforme et modérée, substituée avec plus de justice à l'ancienne, égalise la position des inventeurs riches ou pauvres.

Une année, à partir du dépôt régulier de sa demande de brevet, est accordée à l'inventeur pour perfectionner son invention, à l'exclusion de tout autre. Cette disposition, qui n'existait pas dans l'ancienne loi, est éminemment avantageuse au créateur d'une invention. Il n'est pas donné à toute personne qui poursuit l'application d'une idée nouvelle, de la résoudre suivant toutes les conditions mécaniques; les premiers essais sont généralement imparfaits, ce n'est que lorsque l'invention a été soumise à la manipulation du mécanicien qu'elle se trouve dans un état manufacturier; or, dans l'ancienne loi, l'inventeur, naturellement craintif pour son œuvre, n'osait trop se confier aux hommes de l'art de peur de voir perfectionner sa découverte par un tiers à son détriment. Il n'en sera plus de même à l'avenir, l'inventeur, une fois le dépôt de sa demande effectué, pourra soumettre, sans crainte, son invention aux personnes compétentes, aux mécaniciens, pour lui faire subir les améliorations convenables, dont il jouira exclusivement, nul autre que lui ne pouvant, pendant la première année, obtenir un brevet de perfectionnement sur un brevet primitif.

Dans l'ancienne loi, il était défendu à tout breveté en France de prendre, sous peine de déchéance, un brevet à l'étranger. Cette restriction nuisait exclusivement au breveté sans atteindre le but que s'était proposé l'Assemblée nationale de 1791 ; car tout tiers, d'accord ou non avec le breveté français, pouvait se faire breveter à l'étranger, et éludait ainsi la loi. Désormais il est loisible à tout breveté français de tirer parti de son invention comme il l'entendra, en France et à l'étranger ; la nouvelle loi ne pose aucune limite à son industrie. Cette faculté rend indispensable la connaissance des législations sur les brevets, dans les principaux États de l'Europe, que l'auteur a consignées à la suite de la jurisprudence française.

A ces premiers avantages en faveur de l'inventeur breveté, la loi nouvelle ajoute un maintien plus réel de ses droits ; des peines sévères sont portées contre les contrefacteurs et contre les détenteurs d'objets contrefaits ; les délais interminables suscités anciennement, dans les actions en contrefaçon, par les parties intéressées, disparaîtront à l'avenir, les tribunaux correctionnels, saisis d'une action pour délit de contrefaçon, pouvant statuer sur les questions de nullité ou de déchéance posées par les prévenus.

Toutefois, la loi, dont le but moral est plutôt de prévenir les délits que de les punir, met à la disposition du public tous les renseignements propres à l'éclairer.

Ainsi, on peut consulter sans frais, au Ministère du

commerce et dans les préfectures de chaque département : 1° le recueil publié par ordre du Ministre de l'agriculture et du commerce, contenant les dessins et descriptions des brevets expirés ; 2° le catalogue général contenant les titres des brevets en cours ; 3° au Ministère du commerce, le registre des brevets de l'année précédente, lorsque le catalogue annuel n'a pas encore paru ; 4° les dessins et descriptions des brevets délivrés et encore en vigueur.

Mais si la nouvelle loi protége les vrais inventeurs, les brevets réguliers, elle devient rigoureuse pour les prétendues inventions et pour l'inexécution des devoirs qu'elle impose. Ainsi, elle rejette toute demande dans laquelle les formalités prescrites n'auraient pas été remplies ; elle annule les brevets si l'invention n'est pas nouvelle, si elle a reçu en France ou à l'étranger, et antérieurement à la date du dépôt, une publicité suffisante pour pouvoir être exécutée ; elle prive de tous ses droits le breveté qui n'aura pas acquitté son annuité avant le commencement de chacune des années de la durée de son brevet ; le breveté qui n'aura pas mis en exploitation sa découverte, en France, dans le délai de deux ans à dater du jour de la signature du brevet, ou qui aura cessé de l'exploiter pendant deux années consécutives, ou encore qui aura fait fabriquer à l'étranger, pour les introduire en France, les objets brevetés ; enfin elle frappe le charlatanisme en prononçant une amende contre les personnes qui induisent sciemment le commerce en erreur en annonçant que leurs brevets sont spéciaux, uniques, et garantissent la valeur de leur invention, tandis que le titre délivré par le ministre n'est qu'un arrêté constatant la régularité du dépôt de l'invention, sans garantir en aucune manière la déclaration de l'inventeur.

PROJET DE RÉVISION

DE LA LOI DU 5 JUILLET 1844.

Le gouvernement avait soumis, à la fin de 1849, au conseil général de l'agriculture, des manufactures et du commerce, l'examen de certaines questions soulevées par l'expérimentation de la loi du 5 juillet 1844, et dont la solution tendrait à en simplifier l'application.

Une commission spéciale s'est livrée à l'étude de ces questions, que nous reproduisons avec un extrait des résolutions et des motifs qui les ont dictées.

Première question. — Faut-il exiger que les descriptions et dessins dont il est fait mention à l'article 5 soient transmis en triple expédition?

Réponse. — D'après les prescriptions de la loi de 1844, il doit être joint à toute demande de brevet un duplicata de la description et des dessins. Ce duplicata est annexé à l'arrêté ministériel qui constitue le brevet d'invention, après que la conformité de la copie avec l'expédition originale a été reconnue. La description originale doit être déposée au ministère du commerce pour y être communiquée sans frais à toute réquisition, et être publiée textuellement ou par extrait après le paiement de la seconde annuité.

En présence de cette double exigence, l'administration, ne conservant en mains qu'une seule description, ne peut la tenir à la fois à la disposition du public et de l'imprimeur chargé de l'impression du brevet; de là nécessité de transcription et de calques de dessins qui occasionnent un travail considérable.

La commission émet donc l'avis d'exiger que les pièces dont la production est exigée par la loi soient transmises au département du commerce en triple expédition.

Deuxième question. — N'est-ce pas le demandeur qui doit, à ses risques et périls, constater la conformité des copies et de l'original des descriptions?

Réponse. — La commission propose également une réponse affirmative sur cette seconde question. Elle a été déterminée dans cette résolution par la nécessité de dégager le gouvernement de toute responsabilité relative aux erreurs qui peuvent se commettre dans les transcriptions, et par la difficulté qui existe pour lui de s'assurer, en cas de différences entre les deux copies remises, des intentions réelles du demandeur.

Troisième question. — Ne convient-il pas de supprimer l'alternative inscrite dans l'avant-dernier paragraphe de l'article 5 et relative aux dessins et échantillons?

Réponse. — Les réflexions produites par le gouvernement à l'appui de cette question, et auxquelles la commission a pleinement adhéré, justifient suffisamment la convenance de ne plus laisser aux inventeurs la faculté de joindre à leurs descriptions des échantillons en place de dessins.

Quatrième question. — Le privilége d'une année en faveur de l'inventeur, en ce qui concerne les changements, additions ou perfectionnements, tel qu'il est inscrit dans l'article 18, pourrait-il être modifié ou établi sur d'autres bases?

Réponse. — La commission a considéré comme exorbitant le droit accordé à un breveté de pouvoir, pendant toute une année, prendre, moyennant le paiement d'une taxe unique de vingt francs, des brevets d'addition pour agrandir l'invention mère, toute inscription pour perfectionnement de la part d'autrui ne devant prendre rang qu'un an après l'inscription de l'invention principale. Si, par cette disposition, les demandes de brevets de perfectionnement ne sont pas entièrement paralysées, il est certain qu'elles sont considérablement contrariées, et l'on doit reconnaître dès lors que l'encouragement que doit donner la loi au perfectionnement de toute invention n'existe plus dans son entier; il ne s'applique plus qu'à un effort individuel au lieu de s'adresser aux efforts de tous.

Par ces motifs, la commission n'hésite pas à proposer au conseil de réduire ce délai à six mois.

Cinquième question. — Faut-il établir un délai avant l'expiration duquel les descriptions et dessins ne pourront être communiqués au public?

Réponse. — La commission est d'avis de laisser sous le cachet la demande de brevet, avec sa description, pendant les six mois que doit durer le privilége exceptionnel de l'inventeur, et de ne livrer au public la communication des descriptions et dessins qu'après cette époque.

Ici se place une disposition que la commission soumet à l'appréciation du conseil : c'est qu'au moment de l'ouverture des cachets, tant pour les demandes principales que pour celles d'addition, le comité consultatif des arts et manufactures soit appelé à apprécier si toutes les additions inscrites ont des rapports assez directs avec l'invention principale pour ne former qu'un même brevet. Si le comité décidait que les additions inscrites doivent constituer des brevets spéciaux, les demandeurs seraient mis en demeure de régulariser leur position en faisant des demandes conformes, auxquels cas leur privilége prendrait date du jour du dépôt de leur demande d'addition, et leur brevet serait immédiatement délivré.

Taxe. — La question de la taxe des brevets ayant été soulevée par un de ses membres, la commission, tout en reconnaissant que la loi de 1844 a fait, dans l'intérêt des inventeurs, une concession très-large en établissant le paiement par annuités, a été d'avis que l'annuité de cent francs devait être réduite, pendant les premières années, en vue des inventeurs peu aisés et des petits perfectionnements, qui, eux aussi, ont leur côté utile et méritent de participer à la protection de la loi. Sans s'arrêter à l'inconvénient de la multiplicité des brevets que l'abaissement de la taxe doit faire naître, elle s'est décidée à proposer au conseil de demander que l'article 4 de la loi de 1844 soit modifié, et que des taxes graduellement ascendantes soient établies dans l'ordre suivant :

Pour les première, deuxième et troisième années, vingt-cinq francs par an ;

Pour les quatrième, cinquième et sixième années, cinquante francs par an ;

Pour les septième, huitième et neuvième années, cent francs par an ;

Pour toutes les années suivantes, deux cents francs par an.

La taxe totale applicable à un brevet de cinq ans serait de cent soixante-quinze francs ;

A un brevet de dix ans, sept cent vingt-cinq francs ;

A un brevet de quinze ans, mille sept cent vingt-cinq francs.

La commission a été conduite dans cette voie par l'expérience acquise que les neuf dixièmes des brevets s'éteignent avant d'arriver au terme assigné à leur durée, et cela en présence des difficultés que rencontre la mise en pratique de toute découverte. Elle a eu en vue d'encourager les commencements des exploitations. Elle ne se dissimule pas que, malgré l'élévation du chiffre de la taxe totale d'un brevet de quinze ans, la combinaison proposée pourra apporter une réduction dans les recettes du Trésor ; mais elle a pensé qu'un impôt est mal assis lorsqu'il nuit au perfectionnement des moyens de travail, lorsqu'il empêche une partie de la population de prendre part à ces perfectionnements, par suite de l'impossibilité d'acquitter des taxes élevées, et par conséquent de l'impossibilité de profiter des avantages que la loi sur les brevets d'invention a pour but d'assurer aux investigations industrielles.

Sixième question. — Conviendrait-il d'attribuer, soit à un jury unique, siégeant à Paris, soit à des jurys départementaux, le jugement des délits de contrefaçon et de toutes les contestations qui intéressent les inventeurs? Quel serait le mode de composition de ces jurys? Jugeraient-ils en dernier ressort, ou seulement sous la réserve du pourvoi devant la cour de cassation?

Réponse. — De toutes les questions dont l'examen a été confié à la commission, aucune ne touche d'une manière plus directe au fond des principes de jurisprudence qui ont prévalu jusqu'à ce jour.

Dans le rapide examen auquel la commission a pu se livrer, elle a été frappée des difficultés sans nombre que la création de ces jurys soulève, surtout en ce qui concerne leur composition, si l'on veut qu'ils réunissent à la fois plus de lumières et autant d'indépendance que les tribunaux actuels.

La commission a successivement examiné les propositions de la création d'un jury central unique, celle de l'existence simultanée d'un jury central et de jurys ou conseils de conciliation dans les départements. Elle a examiné s'il convenait de composer ces jurys d'un nombre limité de personnes désignées par le ministre, sur la proposition du conseil d'État, pour le jury, et par le préfet, sur la proposition des chambres de commerce, pour les commissions de conciliation ; si le jury devait être tiré au sort sur un nombre double ou triple de membres ; si les fonctions des membres du jury devaient être permanentes ou temporaires, et, dans le dernier cas, quelle devait être la durée de ces fonctions.

En conservant dans leurs attributions actuelles les tribunaux civils de première instance et les tribunaux de police correctionnelle, serait-il possible de porter l'appel de tous leurs jugements devant une section spéciale de la cour d'appel de Paris?

L'examen de toutes ces propositions révèle des difficultés énormes dans l'application, et la commission, n'ayant pu s'arrêter définitivement à aucune combinaison, a conclu à une demande d'enquête, en réponse à la sixième question posée par M. le ministre de l'agriculture et du commerce.

L'administration s'occupe sérieusement des modifications à apporter à la loi actuelle; espérons que prochainement elle donnera pleine satisfaction aux droits inhérents aux productions de l'esprit humain.

OBSERVATIONS COMPLÉMENTAIRES.

Parmi les modifications non signalées, mais non moins urgentes, que les inventeurs attendent de la sollicitude du gouvernement et du Corps législatif, nous citerons principalement :

1° L'*extension* à vingt années de la durée maximum des brevets d'invention, dont la limite a été fixée jusqu'ici à quinze ans.

Il est de notoriété que les brevets, en général, ne sont productifs que dans les dernières années; mais alors le privilége arrive à son terme au moment même où l'inventeur commençait seulement à tirer quelque bénéfice de sa découverte. Rendre accessible la propriété aux produits de l'intelligence est un acte de bonne politique, la consolider par une protection plus efficace est une sage mesure à laquelle a droit l'inventeur; et si l'on considère que cette propriété est exclusivement le fruit de son travail, il est bien juste qu'il lui soit acquis le temps d'en profiter.

Dans le cas où cette prolongation de cinq années ne pourrait être admise comme règle générale, du moins pourrait-on l'accorder, d'une manière plus large que dans la loi actuelle, pour certaines éventualités, pour certaines industries. L'Angleterre et les États-Unis montrent plus de libéralité sous ce rapport, et concèdent plus facilement une prolongation de sept années au delà de la durée fixe, qui est de quatorze ans. La Belgique accorde une durée de vingt ans.

2° *La réduction de la taxe.* — Bien que la loi de 1844 ait déjà fait une concession libérale en subdivisant la taxe par annuités, cependant il est désirable, en faveur des inventeurs peu aisés et de la multiplicité de créations ou de perfectionnements utiles, d'abaisser la taxe au début, sauf à la rendre graduellement ascendante.

3° La *suppression* de la clause (article 20) qui

exige, lors de la cession d'un brevet, le paiement de la totalité de la taxe.

Les législateurs ont pris cette garantie dans l'intérêt des cessionnaires; mais cette obligation nuit exclusivement au breveté en rendant plus difficiles les transactions. En définitive, c'est une charge qui retombe sur lui au détriment du prix d'acquisition.

Or, si le breveté fait la cession pleine et entière de ses droits, dans ce cas le cessionnaire est substitué aux lieu et charge du vendeur, et alors il a personnellement le plus grand intérêt à acquitter, à la place du titulaire primitif, les annuités nécessaires au maintien du brevet, puisque la propriété n'existe qu'à cette condition et qu'il risque la perte de son acquisition; si, au contraire, le breveté se borne à accorder des licences, dans ce cas, comme dans celui des cessions partielles, il devient responsable, vis-à-vis les intéressés, du non-paiement des annuités.

Il n'y a donc aucun inconvénient à supprimer cette clause.

4° L'*amendement* du premier paragraphe de l'article 32, qui prononce d'une manière absolue, irrévocable, la déchéance de tout brevet dont une annuité n'aura pas été payée à son terme.

La déchéance irrémissiblement encourue par le seul fait du défaut de paiement au terme indiqué est une clause d'une rigueur excessive et peu équitable; car du non-accomplissement d'une obligation accessoire, toute fiscale, on fait une arme qui attaque par sa base un contrat loyalement tenu. En remontant, en effet, au principe du brevet, quelle est la base constitutive du contrat qui lie l'inventeur et la société? La voici : d'une part, l'inventeur apporte à la société la connaissance pleine et entière de sa découverte, et, en retour, la société lui assure, pendant un délai déterminé, la jouissance exclusive de son invention. Or, si la description est loyale, sincère et suffisante, si la découverte est nouvelle, l'inventeur a satisfait à la clause fondamentale de son contrat, et la société doit tenir sa promesse.

Mais alors intervient une question tout administrative et fiscale, qui impose à l'inventeur certaines obligations accessoires. Eh bien ! est-il équitable de donner à la non-réalisation de ces dernières la même importance qu'à la clause capitale, de leur appliquer la même pénalité, la déchéance ou la nullité?

Sans revenir sur la position précaire des inventeurs au début si prolongé de leur exploitation, nous devons dire que cette clause bien rigoureuse ne profite souvent qu'aux frelons à l'affût du labeur d'hommes industrieux, mais peu aisés.

Remarquons, d'un autre côté, qu'il résulte de la loi que l'administration ne saurait provoquer la déchéance des brevets non payés, et que l'action n'appartient même pas au ministère public, en sorte que la partie civile seule a le droit de faire juger la question de déchéance.

L'administration, dans son incertitude, reçoit même les annuités payées tardivement, sans informer le titulaire du sort de son brevet.

Dans cette alternative, y aurait-il un sérieux inconvénient à donner au breveté le droit de conserver son brevet en acquittant l'annuité en retard avant toute action intentée contre lui ?

Ne devrait-on pas lui accorder au moins, comme délai, le temps qui s'écoule entre le dépôt de sa demande et l'expédition du titre qui seul lui confère efficacement sa propriété privative, et ne faire courir l'année pour le paiement qu'à partir du jour de la délivrance du brevet ?

Ne conviendrait-il pas que l'administration prévînt l'inventeur à l'époque des paiements annuels? Ce travail, qui s'applique à des sommes fixes, serait bien moins compliqué que celui des contributions, qui concerne des sommes si variables.

L'administration ne devrait-elle pas déférer au ministère public, à la fin de chaque année, la liste des brevets non payés, afin que ce dernier prenne devant le tribunal des réquisitions tendant à déchéance, en mettant en cause le breveté, qui serait entendu dans ses explications et ses excuses, avec latitude au tribunal d'apprécier la cause du retard et de prononcer alors le maintien ou la déchéance du brevet? Ce mode de procéder ferait cesser toute incertitude embarrassante pour l'administration et fâcheuse pour les inventeurs ; en outre, la présence ou l'absence du dossier du brevet dans les cartons du ministère fixerait le public sur son maintien ou sur sa déchéance.

Enfin, n'y aurait-il pas équité à provoquer une disposition transitoire en faveur des brevetés qui, depuis

1844 jusqu'à ce jour, ont continué de payer leurs annuités, bien qu'un versement précédent ait été effectué tardivement, ou qui ont cessé les paiements ultérieurs, par le motif d'un premier retard, si, depuis, l'objet du brevet n'a pas encore été publiquement exploité par d'autres personnes.

La Belgique vient de décréter dans ce sens une généreuse initiative.

5° *La suppression* des mots *sans garantie du gouvernement*, que, d'après l'art. 33, tout inventeur est tenu, sous peine d'amende, d'ajouter à l'énonciation de son brevet.

On a pu croire, lors de l'admission du système des annuités, qu'en raison des facilités attachées à cette division quelques industriels pourraient s'appuyer sur ce titre pour abuser de la crédulité publique ; mais une expérience de plusieurs années a fait justice de cette crainte. Cette intimation soulève une réprobation générale, et constitue, par une exception fâcheuse, une dérogation au principe de droit commun, que *nul n'est censé ignorer la loi*. Cette expression est d'ailleurs mal comprise, et le paragraphe qui l'inflige vient frapper défavorablement la totalité des hommes laborieux. Il suffit, à notre avis, que le titre officiel porte cette mention : Le privilége est accordé aux risques et périls du requérant ; le gouvernement ne garantit en rien la déclaration, ni la nouveauté, ni le mérite de l'invention.

6° *Expropriation.* — Dans certains cas, lorsque la découverte brevetée devient un besoin général, l'État pourrait l'acquérir au profit du domaine public. Cette faculté d'expropriation contre une juste rémunération aurait l'avantage de faire cesser toute interprétation de monopole que quelques personnes attachent encore à la concession de brevets d'invention.

Telles sont les considérations que nous croyons devoir exposer comme présentant un haut intérêt d'actualité pour la garantie des droits sacrés des inventeurs.

MARQUES
ET DESSINS DE FABRIQUE EN FRANCE

NOUVELLE LOI

SUR LES MARQUES DE FABRIQUE ET DE COMMERCE.

Jusqu'ici la jurisprudence qui a régi les marques de fabrique était très-complexe; elle reposait sur divers arrêtés et décrets, les uns relatifs à certaines industries, les autres embrassant toutes les professions, et successivement modifiés par des lois et règlements postérieurs.

La propriété des marques de fabrique remonte en France aux statuts du 26 octobre 1666, qui concernaient la fabrique de draps de Carcassonne.

C'est la ville de Thiers qui la première obtint, en

1743, des lettres-patentes sur les marques des articles de quincaillerie.

L'arrêté du 23 nivôse an IX et le décret du 5 septembre 1810 étaient relatifs à la propriété et à la contrefaçon des marques de quincaillerie et de coutellerie.

Le décret du 22 germinal an XI concernait les marques particulières des manufactures, fabriques et ateliers.

La loi du 4 août 1824 édictait les peines concernant les altérations ou suppositions de noms sur les produits fabriqués.

Enfin le décret du 11 juin 1809 chargeait les conseils de prud'hommes de veiller à la conservation et à l'observation des mesures conservatrices de la propriété des marques et empreintes de différents produits de fabrique; en cas de contestation, l'affaire était portée au tribunal de commerce, qui prononçait, sur l'avis du conseil des prud'hommes.

Cette diffusion d'une législation aussi importante a fait reconnaître la nécessité d'une loi spéciale, destinée à devenir le code des fabricants et des commerçants.

Tel est l'objet de la loi votée par le Corps législatif le 12 mai 1857, délibérée et votée par le Sénat le 4 juin suivant, et enfin décrétée au palais de Saint-Cloud le 23 juin 1857, pour être mise en vigueur six mois après sa promulgation.

LOI DU 12 MAI 1857

SUR LES MARQUES DE FABRIQUE ET DE COMMERCE.

Napoléon, par la grâce de Dieu et la volonté nationale empereur des Français, à tous présents et à venir, salut :

Avons sanctionné et sanctionnons, promulgué et promulguons ce qui suit :

LOI.

(Extrait du procès-verbal du Corps législatif.)

Le Corps législatif a adopté le projet de loi dont la teneur suit :

Titre Ier. — *Du droit de propriété des marques.*

Art. 1er. La marque de fabrique ou de commerce est facultative.

Toutefois, les décrets rendus en la forme des règlements d'administration publique peuvent, exceptionnellement, la déclarer obligatoire pour les produits qu'ils déterminent.

Sont considérés comme marques de fabrique et de commerce les noms sous une forme distinctive, les dénominations, emblèmes, empreintes, timbres, cachets, vignettes, reliefs, lettres, chiffres, enveloppes et tous autres signes servant à distinguer les produits d'une fabrique ou les objets d'un commerce.

Art. 2. Nul ne peut revendiquer la propriété exclusive d'une marque s'il n'a déposé deux exemplaires du modèle de cette marque au greffe du tribunal de commerce de son domicile.

Art. 3. Le dépôt n'a d'effet que pour quinze années.

La propriété de la marque peut toujours être conservée pour un nouveau terme de quinze années au moyen d'un nouveau dépôt.

Art. 4. Il est perçu un droit fixe d'un franc pour la rédaction du procès-verbal de dépôt de chaque marque et pour le coût de l'expédition, non compris les frais de timbre et d'enregistrement.

Titre II. — *Dispositions relatives aux étrangers.*

Art. 5. Les étrangers qui possèdent en France des établissements d'industrie ou de commerce jouissent, pour les produits de leurs établissements, du bénéfice de la présente loi, en remplissant les formalités qu'elle prescrit.

Art. 6. Les étrangers et les Français dont les établissements sont situés hors de France jouissent également du bénéfice de la présente loi pour les produits de ces établissements, si, dans les pays où ils sont situés, des conventions diplomatiques ont établi la réciprocité pour les marques françaises.

Dans ce cas, le dépôt des marques étrangères a lieu au greffe du tribunal de commerce du département de la Seine.

Titre III. — *Pénalités.*

Art. 7. Sont punis d'une amende de 50 fr. à 3,000 fr. et d'un emprisonnement de trois mois à trois ans, ou de l'une de ces peines seulement :

1° Ceux qui ont contrefait une marque ou fait usage d'une marque contrefaite ;

2° Ceux qui ont frauduleusement apposé sur leurs produits ou les objets de leur commerce une marque appartenant à autrui ;

3° Ceux qui ont sciemment vendu ou mis en vente un ou plusieurs produits revêtus d'une marque contrefaite ou frauduleusement apposée.

Art. 8. Sont punis d'une amende de 50 fr. à 2,000 fr. et d'un emprisonnement d'un mois à un an, ou de l'une de ces peines seulement :

1° Ceux qui, sans contrefaire une marque, en ont fait une imitation frauduleuse, de nature à tromper l'acheteur, ou ont fait usage d'une marque frauduleusement imitée ;

2° Ceux qui ont fait usage d'une marque portant des indications propres à tromper l'acheteur sur la nature du produit ;

3° Ceux qui ont sciemment vendu ou mis en vente un ou plusieurs produits revêtus d'une marque frauduleusement imitée ou portant des indications propres à tromper l'acheteur sur la nature du produit.

Art. 9. Sont punis d'une amende de 50 fr. à 1,000 fr. et d'un emprisonnement de quinze jours à six mois, ou de l'une de ces peines seulement,

1° Ceux qui n'ont pas apposé sur leurs produits une marque déclarée obligatoire ;

2° Ceux qui ont vendu ou mis en vente un ou plusieurs produits ne portant pas la marque déclarée obligatoire pour cette espèce de produits ;

3° Ceux qui ont contrevenu aux dispositions des décrets rendus en exécution de l'art. 1er de la présente loi.

Art. 10. Les peines établies par la présente loi ne peuvent être cumulées.

La peine la plus forte est seule prononcée pour tous les faits antérieurs au premier acte de poursuite.

Art. 11. Les peines portées aux articles 7, 8 et 9 peuvent être élevées au double en cas de récidive.

Il y a récidive lorsqu'il a été prononcé contre le prévenu, dans les cinq années antérieures, une condamnation pour un des délits prévus par la présente loi.

Art. 12. L'art. 463 du Code pénal peut être appliqué aux délits prévus par la présente loi.

Art. 13. Les délinquants peuvent, en outre, être privés du droit de participer aux élections des tribunaux et des chambres de commerce, des chambres consultatives des arts et manufactures et des conseils de prud'hommes, pendant un temps qui n'excédera pas dix ans.

Le tribunal peut ordonner l'affiche du jugement dans les lieux qu'il détermine, et son insertion intégrale ou par extrait dans les journaux qu'il désigne, le tout au frais du condamné.

Art. 14. La confiscation des produits dont la marque serait

reconnue contraire aux dispositions des art. 7 et 8 peut, même en cas d'acquittement, être prononcée par le tribunal ainsi que celle des instruments et ustensiles ayant spécialement servi à commettre le délit.

Le tribunal peut ordonner que les produits confisqués soient remis au propriétaire de la marque contrefaite ou frauduleusement apposée ou imitée, indépendamment de plus amples dommages-intérêts, s'il y a lieu.

Il prescrit, dans tous les cas, la destruction des marques reconnues contraires aux dispositions des art. 7 et 8.

Art. 15. Dans le cas prévu par les deux premiers paragraphes de l'art. 9, le tribunal prescrit toujours que les marques déclarées obligatoires soient apposées sur les produits qui y sont assujettis.

Le tribunal peut prononcer la confiscation des produits, si le prévenu a encouru, dans les cinq années antérieures, une condamnation pour un des délits prévus par les deux premiers paragraphes de l'art. 9.

Titre IV. — *Juridictions.*

Art. 16. Les actions civiles relatives aux marques sont portées devant les tribunaux civils et jugées comme matières sommaires.

En cas d'action intentée par la voie correctionnelle, si le prévenu soulève pour sa défense des questions relatives à la propriété de la marque, le tribunal de police correctionnelle statue sur l'exception.

Art. 17. Le propriétaire d'une marque peut faire procéder par tous huissiers à la description détaillée, avec ou sans saisie, des produits qu'il prétend marqués à son préjudice en contravention aux dispositions de la présente loi, en vertu d'une ordonnance du président du tribunal civil de première instance, ou du juge de paix du canton, à défaut du tribunal dans le lieu où se trouvent les produits à décrire ou à saisir.

L'ordonnance est rendue sur simple requête et sur la présentation du procès-verbal constatant le dépôt de la marque. Elle contient, s'il y a lieu, la nomination d'un expert, pour aider l'huissier dans sa description.

Lorsque la saisie est requise, le juge peut exiger du requérant un cautionnement, qu'il est tenu de consigner avant de faire procéder à la saisie.

Il est laissé copie, aux détenteurs des objets décrits ou saisis, de l'ordonnance et de l'acte constatant le dépôt du cautionnement, le cas échéant : le tout à peine de nullité et de dommages-intérêts contre l'huissier.

Art. 18. A défaut par le requérant de s'être pourvu, soit par la voie civile, soit par la voie correctionnelle, dans le délai de quinzaine, outre un jour par cinq myriamètres de distance entre le lieu où se trouvent les objets décrits ou saisis et le domicile de la partie contre laquelle l'action doit être dirigée, la description ou saisie est nulle de plein droit, sans préjudice des dommages-intérêts qui peuvent être réclamés, s'il y a lieu.

TITRE V. — *Dispositions générales ou transitoires.*

Art. 19. Tous produits étrangers portant soit la marque, soit le nom d'un fabricant résidant en France, soit l'indication du nom ou du lieu d'une fabrique française, sont prohibés à l'entrée et exclus du transit et de l'entrepôt, et peuvent être saisis, en quelque lieu que ce soit, soit à la diligence de l'administration des douanes, soit à la requête du ministère public ou de la partie lésée.

Dans le cas où la saisie est faite à la diligence de l'administration des douanes, le procès-verbal de saisie est immédiatement adressé au ministère public.

Le délai dans lequel l'action prévue par l'art. 18 devra être intentée, sous peine de nullité de la saisie, soit par la partie lésée, soit par le ministère public, est porté à deux mois.

Les dispositions de l'art. 14 sont applicables aux produits saisis en vertu du présent article.

Art. 20. Toutes les dispositions de la présente loi sont applicables aux vins, eaux-de-vie et autres boissons, aux bestiaux, grains, farines, et généralement à tous les produits de l'agriculture.

Art. 21. Tout dépôt de marques opéré au greffe du tribunal de commerce antérieurement à la présente loi aura effet pour quinze années à dater de l'époque où ladite loi sera exécutoire.

Art. 22. La présente loi ne sera exécutoire que six mois après sa promulgation. Un règlement d'administration publique déterminera les formalités à remplir pour le dépôt et la publicité des marques, et toutes les autres mesures nécessaires pour l'exécution de la loi.

Art. 23. Il n'est pas dérogé aux dispositions antérieures qui n'ont rien de contraire à la présente loi.

Délibéré en séance pubblique, à Paris, le 12 mai 1857.

Le président : Schneider; *les secrétaires :* comte Joachim Murat, marquis de Caumont-Quitry, Tesnière, E. Dalloz.

(Extrait du procès-verbal du Sénat.)

Le Sénat ne s'oppose pas à la promulgation de la loi relative aux marques de fabrique et de commerce.

Délibéré et voté en séance, au palais du Sénat, le 4 juin 1857.

Le président : Troplong; *les secrétaires :* A. duc de Padoue, le comte Le Marois, baron T. de Lacrosse.

Vu et scellé du sceau du Sénat :

Baron T. DE LACROSSE.

Mandons et ordonnons que les présentes, revêtues du sceau de l'État, et insérées au *Bulletin des Lois*, soient adressées aux cours, aux tribunaux et aux autorités administratives, pour qu'ils les inscrivent sur leurs registres, les observent et les fassent observer, et notre ministre secrétaire d'État au département de la justice est chargé d'en surveiller la publication.

Fait au palais de Saint-Cloud, le 23 juin 1857.

NAPOLÉON.

Vu et scellé du grand sceau :

Le garde des sceaux, ministre secrétaire d'État, au département de la justice,

ABBATUCCI.

Par l'Empereur.

Le Ministre d'État,

ACHILLE FOULD.

RÉSUMÉ DES PRINCIPAUX ARTICLES DE LA LOI SUR LES MARQUES DE FABRIQUE.

Art. 1er. **Marque facultative et obligatoire.** — La marque de fabrique ou de commerce est facultative; par exception, toutefois, et pour certains produits déterminés, la marque pourra être rendue obligatoire par des décrets rendus en la forme de règlements d'administration publique.

Extension de la marque. — La loi considère comme marque de fabrique et de commerce : les noms sous une forme distinctive, les dénominations, emblèmes, empreintes, timbres, cachets, vignettes, reliefs, lettres, chiffres, enveloppes et tous autres signes servant à distinguer les produits d'une fabrique ou les objets d'un commerce.

Art. 2. **Dépot préalable.** — La propriété exclusive d'une marque de fabrique ne peut être revendiquée légalement qu'après le dépôt préalable par le fabricant de deux exemplaires du modèle de cette marque au greffe du tribunal de commerce de son domicile.

Art. 3. **Durée du dépot.** — La durée du dépôt d'une marque est de quinze années; ce délai peut toujours être prolongé de quinze autres années par un nouveau dépôt.

Art. 4. **Taxe.** — Le procès-verbal de dépôt de chaque marque, y compris le coût de l'expédition, est de 1 fr., non compris les frais de timbre et d'enregistrement.

Art. 8 et 9. Pénalités. — La contrefaçon d'une marque ou l'usage d'une marque contrefaite; l'apposition frauduleuse sur des produits d'une marque appartenant à autrui; la vente, la mise en vente d'un ou de plusieurs produits revêtus d'une marque contrefaite ou frauduleusement apposée;

Sont punis d'une amende de 50 fr. à 3,000 fr., et d'un emprisonnement de 3 mois à 3 ans, ou de l'une de ces peines seulement (art. 7).

L'imitation frauduleuse d'une marque dans le but de tromper l'acheteur, ou l'usage d'une marque frauduleusement imitée;

L'emploi d'une marque porteur d'indications propres à tromper sur la nature du produit;

La vente, avec connaissance de cause, d'un ou de plusieurs produits revêtus d'une marque frauduleusement imitée;

Sont punis d'une amende de 50 fr. à 2,000 fr., et d'un emprisonnement d'un mois à un an, ou de l'une de ces peines seulement (art. 8).

La non-apposition sur certains produits déterminés, d'une marque déclarée obligatoire, et toute contravention aux dispositions des décrets rendus en exécution de l'art. 1er;

Seront punis d'une amende de 50 fr. à 1,000 fr., et d'un emprisonnement de 15 jours à 6 mois, ou de l'une de ces peines seulement (art. 9).

Art. 14. Confiscation des produits et destruction des marques. — Le tribunal peut prononcer la confiscation des produits dont la marque serait reconnue contraire aux art. 7 et 8, et des instruments et ustensiles ayant servi au délit; il prescrit, dans tous les cas, la destruction des marques contraires auxdits articles.

Art. 16, 17, 18. Juridiction. — La procédure à suivre relativement aux marques offre une grande analogie avec celle prescrite par la loi du 5 juillet 1844 pour les brevets d'invention ; le propriétaire d'une marque peut adopter l'action civile ou correctionnelle.

Art. 19. Prohibition et saisie des produits étrangers. — La loi prescrit la prohibition à l'entrée de tous les produits étrangers portant, soit la marque, soit le nom d'un fabricant résidant en France, soit l'indication du nom ou du lieu d'une fabrique française ; elle les exclut du transit et de l'entrepôt et en permet la saisie.

Art. 20. Produits d'agriculture. — Les dispositions de cette loi sont applicables aux vins, eaux-de-vie et autres boissons, aux bestiaux, grains, farines, et généralement à tous les produits de l'agriculture.

Un règlement d'administration publique déterminera les formalités à remplir pour le dépôt et la publicité des marques, et toutes les autres mesures nécessaires pour l'exécution de la loi.

Le gouvernement vient de consulter les chambres de commerce sur les meilleures dispositions à adopter dans ce règlement.

DESSINS DE FABRIQUE
SCULPTURE INDUSTRIELLE. — MODELES ET PRODUITS DIVERS.

DESSINS DE FABRIQUE.

On comprend sous la dénomination générale de dessins de fabrique, les dessins en tous genres susceptibles d'être imprimés, appliqués ou reproduits par tous procédés mécaniques, sur étoffes, tissus, papiers peints, porcelaine, verres, bois, tôle, etc., etc.

Législation ancienne. — Sous l'ancienne législation, la propriété des dessins pour étoffes, en ce qui concernait exclusivement les fabriques de soieries de Lyon, remontait aux statuts et règlements de 1737 et 1744.

Un arrêté ultérieur du conseil royal, à la date du 14 juillet 1787, rendu d'après les requêtes et mémoires des corps et communautés des fabricants de Tours et de Lyon, sur les atteintes portées à leur propriété et à l'intérêt général des manufactures par la copie et contrefaçon des dessins, confirma les statuts dont jouissait la fabrique de Lyon, et en étendit la protection à toutes les fabriques du royaume.

Le préambule de cet arrêté s'exprimait ainsi :

Considérant que la supériorité qu'ont acquise les

« manufactures de soieries du royaume est principale-
« ment due à l'invention, à la correction et au bon goût
« des dessins, que l'émulation qui anime les fabricants
« et dessinateurs s'anéantirait s'ils n'étaient assurés de
« recueillir les fruits de leurs travaux,

« Sa Majesté, sur l'avis de son Conseil, a pris la
« résolution d'étendre aux autres manufactures du
« royaume les règlements faits en 1737 et 1744 pour
« celle de Lyon, sur la copie et contrefaçon des des-
« sins, et de donner ainsi aux véritables inventeurs la
« faculté de constater à l'avenir d'une manière sûre et
« invariable leur propriété par une jouissance exclu-
« sive et proportionnée dans sa durée aux frais et
« mérite de l'inventeur. . . . . »

Cet arrêté réglementait la propriété des dessins de
fabrique aux conditions suivantes :

1° Les fabricants qui avaient composé ou fait composer de nouveaux dessins avaient seuls, exclusivement à tous autres, le droit de les faire exécuter en
étoffes de soie, soie et dorures, ou mélangées de soie ;
la durée de ce privilége était de quinze années pour
les étoffes d'ameublements et d'ornements d'églises,
et de six années pour celles brochées ou façonnées servant à tous usages.

2° Les fabricants qui avaient inventé ou fait faire
un dessin étaient tenus, pour s'en réserver l'exécution, de présenter un échantillon au bureau de leur
communauté, dont il était dressé procès-verbal de
description sur un registre tenu à cet effet ; le procès-

verbal. contenait les nom, raison et demeure du maître, marchand ou fabricant, qui faisait constater la propriété et la date précise de la présentation du dessin. Le cachet de la communauté et celui du propriétaire étaient apposés au moment même de la rédaction du procès-verbal, sur l'esquisse du dessin ou sur l'échantillon, lequel restait entre les mains du propriétaire avec un extrait du procès-verbal.

3° Faute d'avoir rempli les formalités précédentes avant la mise en vente des étoffes fabriquées suivant les dessins, les inventeurs étaient déchus de toutes réclamations contre les contrevenants.

4° Les contrefacteurs de dessins régulièrement déposés étaient, à la requête des fabricants ou propriétaires de dessins, appelés devant les juges de la police des arts et métiers, et passibles d'une amende et de la confiscation des objets contrefaits.

Telle était la jurisprudence qui, sous l'ancien régime, réglementait la propriété des dessins de fabrique; il était intéressant d'en dire quelques mots, parce que c'est elle qui a donné naissance aux divers règlements et ordonnances qui régissent actuellement cette propriété.

Législation moderne. — La législation moderne, en matière de propriété industrielle des dessins de fabrique, est basée :

1° Sur la loi générale du 19 juillet 1793 ;

2° Sur l'ordonnance du 18 mars 1806 ;

3° Sur les articles 425, 426, 427 et 429 du Code pénal ;

4° Et sur l'ordonnance du 29 août 1825.

Les textes de ces lois et ordonnances, avec quelques développements sur leur interprétation par la jurisprudence, trouveront une place utile dans ce Recueil.

LOI DU 19 JUILLET 1793 (AN II)

Relative aux droits de propriété des auteurs d'écrits en tout genre, des compositeurs de musique, des peintres et des dessinateurs.

La Convention nationale décrète :

Art. 1er. — Les auteurs d'écrits en tout genre, les compositeurs de musique, les peintres et dessinateurs qui feront graver des tableaux ou dessins, jouiront durant leur vie entière du droit exclusif de vendre, faire vendre, distribuer leurs ouvrages dans le territoire de la République, et d'en céder la propriété en tout ou en partie.

Art. 2. — Leurs héritiers ou cessionnaires jouiront du même droit durant l'espace de dix ans après la mort des auteurs.

Art. 3. — Les officiers de paix seront tenus de faire confisquer, à la réquisition et au profit des auteurs, compositeurs, peintres ou dessinateurs et autres, leurs héritiers ou cessionnaires, tous les exemplaires des éditions imprimées ou gravées sans la permission formelle et par écrit des auteurs.

Art. 4. — Tout contrefacteur sera tenu de payer au véritable propriétaire une somme équivalente au prix de trois mille exemplaires de l'édition originale.

Art. 5. — Tout débitant d'édition contrefaite, s'il n'est pas reconnu contrefacteur, sera tenu de payer au véritable propriétaire une somme équivalente au prix de cinq cents exemplaires de l'édition originale.

Art. 6. — Tout citoyen qui mettra au jour un ouvrage, soit de littérature ou de gravure, dans quelque genre que ce soit, sera obligé d'en déposer deux exemplaires à la Bibliothèque nationale et au Cabinet des Estampes de la République, dont il recevra un reçu, signé par le bibliothécaire, faute de quoi il ne pourra être admis en justice pour la poursuite des contrefacteurs.

Art. 7. — Les héritiers de l'auteur d'un ouvrage de littérature ou de gravure, ou de toute autre production de l'esprit ou du génie qui appartient aux beaux-arts, en auront la propriété exclusive pendant dix ans.

Cette loi, qui présente dans son ensemble des dispositions trop générales, bien que s'appliquant à toutes les productions des arts et comprenant formellement les dessinateurs, sans distinction de genre, avait besoin d'être interprété par une loi plus spéciale aux dessins destinés à la fabrique.

Tel est l'objet de la loi du 18 mars 1806, dont suit la teneur :

LOI DU 18 MARS 1806

Portant établissement d'un conseil de prud'hommes à Lyon.

SECTION II.

Des contraventions aux lois et règlements.

Art. 10. — Le conseil des prud'hommes sera spécialement chargé de constater, d'après les plaintes qui pourraient lui être adressées, les contraventions aux lois et règlements nouveaux ou remis en vigueur.

Art. 11. — Les procès-verbaux dressés par les prud'hommes pour constater ces contraventions seront renvoyés aux tribunaux compétents, ainsi que les objets saisis.

Art. 13. — Les prud'hommes, dans les cas ci-dessus et

sur la réquisition verbale ou écrite des parties, pourront, au nombre de deux au moins, assistés d'un officier public, dont un fabricant et un chef d'atelier, faire des visites chez les fabricants, chefs d'ateliers, ouvriers et compagnons.

Section III.

De la conservation de la propriété des dessins.

Art. 14. — Le conseil des prud'hommes est chargé des mesures conservatrices de la propriété des dessins.

Art. 15. — Tout fabricant qui voudra pouvoir revendiquer par la suite devant le tribunal de commerce la propriété d'un dessin de son invention sera tenu d'en déposer aux archives du conseil des prud'hommes un échantillon plié sous enveloppe, revêtu de ses cachet et signature, sur lequel sera également apposé le cachet du conseil des prud'hommes.

Art. 16. — Les dépôts de dessins seront inscrits sur un registre tenu *ad hoc* par le conseil des prud'hommes, lequel délivrera aux fabricants un certificat rappelant le numéro d'ordre du paquet déposé, et constatant la date du dépôt.

Art. 17. — En cas de contestation entre deux ou plusieurs fabricants sur la propriété d'un dessin, le conseil des prud'hommes procédera à l'ouverture des paquets qui lui auront été déposés par les parties; il fournira un certificat indiquant le nom du fabricant qui aura la priorité de date.

Art. 18. — En déposant son échantillon, le fabricant déclarera qu'il entend se réserver la propriété exclusive pendant une, trois ou cinq années, ou à perpétuité; il sera tenu note de cette déclaration. A l'expiration du délai fixé par ladite déclaration, si la réserve est temporaire, tout paquet d'échantillon déposé sous cachet dans les archives du conseil, devra être transmis au Conservatoire des Arts de la ville de Lyon et les échantillons y contenus être joints à la collection du Conservatoire.

Art. 19. — En déposant son échantillon, le fabricant acquittera entre les mains du receveur de la commune une indemnité qui sera réglée par le conseil des prud'hommes, et ne pourra excéder un franc pour chacune des années pendant lesquelles il voudra conserver la propriété exclusive de son dessin, et sera de dix francs pour la propriété perpétuelle.

L'application de cette loi, qui paraît restreinte au ressort du conseil des prud'hommes de la ville de Lyon, est admise par la jurisprudence comme étendant son action à tous les conseils de prud'hommes de l'État.

Cette loi charge spécialement le conseil des prud'-hommes du soin de conserver les paquets des dessins, et de constater les contraventions.

Elle indique les formalités du dépôt des dessins dont on veut revendiquer la propriété, et détermine la durée temporaire ou perpétuelle que le fabricant veut y assigner.

Enfin, contrairement à ce qui a lieu pour les marques de fabrique, les articles 15 et 18 de cette ordonnance exigent le dépôt antérieur à la vente, sans quoi le fabricant perd son droit.

A l'appui de cette loi, le Code pénal, promulgué en 1810, comprit dans ses dispositions générales la contrefaçon des dessins de fabrique, notamment dans les articles 425, 426, 427 et 429, ainsi conçus :

CODE PÉNAL DU 19 FÉVRIER 1810.

Art. 425. — Toute édition d'écrit, de composition musicale, de dessin, de peinture ou de toute autre production, imprimée ou gravée en entier ou en partie, au mépris des lois et règlements relatifs à la propriété des auteurs, est une contrefaçon, et toute contrefaçon est un délit.

Art. 426. — Le débit d'ouvrages contrefaits, l'introduction sur le territoire français d'ouvrages qui, après avoir été imprimés en France, ont été contrefaits chez l'étranger, sont un délit de la même espèce.

Art. 427. — La peine contre le contrefacteur ou contre l'introducteur sera une amende de cent francs au moins et de deux mille francs au plus; et contre le débitant, une amende de vingt-cinq francs au moins et de cinq cents francs au plus. La confiscation de l'édition contrefaite sera prononcée tant contre le contrefacteur que contre l'introducteur ou le débitant. Les planches, moules ou machines des objets contrefaits seront aussi confisqués.

Art. 429. — Dans les cas prévus par les articles précédents, le produit des confiscations ou les recettes confisquées seront remis au propriétaire pour l'indemniser d'autant du préjudice qu'il aura souffert; le surplus de son indemnité, ou l'entière indemnité, s'il n'y a eu vente d'objets confisqués ni saisie de recettes, sera réglé par les voies ordinaires.

Enfin, à la suite de réclamations élevées par plusieurs manufacturiers dont les fabriques étaient situées hors du ressort d'un conseil de prud'hommes, pour qu'il leur fût indiqué un lieu de dépôt légal des dessins de leur invention, intervint l'ordonnance royale du 29 août 1825, qui statue que, dans ce cas, le dépôt pourra s'effectuer, soit au greffe du tribunal de première instance, dans les localités où le tribunal civil exerce cette juridiction.

Voici la teneur de ce décret :

ORDONNANCE DU 29 AOUT 1825

Portant règlement sur le dépôt des dessins de fabrique.

Art. 1ᵉʳ. — Le dépôt des échantillons de dessins qui doit être fait, conformément à l'article 15 de la loi du 18 mars 1806, aux archives des conseils de prud'hommes, pour les fabriques situées dans le ressort de ces conseils, sera reçu; pour toutes les fabriques situées hors du ressort d'un conseil de prud'hommes, au greffe du tribunal de commerce, ou au greffe du tribunal de première instance, dans les arrondissements où les tribunaux civils exerceront la juridiction des tribunaux de commerce.

Art. 2. — Ce dépôt se fera dans les formes prescrites pour le même dépôt aux archives des conseils de prud'hommes, par les art. 15, 16 et 18, sect. 3, tit. 2 de la loi du 18 mars 1806.

Il sera reçu gratuitement, sauf le droit du greffier pour la délivrance du certificat constatant ledit dépôt.

RÉSUMÉ DE LA JURISPRUDENCE
SUR LA PROPRIÉTÉ DES DESSINS DE FABRIQUE.

1° La propriété d'un dessin dont le dépôt a été légalement effectué antérieurement à toute vente est absolue, et il ne peut être reproduit d'une manière quelconque, en aucun genre, par aucune industrie.

2° La durée de la propriété d'un dessin est fixée par la déclaration même du fabricant lors du dépôt; elle est, à sa volonté, ou perpétuelle ou limitée à 1, 3 ou 5 années.

3° L'auteur d'un dessin déposé conformément à la loi, jouit d'un double droit : le prix de la vente du modèle original, et le droit de le reproduire mécaniquement.

4° La contrefaçon peut être totale ou partielle; elle ne résulte pas seulement d'une copie servile, d'égale ou de différente dimension; il suffit qu'elle reproduise la physionomie du dessin original, peu importe d'ailleurs les modifications de formes, les accessoires d'un détail et les proportions relatives.

5° La revendication simple du préjudice causé au droit de propriété d'un dessin doit, d'après la loi spéciale du 18 mars 1806, être portée devant le tribunal de commerce ; mais si, en vertu de l'art. 425 du Code pénal, le poursuivant désire une pénalité plus sévère, il peut saisir le tribunal civil.

SCULPTURE INDUSTRIELLE.

On comprend sous cette dénomination toutes les industries qui composent des dessins, les reproduisent et les appliquent sur des matières solides, comme la fonderie, le moulage, le tour, les bronzes, la ciselure, la sculpture, l'orfévrerie, la bijouterie, la tabletterie, la cristallerie, la verrerie, la porcelaine, etc.

La propriété de la sculpture industrielle, ainsi généralisée, est réglementée par la loi du 19 juillet 1793 et par l'article 427 du Code pénal, plus haut reproduits.

En conséquence, la durée est limitée à la vie de l'auteur et à dix ans après sa mort en faveur de ses héritiers.

La sculpture industrielle, envisagée comme produit en relief, est affranchie du dépôt, qui est exigible, comme nous l'avons vu, pour les modèles et les dessins de fabrique.

En cas de contrefaçon, sur la requête du plaignant, tout officier de police est tenu d'effectuer la saisie ou de constater le délit aux risques et périls du poursuivant. Ce dernier, dans sa poursuite contre le contrefacteur, peut opter entre la juridiction civile et la juridiction correctionnelle.

MODÈLES ET PRODUITS INDUSTRIELS.

On reçoit, par une tolérance illégale et funeste aux fabricants, au greffe du conseil des prud'hommes, le dépôt de dessins et de produits divers d'une nature essentiellement industrielle.

Or, il doit être bien compris par les déposants que la propriété des modèles est exclusivement restreinte à la forme ornementale ou artistique, et ne s'étend nullement à la combinaison, ni au procédé, ni au mécanisme de l'objet; ces produits, dans ce dernier cas, rentrent dans la spécialité de la loi sur les brevets d'invention [1].

Par une lacune regrettable, les lois, décrets et ordonnances concernant les dépôts au greffe du tribunal de commerce ou des prud'hommes ne sauvegardent en aucune manière la propriété des dessins de modèles ou d'articles divers dits d'utilité.

Cette absence de toute protection légale laisse

---

[1]. La jurisprudence confirme cette lacune. La cour d'appel de Paris, 4e chambre, dans son audience du 11 août 1852, a adopté les considérants suivants : Le dépôt au conseil des prud'hommes ne protége que les dessins et les marques de fabrique.—Le dessin d'un modèle de poêle en fonte n'est point un dessin de fabrique dans le sens du décret de 1806.—L'article 1382 du Code Napoléon ne s'applique point à la reproduction d'un produit industriel non protégé par une loi spéciale. Affaire Vivaux contre Morel.

livrés à la contrefaçon la plus déloyale une foule de modèles et d'objets qui, restreints à la nouveauté et à la grâce de leurs formes, ne peuvent également faire l'objet d'un brevet d'invention.

C'est principalement l'industrie de luxe, d'agrément ou d'utilité, ou, en termes plus précis, l'industrie parisienne (qui embrasse tant d'articles), dont les créations de bon goût et si variées deviennent la proie de la contrefaçon.

Il y a lieu d'espérer que cette question sera traitée dans le projet de remaniement des lois et décrets, sur les dessins de fabrique, soumis depuis quelque temps au conseil d'État par M. le ministre de l'agriculture et du commerce; sa solution aurait le double avantage de stimuler le bon goût de nos fabricants, et de donner l'accès d'un nouveau genre de propriété à un grand nombre d'ouvriers intelligents, la gloire de l'industrie parisienne.

APPENDICE

DE LA PREMIÈRE PARTIE.

SIMPLES CONSEILS AUX INVENTEURS [1].

Il est impossible de visiter une exposition de l'industrie sans être saisi d'une admiration légitime. Là, viennent se presser tous les produits, fruit du travail des générations. L'œil est charmé par l'aspect de ces moelleuses étoffes destinées aux vêtements, aux tentures, aux meubles; il s'étonne de l'éblouissante splendeur des cristaux, des bronzes, des pièces d'orfévrerie et de bijouterie. Il contemple avec une attention ravie ces porcelaines, ces émaux, ces armes, ces ouvrages de marqueterie, où le bois, l'ivoire et les métaux concourent à l'effet général. Puis, en présence de tant de merveilles, on se demande combien il a fallu de temps, d'efforts, de patience, de travaux, pour arriver à ces résultats, et de l'œuvre, on se reporte aux moyens; du produit on remonte aux instruments, aux machines; là encore, là surtout, le champ

---

1. Cet article a été rédigé par notre ami M. Ch. Delorme, avocat à la cour d'appel de Paris, qui, par une aptitude rare, joint aux qualités du jurisconsulte des connaissances industrielles spéciales.

de la méditation est vaste. Si, cherchant à comprendre le jeu de tant d'outils, de métiers, de moteurs, dont chacun a eu son germe, son enfance, ses développements successifs pour arriver à la perfection, on songe à toutes ces existences d'inventeurs, d'industriels, qui se sont usés à la tâche pour ajouter une perfection de plus à l'un de ces précieux monuments de l'industrie, une mélancolique pensée s'empare de nous. Le tableau de la situation ordinaire du producteur contraste douloureusement avec tant de richesses!

Rarement une idée heureuse, une importante découverte, profite à son auteur. Pourquoi en est-il ainsi? Pourquoi la plupart de ceux dont le nom est aujourd'hui entouré d'une auréole de gloire et de reconnaissance ont-ils vécu dans une médiocrité voisine de l'indigence? Pourquoi si peu d'exceptions à la généralité de cette règle qui découragerait les plus intrépides, si elle était nécessaire et fatale?... La faute en est-elle tout entière à la société; doit-on crier à l'injustice des hommes? Les inventeurs n'ont-ils pas aussi quelques reproches à s'adresser? Nous avons entendu dans ces derniers temps bien des déclamations, bien des théories; on a prétendu que dans l'industrie le capital avait une trop large part, qu'il était le maître absolu, et n'accordait rien ou presque rien à l'intelligence qui le fécondait et lui faisait accomplir des prodiges. Toutes ces protestations partaient d'une réaction violente, elles dépassaient le but. Maintenant on travaille, l'industrie a repris son cours, et il est possible de poser la question et de la discuter avec sang-froid. Sans prétendre l'envisager dans son ensemble, qu'il me soit permis d'en dire un seul mot au point de vue de l'invention. Sans doute, l'invention a droit à une protection spéciale ; sans doute, elle doit partager le profit de l'exploitation, car elle est le principe de toute entreprise nouvelle; mais, réduite à ses seules ressources, que deviendrait-elle? Il lui faut un appui, et c'est le capital qui sera le sien; isolés, ces deux éléments demeurent improductifs ; réunis, ils prospèrent l'un par l'autre, en telle sorte que la seule difficulté est dans la juste répartition du bénéfice.

Avant de placer l'inventeur en regard du capitaliste, recherchons ce qu'il devra faire pour établir sa position d'une manière bien franche et bien nette. Rien n'est plus simple, à ce qu'il semble, et hasarder un conseil sur un pareil sujet sera peut-être taxé de puérilité. Toutefois l'expérience de chaque jour nous montre avec quelle légèreté, avec quelle ignorance de la loi et des affaires, agissent la plupart des inventeurs; et c'est pour cela que nous avons cru leur être utile en rédigeant cet article, où l'on ne trouvera pas d'idées neuves, mais seulement quelques vues pratiques qui sont trop souvent négligées.

Quand nous parlons des inventeurs, nous ne donnons ce titre qu'à des hommes sérieux qui, après avoir conçu une idée juste, d'une application possible, s'efforcent de découvrir les moyens de la réaliser industriellement : ceux-là seuls commandent la sympathie et l'intérêt. Ainsi ne sont pas inventeurs, selon nous, ces rêveurs qui se contentent d'une donnée vraie ou fausse, et se croient de grands hommes parce qu'ils sont brevetés. Hélas! il suffit d'aller passer une heure au ministère du commerce, et de lire au hasard quelques descriptions, d'examiner quelques plans, pour se convaincre du nombre infini de ces cerveaux malades, dont les créations, mortes avant de naître, ne laisseront comme souvenir qu'un numéro et une ligne du catalogue officiel. Ne sont pas inventeurs non plus ces infortunés chercheurs du mouvement perpétuel, cette pierre philosophale des temps modernes. Ceux-là sont des fous incurables, ils ferment les yeux à la lumière : toutes les observations, tous les conseils, seraient inutiles auprès d'eux ; ils mourront avec leurs chimères comme ils ont vécu. Chose bizarre, le merveilleux a tant d'attrait pour certaines gens, que tous les mouvements perpétuels ont eu et ont encore des commanditaires, lorsque tant d'inventeurs habiles, ingénieux, ne trouvent personne pour les aider !...

Revenons donc à ceux qui sont dans la bonne voie, ils nous comprendront et profiteront peut-être de nos avis.

Lorsque l'esprit a conçu par l'inspiration, il faut que l'idée première soit méditée, développée par l'étude. S'il ne s'agit que d'une disposition purement matérielle, d'une simplification dans un outil ou dans l'agencement et le montage d'un appareil, ce qui amènera une diminution de travail, partant une économie de production ; ou bien encore s'il s'agit de livrer au commerce un produit nouveau, l'invention sera bientôt complète, les tâtonnements de l'expérience indiqueront si le résultat est obtenu, ou s'il faut rechercher des conditions différentes pour y atteindre. Ainsi, lorsqu'un ingénieux mécanicien imagina de fabriquer une plume artificielle avec une lamelle d'or, adapta à chacun des becs un parcelle de diamant ou d'iridium, afin que leur durée fût indéfinie, disposa au-dessous un support de platine qui sert en même temps de soutien à la plume et de réservoir à l'encre, rendit ces deux parties solidaires l'une de l'autre par de petites vis artistement travaillées, son œuvre fut accomplie dès qu'il fut certain de l'union intime des pièces et de la supériorité incontestable de son invention sur tout ce qui avait été fait avant lui.

Mais dans bien des cas, avant d'arriver à la réalisation matérielle, il faut que la découverte soit soumise au calcul, qui seul peut donner la preuve sensible de la vérité. Cela arrive presque toujours lorsque l'objet de l'invention n'est pas un produit, mais un nouveau moyen de produire, une machine, un moteur. Alors, avant de se lancer dans les dépenses coûteuses d'un essai, il faut la consécration de la science, la vérification des principes, du jeu des organes, des effets nécessaires de chaque pièce ; il faut une étude complète de la construction, du montage, de la résistance des matériaux. Or, beaucoup d'inventeurs manquent des connaissances indispensables ; ils ne se donnent pas la peine de les acquérir, parfois même ils les dédaignent, et c'est là une des principales causes de leur peu de réussite. A ceux donc qui sont assez ambitieux pour entreprendre la solution d'un de ces problèmes

de haute mécanique, nous disons : Travaillez d'abord
les sciences exactes; que tous les principes vous soient
familiers ; car, sans cet auxiliaire puissant, vous ferez
fausse route, le découragement vous gagnera, vous
abandonnerez votre invention à peine ébauchée, et
vous serez bien surpris quand, la laissant tomber dans
le domaine public, un autre plus éclairé, plus persé-
vérant que vous, la fera réussir.

Nous ne prétendons pas que les industriels doivent
être savants, mais nous disons que tous les moyens
leur sont offerts pour acquérir les notions générales
des sciences; ils ont à leur disposition le Conservatoire des Arts et Métiers, les cours publics, les ouvrages
élémentaires de physique, de chimie, de mécanique,
de géométrie, de trigonométrie. Ils sont donc impar-
donnables de ne pas puiser à cette source vive qui
sera toujours pour eux le meilleur guide, le plus dis-
cret conseiller.

A propos de discrétion, nous devons ajouter une
observation bonne à noter. Qu'il s'agisse d'un produit,
d'une simplification d'outillage ou de la création d'une
machine, l'industriel qui veut garder la jouissance privative de ses droits, et se la garantir par un brevet,
doit, jusqu'à la demande du titre qui lui fera prendre
date, ne rien divulguer au public. Il aurait même le
plus grand tort de se confier à des ouvriers pour ses
essais. La publicité donnée aux essais peut entraîner
la nullité du brevet, et c'est un des arguments employés pour combattre l'action en contrefaçon. Toutes
les fois que la construction de l'objet d'une invention

ne pourra se poursuivre sans un secours étranger, le mieux sera de bien se rendre compte sur le papier de ce que l'on veut, et de ce qui est possible, et de ne se livrer aux essais qu'après la prise du brevet. Vainement objecterait-on qu'il est difficile de se rendre compte du bon fonctionnement d'un outil ou d'une machine sans la construire; nous répondrons : Le plus important d'abord est de mettre son droit à l'abri de toute contestation. D'ailleurs, la loi, dans sa sage prévoyance, a donné une année de privilége exclusif pour compléter, modifier, perfectionner l'idée première. Cette année sera consacrée aux essais, et leur publicité ne pourra nuire en rien à l'inventeur.

Brevet. — C'est ici le lieu de parler du brevet. La rédaction de cette pièce mérite beaucoup de soins, beaucoup d'attention. La clarté, la méthode, la précision, sont les qualités désirables qui se rencontrent plus rarement qu'on ne le voudrait. Tantôt, en effet, les descriptions sont longues et diffuses, tantôt d'un laconisme déplorable; les plans sont incorrects, incomplets. La raison de ces imperfections se devine aisément. Tel industriel fort capable, la lime ou le crayon à la main, se sent impuissant quand il prend la plume; l'inventeur le plus ingénieux, le plus instruit dans son art, éprouve de la difficulté à expliquer ce qu'il possède à merveille. Il n'y a rien là qui doive surprendre, le génie créateur et le talent de l'exposition procèdent en effet de deux facultés distinctes qu'une même organisation ne possède pas toujours; il semble même que l'une soit exclusive de l'autre, à peu d'exceptions près. Voilà pourquoi nous pensons que l'inventeur, au lieu de s'en rapporter à lui-même pour la rédaction de son brevet qui va devenir la base et la sauvegarde de son droit, fera bien de s'adresser à l'un de ces ingénieurs habiles qui se recommandent par leurs travaux industriels et leur expérience pratique.

Quelques personnes s'imaginent qu'il vaut mieux ne pas tout dire dans son brevet, qu'une exposition exacte donne trop de facilité à la contrefaçon. Pour éviter un danger, ces personnes s'exposent à un plus grand; car elles ignorent sans doute la disposition de l'article 30, § 6, de la loi du 5 juillet 1844, que nous les engageons à lire attentivement.

Mise en valeur de l'invention. — Jusqu'ici l'inventeur a marché seul, ou presque seul, il a déjà fait un long chemin; mais qu'il est encore loin du but! S'il a travaillé avec courage et persévérance, s'il a vaincu tous les obstacles pour se rendre maître de sa découverte, pour l'exécuter, pour l'exposer au grand jour, que de difficultés ne va-t-il pas rencontrer avant d'en tirer parti!

A l'égard de certains industriels, ce qui nous reste à dire n'a pas d'intérêt. En inventant, ils ont amélioré les conditions de leur fabrique, l'atelier leur appartient, leur aisance personnelle les dispense de solliciter le concours d'autrui. Nous leur souhaiterons réussite et prospérité. Mais, à côté de ces heureux du jour, il en est d'autres en grand nombre qui n'ont ni fabrique, ni atelier, c'est à peine s'ils disposent de l'établi qui a été le témoin de leurs longues recherches. Et cependant ils ont fait une belle œuvre. Celui-ci sera peut-être un Philippe de Girard, celui-là un Vaucanson ou un Watt. Aujourd'hui, qui le devinera? Hélas! il faut en convenir; si la situation de l'inventeur, sans autre richesse que son mérite, est moins mauvaise qu'elle ne l'était autrefois; si les routes sont moins escarpées, si nulle part il ne trouve des barrières infranchissables, ses luttes peuvent être encore bien rudes. Plus il aura avancé dans la voie du progrès, plus il lui sera difficile de se faire comprendre, estimer à sa juste valeur. Il aura contre lui la routine, la défiance. Il sera plein de foi et ne trouvera autour de lui que de l'incrédulité. Pour inspirer aux autres la confiance qui le soutient et qui l'anime, qui lui a fait accepter sans se plaindre des sacrifices, des privations de toutes sortes, il lui faudra du temps, beaucoup de temps. Une idée nouvelle, quelle qu'elle soit, n'est jamais acceptée sans résistance; à plus forte raison celle qui froisse des intérêts existants, considérables : aussi, tout nouveau système a-t-il à triompher, non-seulement de l'indifférence générale, mais encore de l'inertie calculée de rivaux d'autant plus difficiles à convaincre qu'ils ferment les yeux à la lumière et nient l'évidence. Dieu donne à ces intelligences d'élite la patience et la force, et leur permet de trouver dans la conscience de leur génie une large compensation aux épreuves que leur suscite l'injustice humaine. Tôt ou tard la vérité se fait jour, et la gloire récompense ceux que la fortune a méconnus.

La plupart des inventeurs ne se proposent pas des

vues si hautes, leur ambition est plus modeste. Ils ont apporté une amélioration dans un de ces objets d'un usage général. L'un a imaginé une lampe, l'autre une cafetière, celui-ci une presse à copier des lettres, celui-là une fermeture de porte-monnaie, que sais-je?.. Les fonds manquent pour exploiter en grand, pour donner de l'extension à la fabrique. Un capitaliste se présente. Il ne reste plus qu'à tomber d'accord sur la nature de l'acte à passer, et à régler d'une façon convenable les positions respectives. Fera-t-on une vente? se bornera-t-on à une concession de jouissance? l'affaire vaut-elle la peine de former une société? quelle sera la part du brevet? comment lui sera-t-elle servie? Voilà une série de questions que nous allons examiner.

Nous n'avons pas besoin d'insister pour faire comprendre la gravité de l'acte qui va se signer. Si l'inventeur a suivi nos avis, il se trouvera en ce moment dans la meilleure situation possible pour défendre ses intérêts, car il aura diminué les chances de l'avenir; il pourra répondre par des faits aux appréhensions du capitaliste qui ne se soucie guère en général de fournir une valeur réelle contre l'espérance d'une prospérité future que rien ne lui démontre sûrement. La négociation sera délicate, et la rédaction de l'acte ne le sera pas moins. Il faut, en effet, introduire dans le contrat des clauses de garanties réciproques, afin que l'une des parties ne soit pas à la merci de l'autre, ces clauses varieront avec la nature de la convention et de l'industrie, c'est au rédacteur de l'acte à les prévoir pour éviter les contestations et les procès. Le choix d'un conseil est, dans cette occasion surtout, une chose importante; car il ne suffit pas d'avoir recours à un homme d'affaires, il faut encore que cet homme soit spécial, c'est-à-dire qu'il possède des connaissances industrielles, que les habitudes du commerce lui soient familières, et qu'il ait déjà une certaine expérience.

Vente avant l'obtention du brevet. — L'inventeur, impatient de tirer parti de son travail, n'attend pas toujours, pour traiter, l'obtention de son brevet. Dès que son procédé est complet, sans se préoccuper autrement des dangers qui peuvent en résulter pour lui, il le fait voir et consent même à laisser prendre le brevet au nom de la personne qui lui promet une somme d'argent. Rien de mieux si le prix est payé; mais, s'il ne l'est pas, voilà un procès inévitable, d'autant plus chanceux quant au résultat, que l'inventeur imprévoyant n'a peut-être pas exigé une reconnaissance de la somme promise, et que si le capitaliste est de mauvaise foi, en niant les faits allégués il conservera le brevet, se dira inventeur lui-même, et ne paiera rien. Nous avons eu plusieurs exemples d'une pareille friponnerie, moins rare qu'on ne le croirait. Il y a même une catégorie de gens qui vivent aux dépens des inventeurs crédules en faisant avec eux des affaires de ce genre-là.

Lors même que l'industriel ne serait pas dupe de son acquéreur, sa situation est toujours dangereuse quand il doit compter sur la bonne foi des autres. Si, par exemple, il traite après avoir montré son invention à deux ou trois personnes, qui lui répondra que l'une d'elles, connaissant son secret, n'ira pas le décrire à la hâte et prendre un brevet pour son propre compte? Pour rétablir ses droits, l'inventeur sera forcé de demander aux tribunaux que ce brevet frauduleux lui soit attribué; il lui faudra des preuves; comment les fournira-t-il? et, s'il ne les a pas, il sera spolié. Tel sera le résultat probable d'une imprudence.

Brevet en nom collectif. — La propriété nominale d'un brevet présente tous les inconvénients d'une propriété indivise (page 42); l'inventeur doit donc éviter, autant qu'il lui sera possible, de s'adjoindre nominalement des tiers lors de la demande de son privilége.

Vente du brevet. — Toutes les fois que l'exploitation industrielle d'un brevet ne nécessite pas le concours de l'inventeur, il lui sera plus avantageux de le vendre moyennant un prix une fois payé ou fractionné par annuités jusqu'à l'expiration du temps de la jouissance. La loi du 5 juillet 1844 a déterminé le mode d'aliénation du brevet dans son article 20 (page 18).

Les dispositions de cet article donnent une sûre garantie à l'acquéreur. Le paiement intégral de la taxe le met en garde contre la négligence de son cédant, qui, n'ayant plus aucun intérêt à la conservation du titre, pourrait le laisser tomber dans le domaine public en ne payant pas en temps utile la taxe annuelle. L'enregistrement de la cession fait prendre date au nouveau propriétaire, qui, sans cette précaution, pourrait être spolié par un vendeur de mauvaise foi.

La vente sous signature privée a en effet cet inconvénient, qu'elle ne prémunit pas l'acquéreur contre les fraudes du breveté, qui, après avoir vendu son titre, pourrait le revendre une seconde fois. Entre deux acquéreurs, celui qui, le premier, aura fait enregistrer la vente au secrétariat de la préfecture sera préféré. Bien plus, il aura incontestablement le droit de poursuivre l'autre en contrefaçon, quand même son contrat serait postérieur en date.

Qu'arrivera-t-il si l'acquéreur qui doit payer son prix par année ne remplit pas ses engagements? s'il tombe en faillite? La vente étant pure et simple, il est évident que le brevet n'aura qu'une action en paiement, et que, si la faillite est déclarée, il viendra au marc le franc avec les autres créanciers. Le seul moyen d'éviter cette conséquence fâcheuse, c'est de stipuler le droit de retour du brevet. Cette stipulation amène la résolution de la vente et rend au breveté la libre disposition de son droit.

Concession de jouissance. — Dans la pratique, afin d'éviter les frais d'une acte notarié de la cession et le paiement de la totalité de la taxe, le breveté concède par actes sous seings privés la jouissance entière ou partielle de son procédé. Cette manière de mettre en valeur une invention est assez habituelle lorsque plusieurs établissements semblables peuvent fort bien exploiter l'invention sans se nuire. Les concessions, dans ce cas, ont lieu pour un département, pour une ville. Elles seront valables, sans aucun doute, si le breveté est un honnête homme; mais ont-elles réellement un caractère légal? le cessionnaire a-t-il une situation bien assurée? n'est-il pas au contraire à la discrétion du cédant, ainsi que nous l'avons dit plus haut pour la vente? C'est là pour nous un point assez délicat.

Prenons un exemple pour rendre les faits plus clairs. Pierre est breveté. Il concède sous seings privés l'exploitation de son brevet à Paul pour le département du Rhône. Une année s'écoule. Pierre cède la totalité de son brevet à Jacques, sans parler de la concession de jouissance précédemment faite. Jacques paie la taxe, fait enregistrer son acte en se conformant aux prescriptions de l'art. 20 de la loi du 5 juillet 1844; puis, instruit que Paul se livre à la même fabrication que lui, il l'attaque en contrefaçon. Paul répond : Une concession de jouissance m'a été faite, voici mon acte. On ne m'a pas cédé une portion du brevet, mais seulement le droit d'exploiter dans le département du Rhône. Je n'avais pas besoin d'un acte authentique, enregistré à la préfecture, car cette obligation n'est imposée qu'à la cession totale ou partielle du brevet et non à la concession de jouissance. Je suis de bonne foi, j'ai payé le prix stipulé. Je dois être maintenu dans mon droit. Je ne suis pas contrefacteur. Ce système de défense sera-t-il admis? les principes du droit commun sont-ils applicables dans une matière régie par une loi spéciale?... L'hésitation est permise. Sans doute, en théorie, il y a une grande différence entre vendre une chose ou en céder seulement la jouissance. Mais lorsqu'on voit le législateur éviter soigneusement d'employer le mot *propriété* quand il parle du brevet, et dire dans l'art. 1ᵉʳ de la loi du 5 juillet 1844 : « Toute nouvelle découverte ou invention, dans tous « les genres d'industrie, confère à son auteur, sous les « conditions et pour le temps ci-après déterminés, *le* « *droit exclusif d'exploiter* à son profit ladite décou-« verte ou invention. — Ce *droit* est constaté par des « titres délivrés par le gouvernement sous le nom de « brevets d'invention ; » on peut se demander avec quelque raison si la concession de jouissance n'est pas réellement une cession partielle du brevet et de la partie la plus importante, si les motifs qui ont dicté l'art. 20 ci-dessus transcrit ne sont pas applicables à ce cas spécial. A la vérité, le breveté qui n'aura cédé que la jouissance restera seul titulaire apparent, pourra seul poursuivre les contrefacteurs, aura seul à répondre aux actions en nullité et en déchéance, mais cela n'atténue en rien la portée de l'argument.

Pour plus de sûreté, nous conseillerons au cessionnaire de la jouissance de régulariser sa position en exécutant l'art. 20; son droit alors sera inattaquable.

Brevet mis en société. — Une société peut prendre un brevet en son nom ; elle peut l'acquérir par une cession légale. Elle peut aussi n'en avoir que la jouissance. En d'autres termes, une société étant un être moral a tous les droits d'un particulier.

Ce contrat, dont l'usage se multiplie chaque jour, a été l'objet de travaux nombreux, de traités considérables et excellents, signés de nos meilleurs jurisconsultes. Les moyens de bien connaître le mécanisme et les ressources de ce contrat sont donc à la disposition de tous. Il faut en convenir cependant, les actes de société sont rarement irréprochables. L'erreur commune est de croire que c'est la chose la plus simple du monde; on trouve partout des formules et on les copie sans réfléchir. La plupart de ces contrats sont rédigés avec une précipitation et une ignorance industrielle qu'on a peine à concevoir ; c'est un grand mal. Doit-on s'étonner après cela des discussions, des procès qui surgissent sur l'interprétation et l'exécution des clauses? A la vérité, la loi indique les conditions essentielles pour la validité des sociétés, mais elle ne prescrit rien quant à leur constitution intime, quant à leur forme. En suivant à la lettre ses dispositions, on pourra faire un acte valable, on ne fera pas nécessairement un acte qui réponde aux besoins des contractants.

Chaque industrie a des caractères spéciaux. Son organisation, sa sphère d'activité, ses relations, son mode d'exploitation et de production lui sont propres. Il faut donc que dans le contrat de société qui intervient, cette situation spéciale soit analysée et représentée dans son ensemble, c'est-à-dire, en d'autres termes, il faut pour chaque industrie des stipulations en rapport avec sa nature. Le brevet mis en société vient encore compliquer la question : aussi, concevra-t-on qu'il serait téméraire, pour ne pas dire impossible, de poser des règles dans une matière aussi vaste, aussi complexe.

Nous nous bornerons à dire à ceux qui veulent rédiger eux-mêmes un acte de société : Commencez par étudier complétement toutes les difficultés du sujet, en lisant les ouvrages écrits sur cette importante matière ; puis quand vous serez imbus des principes généraux, que vous saurez par cœur les exigences de la loi, mettez-vous à l'œuvre. Rendez-vous bien compte de la volonté des parties. Déterminez nettement les apports, leur nature; les époques précises des versements de fonds. S'il y a des essais à faire, fixez, autant qu'il sera en votre pouvoir, leur durée, leur mode d'exécution. Précisez le but de l'exploitation, ses ressources, les moyens à employer pour la développer; stipulez avec détail tout ce qui aura rapport aux marchés à passer, aux ventes, aux négociations de toutes espèces. Attribuez clairement à chacun des associés un rôle défini ; soyez positif pour tout ce qui regarde les frais généraux, la comptabilité, les inventaires, le partage des bénéfices. Prévoyez enfin toutes les causes de dissolution avant le temps fixé.

Si la société est en commandite ou en nom collectif, apportez à la rédaction de l'extrait de l'acte qui doit être publié la plus grande attention. En un mot, persuadez-vous qu'une omission, légère en apparence, peut avoir les conséquences les plus funestes...

PROPRIÉTÉ INDUSTRIELLE

DEUXIÈME PARTIE.

LÉGISLATIONS ÉTRANGÈRES

SUR LES

BREVETS D'INVENTION

MARQUES ET DESSINS DE FABRIQUE.

PRÉAMBULE.

INVENTEURS ÉTRANGERS EN FRANCE, ET INVENTEURS FRANÇAIS A L'ÉTRANGER.

Avant de donner un précis des législations qui régissent, dans chaque État, la propriété industrielle, il convient de rappeler en peu de mots les droits que la loi française reconnaît aux inventeurs étrangers, et la nécessité pour les nationaux de se familiariser avec les législations étrangères en matière de propriété industrielle.

La loi française du 5 juillet 1844, par l'art. 27 ainsi conçu : « Les étrangers pourront obtenir en France des brevets, en remplissant les mêmes formalités et conditions imposées aux nationaux, » établit une assimilation complète entre les naturels et les étrangers. Cette assimilation est libérale, juste et prévoyante ; elle a pour objet d'attirer et d'implanter sur notre sol l'industrie étrangère, de multiplier ainsi les inventions, d'étendre le bien-être général, et de stimuler l'intelligence nationale.

L'art. 29 de la même loi, en déclarant que l'auteur d'une invention ou découverte déjà brevetée à l'étranger pourra obtenir en France un brevet dont la durée ne pourra excéder toutefois celle des brevets antérieurement pris à l'étranger, consacre en faveur de l'inventeur personnellement, un principe international d'une grande libéralité.

Ainsi, ce n'est plus à la spéculation commerciale, ce n'est plus à la rapidité de la course, que cette loi vient concéder un privilége d'exploitation, comme cela avait lieu sous l'ancienne législation au sujet des brevets d'importation ; ce que la loi a voulu reconnaître, ce qu'il est à désirer que chaque gouvernement décrète comme droit international, c'est que l'inventeur, n'importe d'où il vienne, doit, de préférence et à l'exclusion de tous autres, trouver une juste rémunération dans le pays qu'il vient doter de son industrie.

Enfin la loi du 5 juillet 1844, en abrogeant la clause qui, sous l'ancienne législation de 1791, interdisait à tout inventeur, sous peine de déchéance du brevet français, de prendre postérieurement un droit privatif à l'étranger pour le même objet, a reconnu implicitement que cette entrave nuisait exclusivement à l'inventeur, sans atteindre le but de concentration nationale que s'étaient proposé les premiers législateurs.

Désormais il est loisible à tout breveté en France de tirer parti de son industrie à l'étranger ; or, cette faculté lui impose la nécessité de connaître celles des législations étrangères qui peuvent favoriser ou entraver l'exploitation de sa découverte. Mais, à côté de cet intérêt particulier de l'inventeur, vient aussi se placer celui de l'avenir international. La fréquence des relations commerciales entre les diverses nations industrielles fait de la connaissance de leurs législations respectives une urgence réelle pour chaque pays. C'est pour satisfaire à ces considérations puissantes que ce recueil donne soit les textes, soit les extraits des lois, décrets et règlements sur la propriété industrielle dans les divers États, en les accompagnant de développements propres à en rendre l'étude et la pratique familières aux inventeurs.

Le principe de droit international de l'inventeur originaire, sur sa découverte, est maintenant adopté dans la plupart des législations étrangères, notamment en Amérique, Angleterre, Autriche, Piémont et Belgique, à la condition, toutefois, de ne donner à l'avance aucune publicité à l'invention qu'il s'agit de privilégier.

LÉGISLATION ANGLAISE.

L'Angleterre a précédé toutes les autres nations dans l'affranchissement de l'industrie.

Le statut royal qui, sous la dénomination de *lettres-patentes*, a régi le droit industriel dans le Royaume-Uni jusqu'à ces derniers temps, remontait à l'année 1623 sous le règne de Jacques Ier.

Un nouvel acte adopté récemment par le Parlement, sanctionné par la reine, et rendu exécutoire le 1er octobre 1852, a notablement amendé et modifié l'ancien statut.

En voici la teneur moins prolixe que le texte anglais :

NOUVELLE LOI

SUR LES PATENTES D'INVENTION DANS LES TROIS ROYAUMES : ANGLETERRE, IRLANDE ET ÉCOSSE, ADOPTÉE PAR LE PARLEMENT LE 17 JUIN 1852, SANCTIONNÉE PAR LA REINE, ET EXÉCUTOIRE A PARTIR DU 1er OCTOBRE 1852.

Art. 1er. — Il est institué des commissaires de patentes pour les inventions; cet office sera composé du lord-chancelier, du maître des rôles, de l'attorney-général et du solliciteur-général pour l'Angleterre, du lord-avocat, du solliciteur-général pour l'Écosse, de l'attorney-général et du solliciteur-général pour l'Irlande, et de telles autres personnes qu'il plaira à Sa Majesté de désigner. Tous les pouvoirs dont ces commissaires sont investis pourront être exercés par trois ou plus d'entre eux en y comprenant expressément le lord-chancelier ou le maître des rôles.

Art. 2. — Les commissaires auront un sceau particulier, lequel sera apposé sur tous les certificats et autres documents émanant de leur office. Une empreinte de ce sceau, que les commissaires auront la faculté de changer, sera déposé dans les cours de justice, et chacun pourra en constater l'authenticité.

Art. 3. — Les commissaires devront établir, en conformité et pour l'exécution de la présente loi, des règlements qui seront, au préalable, soumis à l'approbation des deux chambres du parlement.

Art. 4. — La trésorerie pourvoira à l'installation des bureaux pour l'office des patentes.

Art. 5. — Les commissaires pourront nommer, du consentement de la trésorerie, tels commis, clercs ou délégués qu'ils jugeront nécessaires, et les révoquer au besoin.

Art. 6. — Toute demande de lettres-patentes pour invention sera déposée à l'office des commissaires accompagnée d'une déclaration et d'une spécification provisoire portant la signature du pétitionnaire ou de son mandataire, et contenant la description exacte de l'invention. La date du dépôt sera enregistrée audit office et inscrite au dos des pièces produites, et un récépissé en sera délivré au demandeur ou à son agent. Toutes les pièces seront conservées conformément aux instructions des commissaires, et il sera tenu à leur office un registre spécial relatant ces formalités.

Art. 7. — Toute demande de lettre-patente sera renvoyée par les commissaires, suivant les mêmes règlements, à l'un des magistrats compétents.

Art. 8. — La spécification provisoire sera également adressée à ce magistrat, qui pourra consulter un savant ou toute personne dont les connaissances lui paraîtront nécessaires. Il fixera les honoraires à allouer; cette dépense sera à la charge du demandeur.

Si le magistrat reconnaît que la spécification provisoire décrit bien la nature de la découverte, il l'admettra et délivrera en conséquence un certificat qui sera déposé à l'office des commissaires. Dès lors l'invention pourra, pendant le délai de six mois, à partir de la date de la demande de la patente, être exécutée et publiée, et cela sans préjudice des lettres patentes qui pourraient être accordées ultérieurement. Si le titre de l'invention ou la spécification provisoire étaient trop étendus ou insuffisants, le magistrat pourra exiger leur rectification.

Art. 9. — Au lieu d'une spécification provisoire, il sera loisible au pétitionnaire de déposer immédiatement, avec sa pétition et sa déclaration, une spécification complète décrivant et déterminant exactement la nature de l'invention et la manière de l'employer; toutes les pièces et la date de leur dépôt seront enregistrées et endossées à l'office des commissaires; un récépissé en sera remis au demandeur ou à son agent. L'invention sera alors efficacement protégée pour un terme de six mois, à partir du jour de la demande, avec faculté d'exécuter ou de publier son invention sans préjudice de lettres patentes qui seraient ultérieurement délivrées. Une copie de chaque spécification complète sera mise à la disposition du public d'après les conditions du règlement à intervenir.

Art. 10. — Toute protection provisoire obtenue frauduleusement par une personne autre que l'inventeur lui-même, ne saurait, malgré le dépôt d'une spécification provisoire ou définitive et malgré la publicité subséquente de l'inventeur, invalider la patente qui serait sollicitée par l'inventeur avant l'expiration du délai de la protection usurpée.

Art. 11. — La protection provisoire accordée en vertu du dépôt d'une spécification définitive sera portée, par les soins des commissaires, à la connaissance du public.

Art. 12. — Le titulaire d'une protection provisoire pourra, après le dépôt d'une spécification provisoire ou complète, informer l'office des commissaires de son intention d'obtenir sa patente. Les commissaires publieront sa déclaration, et toutes personnes intéressées à s'opposer à la délivrance de cette patente pourront déposer par écrit leurs objections à cette expédition dans le délai fixé par les règlements.

Art. 13. — Aussitôt que le délai pour le dépôt des oppositions sera écoulé, la spécification provisoire ou définitive et les motifs des oppositions, s'il y a lieu, seront renvoyés au magistrat compétent.

Art. 14. — Ce magistrat taxera et prescrira par qui et à qui seront payés les frais d'audience ou d'enquête résultant des oppositions, et si le paiement n'est pas effectué dans le délai de quatre jours à partir de l'avis, le magistrat rendra une ordonnance portant qu'il sera poursuivi, dans la forme ordinaire, devant l'une des cours supérieures des trois royaumes.

Art. 15. — Le même magistrat pourra, après l'audience ou l'enquête ci-dessus mentionnées, donner un ordre pour sceller les lettres patentes; cet ordre (warrant) sur lequel sera apposé le sceau des commissaires, aura la force, la teneur et l'effet des lettres patentes qui seront expédiées ultérieurement, et prescrira de telles réserves ou conditions en conformité des statuts.

Un ordre d'informer (writ of scire facias) contiendra le rappel des lettres patentes accordées en vertu de ce bill pour les mêmes cas qui détermineraient le rappel des lettres patentes délivrées aujourd'hui sous le grand sceau.

Art. 16. — La délivrance ou le retrait des lettres patentes ne devront se rattacher à rien qui puisse étendre, restreindre ou affecter les prérogatives de la Couronne. Sa Majesté pourra, par un ordre émané d'elle, charger les magistrats de faire observer ces prérogatives et de maintenir ses droits.

Art. 17. — Toutes lettres patentes accordées en vertu de ce bill seront annulées à l'expiration de la troisième ou septième année, respectivement de leur date, faute de paiement avant l'expiration desdites époques, des taxes et des droits de timbre, conformément au tarif annexé à cet axe. La mention du paiement de ces taxes et droits de timbre sera inscrite au dos du *warrant*.

Un délégué des commissaires délivrera, sous le sceau de l'office, une quittance justificative desdits paiements, et en inscrira le reçu au dos des lettres patentes.

Art. 18. — Aussitôt l'apposition du sceau sur le *warrant*, les commissaires, sur la demande du pétitionnaire, devront préparer les lettres patentes selon la teneur du *warrant*, et le lord-chancelier les fera sceller du grand sceau du Royaume-Uni. Le privilége s'étendra ainsi aux trois royaumes, au canal d'Islande et à l'île de Man, et même, dans le cas où le *warrant* le mentionnerait, le privilége s'étendra aux colonies et plantations au dehors ou à celles désignées dans ledit *warrant*, à moins que la législation spéciale de ces colonies ne s'y oppose.

Une expédition des lettres patentes sera, aussitôt l'apposition du grand sceau, adressée au directeur de chancellerie en Écosse pour être rendue authentique, avec faculté aux parties intéressées d'en obtenir des expéditions moyennant le paiement de droits qui seront fixés par les commissaires.

Art. 19. — Aucune lettre patente, sauf le cas prévu ci-après, de destruction ou de perte, ne sera délivrée que sur un warrant accordé, et la demande de les sceller devra être faite dans les trois mois de la date du warrant.

Art. 20. — Sera refusée ou sans effet toute lettre patente, à moins qu'elle ne soit accordée, pendant la durée de la protection provisoire, soit pour une spécification provisoire, soit pour une spécification complète, sauf le cas de suspension occasionnée par un caveat ou une opposition faite entre les mains du lord-chancelier.

Art. 21. — Si le pétitionnaire vient à décéder pendant la durée de la protection provisoire, la patente pourra être accordée à ses exécuteurs ou administrateurs, soit pendant les six mois même de la protection, soit dans les trois mois du décès, malgré l'expiration du terme de la protection.

Art. 22. — En cas de destruction ou de perte d'une lettre patente, une autre ayant même valeur et scellée à la même date pourra, sur l'ordre des commissaires, être délivrée, conformément au warrant, en vertu duquel le privilége original aura été accordé.

Art. 23. — Dorénavant les lettres patentes scellées en vertu du présent bill porteront la date du jour de la demande, et dans le cas où il s'agirait de lettres patentes pour une invention *enregistrée provisoirement* en vertu de l'acte de 1851, relatif à la *protection des inventions*, leur date sera celle que le magistrat ou le lord-chancelier jugeront convenable de fixer entre le jour de la demande de l'enregistrement provisoire et celui de l'apposition du grand sceau sur la patente.

Art. 24. — Toute lettre patente portant une date antérieure à celle du jour où elle aura été réellement scellée, aura la même force et validité que si elle portait la date du jour de l'apposition du sceau, pourvu que, dans le cas où des lettres patentes auraient été accordées pour une invention dont la spécification complète aurait été déposée, aucun litige ne se soit élevé pour infraction commise avant la délivrance des lettres patentes.

Art. 25. — La validité d'une patente obtenue dans le Royaume-Uni pour une invention primitivement inventée et déjà brevetée à l'étranger, ou par un sujet étranger, cessera à l'expiration du brevet étranger.

Art. 26. — Les droits conférés par les lettres patentes ne s'étendront pas jusqu'à empêcher l'usage de l'invention sur les navires étrangers qui pourraient se trouver dans les ports anglais lorsque cette invention n'aura pas pour but la fabrication de produits destinés à vendre ou à exporter. Cette clause ne s'applique pas aux bâtiments des États étrangers dans les ports desquels il serait interdit aux navires anglais de faire usage d'une invention brevetée dans ces pays.

Art. 27. — Toute lettre patente (excepté dans le cas du dépôt d'une spécification complète) exigera le dépôt de la spécification à la haute cour de la chancellerie, au lieu de l'ancien enregistrement qui est supprimé.

Art. 28. — Toute spécification en vue de lettres patentes ultérieures sera déposée dans tel office de la cour de chancellerie que désignera le lord-chancelier. Chaque spécification provisoire ou complète enregistrée dans l'office des commissaires sera immédiatement transférée au bureau désigné pour le dépôt des spécifications.

Il en sera de même à l'expiration des six mois, s'il n'y a pas de lettres patentes accordées.

Dans le cas où une spécification serait accompagnée de dessins, une copie en double de ces dessins sera remise avec la spécification.

Art. 29. — Les commissaires tiendront à la disposition du public, tant dans leur office à Londres que dans les offices à Dublin et Édimbourg, des copies authentiques de spécifications complètes et de renonciations ou modifications déposées en vertu de la présente loi, ainsi que des spécifications provisoires; mais ces dernières seulement à l'expiration du terme de la protection provisoire.

Art. 30. — Après l'expiration des six mois de la protection, les commissaires feront imprimer, publier et vendre, aux prix et aux conditions qu'ils jugeront convenables, toutes les spécifications, renonciations ou modifications; ils pourront en déposer des exemplaires aux bibliothèques publiques, et en accorder gratuitement vingt-cinq exemplaires aux dépositaires.

Art. 31. — Le lord-chancelier et le maître des rôles pourront faire transporter, dans le dépôt général de la chancellerie, les spécifications, renonciations, etc., enregistrées ou déposées jusqu'à ce jour dans divers bureaux.

Art. 32. — Les commissaires feront dresser des catalogues de toutes les spécifications, renonciations, etc., déjà enregistrées ou à enregistrer. Le public sera admis à consulter ces catalogues, qui pourront être imprimés et vendus.

Art. 33. — Les copies des spécifications, renonciations, etc., imprimées par les imprimeurs de la reine, seront considérées comme authentiques et feront foi en justice.

Art. 34. — Il sera tenu à l'office des spécifications en chancellerie et à la disposition du public un registre de patentes contenant, par ordre de dates, toutes les lettres patentes, les dépôts des spécifications et tous les renseignements concernant leur validité et leur expiration.

Art. 35. — Un autre registre, nommé *Registre des propriétaires*, mentionnera les cessions et licences des patentes et les personnes qui y sont intéressées. Ce registre sera à la disposition du public, et chacun pourra, sur sa demande, obtenir, moyennant un droit, des certificats authentiques constatant les mutations intervenues. Une copie de ce registre sera adressée dans le même but aux commissaires à Édimbourg et à Dublin.

Art. 36. — Malgré les restrictions des anciennes lettres patentes, le nombre des intéressés dans l'exploitation d'une patente n'est plus limité à douze personnes.

Art. 37. — Quiconque aura sciemment fait enregistrer une fausse inscription dans le registre des propriétaires, ou aura produit ou fait produire en justice un faux extrait, et qui sera convaincu du crime de faux, sera puni de l'amende et de la prison.

Art. 38. — Quiconque se croira lésé par une inscription pourra s'adresser au maître des rôles ou à tels juges de la cour de Wetminster, afin d'obtenir la suppression ou la rectification de l'inscription. Les frais de cette réclamation seront fixés par le maître des rôles.

Art. 39. — Les dispositions des actes 5 et 6 W., 4, C. 83, et 7 et 8 Victoria, C. 69, relatives aux disclaimers et changements, s'appliquent aux patentes prises sous cette loi. Les demandes des disclaimers et caveats seront déposées à l'office des commissaires.

Art. 40. — Les dispositions des actes 5 et 6 W., 4, C. 83, 2 et 3 Victoria, C. 67 et 7 et 8 Victoria, C. 69, concernant la confirmation et la prolongation des lettres patentes, s'appliquent également aux patentes prises sous la nouvelle loi.

Art. 41. — Dans toute action pour infraction à des lettres patentes par contrefaçon, le plaignant produira, avec sa déclaration, les détails de la violation dont il se plaint, et le défendeur ou contrefacteur et le poursuivant en déchéance joindront à leur déclaration les détails des objections qu'ils entendront opposer.

Dans une procédure par *scire facias*, aucun témoignage ne sera admis s'il ne se rattache aux détails ainsi fournis; ces détails devront indiquer les lieux où, antérieurement aux lettres patentes, l'invention aurait été publiée ou employée, et de quelle manière elle l'était.

Dans les procès en déchéance, le défendeur aura le premier la parole pour défendre ses lettres patentes; et si le demandeur produit des témoignages, le défendeur aura le droit de répliquer.

Art. 42. — Dans tout procès en contrefaçon, la Cour, si

elle siége, ou autrement un juge de cette Cour, pourra, sur la demande du plaignant ou du défendeur, ordonner telle enquête qui sera jugée nécessaire.

Art. 43. — En taxant les frais d'un procès en contrefaçon, le juge aura égard aux détails fournis par les parties; il ne sera alloué aucuns frais, soit au plaignant, soit au défendeur, pour les faits qui n'auraient pas été prouvés par eux, sans avoir égard aux frais généraux de la cause. Un certificat de ces faits, donné par les juges, servira de titre ou de document pour les procès ultérieurs.

Art. 44. — Il sera payé pour les lettres patentes, l'enregistrement des spécifications, disclaimers, certificats, recherches, etc., les droits mentionnés dans le tarif annexé à la présente loi.

Art. 45. — Les droits de timbre seront à la disposition des commissaires des revenus territoriaux; les divers règlements, dispositions, pénalités, clauses et matières contenues dans tout acte actuellement ou ultérieurement en vigueur, relativement aux droits de timbre, y seront applicables.

Art. 46. — Les droits et taxes à payer, comme il est dit ci-dessus, seront versés dans la caisse de l'échiquier, et feront partie des fonds consolidés du Royaume-Uni.

Art. 47. — Indépendamment de ces taxes et droits, il sera payé entre les mains des magistrats, en cas d'appel ou d'opposition à la délivrance des lettres patentes, de déclaration de renonciation ou de modification à introduire dans les spécifications, les droits fixés par le lord-chancelier, le maître des rôles, etc.

Art. 48. — Les commissaires du trésor pourront allouer aux magistrats et à leurs employés des honoraires non spécifiés dans le tarif; ces honoraires seront fixés par le lord-chancelier et le maître des rôles.

Art. 49. — Les commissaires du trésor autoriseront la dépense nécessaire pour l'établissement des bureaux, le paiement des appointements et les dépenses extraordinaires.

Art. 50. — Attendu que diverses personnes percevaient, en raison de leurs fonctions, et sous l'empire de l'ancienne loi, certains émoluments résultant de la délivrance des lettres patentes, les commissaires du trésor accorderont à celles qui éprouveraient des pertes par l'effet de la présente loi une indemnité raisonnable.

Art. 51. — Un rapport sur les salaires, émoluments, indemnités, etc., accordés en vertu de la présente loi, sera adressé aux deux chambres du parlement quinze jours après l'ouverture de la session.

Art. 52. — Les demandes de lettres patentes présentées antérieurement à la date de la présente loi seront délivrées dans les formes et teneur employées sous le régime de la loi précédente.

Art. 53. — Les lettres patentes demandées avant la promulgation de la présente loi, pour l'Angleterre, l'Écosse ou l'Irlande, seront délivrées d'après les anciennes dispositions, avec cette différence, qu'au lieu des divers frais et droits de timbre, afférents à chacun des trois royaumes, il ne sera payé pour chacune des patentes respectivement que le tiers des sommes et droits de timbre stipulés pour tout le Royaume-Uni d'après le tarif annexé à la présente loi. Il en est de même pour les taxes et droits de timbre à acquitter avant l'expiration de la troisième et de la septième année.

Art. 54. — Les diverses formules du tarif pourront être modifiées par les commissaires.

Art. 55. — Les expressions suivantes, employées dans la loi, auront la signification qui va leur être assignée, à moins que cette signification ne s'accorde pas avec le texte.

Ainsi l'expression *lord-chancelier* s'applique au lord-chancelier ou au lord-gardien du grand sceau, ou bien aux lords-commissaires du grand sceau.

On devra entendre par *magistrat* l'attorney général (procureur général), ou le sollicitor général (avocat général) pour l'Angleterre, l'Écosse et l'Irlande.

L'expression *invention* signifie *produit nouveau de toute espèce*, suivant les termes employés dans l'acte de la vingt et unième année du règne de Jacques Ier, chap. 3.

Enfin, les expressions *pétitions*, *déclarations*, *spécifications*, *provisoires*, *autorisation* et *lettres patentes* signifient les divers documents relatés dans le tarif.

Art. 56. — En citant la présente loi dans les divers actes du parlement ou jugements des tribunaux, et tous autres documents, il suffira d'employer l'expression : *acte d'amendement de la loi des patentes*, 1852.

Art. 57. — La présente loi sera exécutoire le 1er octobre 1852.

Tarif des taxes à payer.[1]

1° En déposant la pétition tendant à obtenir des lettres patentes,	125 fr. » c.
2° En donnant avis qu'on veut poursuivre cette demande,	125 »
3° Pour apposition du sceau sur les lettres patentes,	125 »
4° Pour l'enregistrement de la spécification,	125 »
5° Avant ou à l'expiration de la troisième année,	1,000 »
6° Avant ou à l'expiration de la septième année,	2,000 »
7° En déposant une opposition,	50 »
8° Pour recherches et inspection,	1 25
9° Pour enregistrement d'une cession ou licence,	6 25
10° Certificat de cession ou licence,	6 25
11° Pour l'enregistrement d'une demande en renonciation ou abandon,	125 »
12° Pour le caveat opposé à cette demande,	50 »

Droits de timbre.

13° Pour le warrant ou l'autorisation émanée du magistrat, à l'effet de délivrer les lettres patentes,	125 »
14° Pour la quittance du paiement des taxes de la troisième année,	250 »
15° Pour la quittance du paiement des taxes de la septième année,	500 »

1. Ces frais concernent seulement les taxes à payer; mais l'obtention d'une patente comprend d'autres dépenses et honoraires assez notables, suivant la nature de l'invention.

RÈGLES ET INSTRUCTIONS ARRÊTÉES PAR LES HAUTS COMMISSAIRES DE LA COURONNE POUR L'APPLICATION, A PARTIR DU 1er OCTOBRE 1852, DE LA NOUVELLE LOI DES PATENTES DANS LE ROYAUME-UNI DE LA GRANDE-BRETAGNE.

1. Les commissaires des patentes désapprouvent la pratique en usage, d'introduire plusieurs inventions distinctes et séparées dans une même patente; mais ils ne refuseront pas d'accorder une patente pour une invention applicable au perfectionnement de plusieurs industries, ou pour plusieurs inventions se rattachant à une seule et même industrie.

2. Dans la demande d'une patente, le titre doit préciser, aussi bien que possible, l'étendue et l'objet de l'invention, sans révéler le moyen de la mettre à exécution ou sans découvrir son caractère particulier.

En conséquence, il est enjoint d'observer strictement les règles suivantes, excepté dans le cas où le haut commissaire jugerait que cette stricte observation pourrait nuire au pétitionnaire.

3. Lorsqu'une demande de patente est déposée à l'office de l'un des commissaires spéciaux, son attention doit se porter particulièrement sur le titre de la spécification provisoire, s'il est satisfait de la convenance et de la rectitude du titre, il délivrera au requérant ou à son agent un certificat constatant qu'après examen la description provisoire, déposée à telle date, précise bien la nature de l'invention.

4. Si le commissaire juge que le titre ou la spécification provisoire manquent d'exactitude, il fera comparaître devant lui le pétitionnaire ou son agent, pour examiner s'il doit accepter le titre et la spécification provisoire dans la forme présentée.

5. Lorsque l'inexactitude dans le titre ou dans la spécification sera de nature à exiger une altération matérielle, telle que, dans la pensée du commissaire, elle ne pourrait être convenablement et raisonnablement demandée, aucun certificat ne sera accordé; mais, si le titre et la spécification provisoire, quoique défectueux, paraissent au commissaire

être rédigés de bonne foi, les modifications nécessaires seront accordées.

6. Quand l'invention s'applique à des industries ou à des machines connues, le titre de la patente doit préciser l'industrie ou la machine, et autant qu'il sera possible la partie à laquelle se rattache l'invention.

7. Lorsqu'une fabrication est réalisée par plusieurs procédés, branches ou appareils distincts, le titre de la patente doit préciser lesquels procédés, branches ou machines, l'invention concerne.

8. Si l'invention concerne un moteur actionné par des moyens mécaniques, ou par l'eau, la vapeur, l'air, les gaz, la pile ou autres fluides, le titre devra indiquer l'un des agents à employer.

9. Si l'invention se rapporte à quelque procédé employé pour des industries ou produits connus, le procédé et la fabrication doivent être précisés dans le titre.

10. Lorsque l'invention concerne l'application de nouvelle matières à des objets nouveaux, ou le perfectionnement d'anciennes fabrications, le titre doit déterminer l'objet où la fabrication, et devra énoncer ce qui doit être perfectionné par une nouvelle application de substances connues.

11. Aucune convocation n'aura lieu sans l'assentiment du magistrat, qui fixera une audience dans les sept jours de la date de la citation.

12. Le delai accordé pour la spécification de toute découverte est de six mois, à partir de la date du dépôt et de l'enregistrement de la pétition à l'office du commissaire des patentes.

13. Dans le cas où le magistrat refusera de délivrer au pétitionnaire son certificat à telle audience, par suite d'une opposition fondée, le pétitionnaire ne pourra pas réclamer une nouvelle audience, à moins qu'il n'acquitte d'abord tous les frais d'audience qui lui sont personnels, et ceux de la partie opposante.

14. Personne ne sera autorisé à examiner ou prendre connaissance du contenu d'une spécification provisoire, excepté

l'expert ou toute autre personne appelée à aider le magistrat conformément aux statuts.

Spécifications provisoires.

15. Les magistrats exigeront qu'une spécification provisoire précise bien la nature de la découverte, afin de distinguer la partie nouvelle de ce qui est déjà connu, pour faire comprendre clairement l'étendue de l'invention. Cependant ils n'exigeront pas que le pétitionnaire décrive les procédés d'action de l'invention.

16. L'objet d'une spécification provisoire est de prévenir l'introduction, dans la spécification définitive, de matières différentes de celles pour lesquelles la patente a été accordée; il n'est en aucune manière défendu au patenté d'introduire dans sa spécification complète tous perfectionnements de détails pratiques qui peuvent se présenter dans l'exécution de son invention, pourvu que ces perfectionnements se rattachent à l'emploi de la matière revendiquée et précisée dans la spécification provisoire, pour laquelle la patente est accordée.

17. Le pétitionnaire peut solliciter du magistrat un amendement à sa spécification provisoire, et si, après l'avoir examinée, cette modification paraît à ce dernier raisonnable, il lui en octroiera la faculté. Le magistrat n'accordera l'addition d'aucune partie nouvelle; mais il permettra la suppression de telle partie de l'invention que le pétitionnaire pourra désirer.

18. Une copie de la spécification provisoire, telle qu'elle a été reconnue par le magistrat, sera introduite dans la spécification complète, afin de montrer plus clairement, par le titre seul, la nature de l'invention qui fait l'objet de la patente.

Disclaimers ou changements d'une partie quelconque, soit du titre de la patente, soit de la spécification.

19. Toute personne qui, pour une patente délivrée avant le 1er octobre 1852, sollicitera un disclaimer, devra présenter

à l'un des magistrats une pétition statuant la nature du changement proposé. A la requête sera annexée une copie de la spécification primitive et de l'altération proposée. Si la patente est datée postérieurement au 1er octobre 1852, la pétition et les autres documents seront déposés à l'office des commissaires des patentes.

20. Si à l'audience, le magistrat s'oppose au changement proposé, toute autre démarche devient inutile. Dans le cas où l'autorisation sera accordée sans insertion dans la *Gazette de Londres*, le magistrat apposera sa signature sur le décret, avec une instruction pour le clerc de faire l'altération demandée.

21. Lorsqu'il paraîtra convenable au magistrat de faire insérer une ou plusieurs annonces dans le journal officiel, il donnera à cet égard telles instructions qu'il jugera convenables, et fixera un délai au delà de dix jours, à partir de la publication, pour examiner la question.

22. En ce qui concerne les patentes antérieures au 1er octobre 1852, des caveats peuvent être enregistrés à l'office des magistrats à une époque quelconque avant l'issue actuelle du décret; toute personne déposant un caveat devra avoir connaissance de la prochaine séance, qui aura été fixée à l'avance; mais, au cas où une réunion n'aura pas été fixée avant l'enregistrement du caveat, le titulaire de ce dernier devra être informé sept jours au moins avant l'audience.

OBSERVATIONS RÉGLEMENTAIRES.

23. Toutes demandes pour la concession de lettres patentes, et toutes déclarations et spécifications provisoires, seront déposées à l'office des commissaires des patentes, et seront respectivement écrites sur des feuilles de papier mesurant douze pouces anglais (30° 5) en longueur, sur huit pouces et demi (21° 6) en largeur, en réservant une marge en blanc de un pouce et demi (3° 8) sur chaque côté de chaque page, afin de pouvoir les assembler dans les registres qui seront tenus dans ledit office.

24. Chaque demande de protection provisoire, pour une invention sanctionnée par le commissaire, sera immédiate-

ment annoncée dans la *Gazette de Londres;* cet avertissement sera précédé du nom et de l'adresse du pétitionnaire, du titre de l'invention et de la date du dépôt.

25. Lorsque, après la protection provisoire ou après le dépôt d'une spécification définitive, le pétitionnaire désirera poursuivre l'obtention de la patente, il devra notifier son intention par écrit à l'office des commissaires; il en sera donné alors immédiatement avis dans la *Gazette de Londres,* avec le nom et l'adresse du pétitionnaire et du titre de son invention, et toutes personnes ayant intérêt à s'opposer à cette concession auront la faculté de déposer par écrit leurs objections à ladite concession dans l'intervalle de vingt et un jours après la date de l'insertion dans le journal.

26. Toute invention protégée par le dépôt d'une spécification définitive sera immédiatement insérée dans la *Gazette de Londres,* avec les mêmes indications, et en outre avec la mention qu'une spécification complète a été déposée.

27. Les spécifications complètes et définitives déposées à l'office du grand sceau seront écrites sur les deux côtés d'une ou de plusieurs feuilles de parchemin, d'une longueur de 21,5 pouces anglais (54°6) et d'une largeur de 14,3/4 pouces (37° 5); on aura le soin de réserver une marge de un pouce et demi (3°81) vers chaque bord de la feuille, pour permettre de les insérer dans des registres tenus audit office.

28. Les dessins qui accompagneront les spécifications définitives pourront être disposés sur de plus grandes feuilles de parchemin, mesurant 29,1/2 pouces anglais (75°) sur 21,5 pouces (54°,6), avec réserve également d'une marge de un pouce et demi (3°81) sur chaque bord.

29. La taxe à payer à l'office des commissaires sera de 2 pence (20 cent.) par chaque 90 mots du mémoire.

Droits à payer aux magistrats et à leurs clercs.

1° Par toute personne qui fait opposition à une patente :

Au magistrat..................	2$^{liv.}$	12$^{sh.}$	6$^{d.}$
Au clerc du magistrat..........	»	12	6
Au même clerc pour assignation.	»	5	»
Total.......	3	10	0 ou 87 fr.

2° L'opposé ou le demandeur de la patente supportera les mêmes frais, soit 87 fr.

3° Par toute personne sollicitant un disclaimer ou memorandum d'altération, pour frais d'audience :

Au magistrat.................. 2$^{liv.}$ 12$^{sh.}$ 6$^{d.}$
A son clerc................... » 12 6
Total..... 3 5 0 ou 81 fr.

4° L'opposant à la délivrance d'un disclaimer paiera les mêmes droits, soit 81 fr.

5° Par le solliciteur d'un disclaimer, au moment du décret accordant ledit memorandum :

Au magistrat.................. 3$^{liv.}$ 3$^{sh.}$ 0$^{d.}$
A son clerc................... » 12 6
Total.... 3 15 6 ou 93 fr. 60 c.

INTERPRÉTATION RAISONNÉE ET RÉSUMÉ PRATIQUE
DE LA NOUVELLE LÉGISLATION ANGLAISE.

Protection provisoire. — Patente définitive.

Tout auteur ou possesseur d'une découverte peut la faire privilégier en Angleterre. Le premier acte d'une patente est une protection provisoire de six mois, période jugée nécessaire pour la perfection de l'invention.

Une seule patente suffit pour assurer les droits de l'inventeur dans les trois royaumes; sa durée est de quatorze années; son extension aux colonies est soumise au *warrant* du commissaire. Jusqu'ici cette extension a constamment été refusée par les commissaires.

La taxe, quoique encore importante, est cependant notablement réduite et s'acquitte en trois paiements, l'un en présentant la demande, le second avant l'expiration de la troisième année, et le dernier paiement avant l'expiration de la septième année.

La protection accordée à l'inventeur remonte au jour même de la demande. A cet effet, il faut déposer : 1° un affidavit ou une *déclaration*, reconnue devant le consul anglais à l'étranger, ou devant un magistrat compétent, à l'office des patentes, et dans laquelle l'impétrant constate sa qualité d'inventeur ou de premier possesseur d'une invention par suite d'une communication ; 2° une *pétition* à la reine ; 3° une *description* provisoire exposant la nature de l'invention, et 4° un dessin si la nature de l'invention l'exige. Ces documents sont déposés à l'office des commissaires, et soumis à l'un des magistrats de la couronne, qui, s'il est satisfait du titre et de l'exposé de l'invention, délivre un certificat affirmatif ; ce dernier est visé par les commissaires, et la découverte est alors protégée provisoirement pour six mois.

La loi statue que, pendant cette période, l'invention peut être employée et publiée sans porter aucun préjudice à la validité de la patente à délivrer ultérieurement ; mais il est utile de prévenir les inventeurs contre une trop grande confiance dans cette protection provisoire, car, en fait, elle peut être illusoire. En effet, toute demande de transformation d'une protection de six mois en patente définitive est annoncée dans la gazette officielle, pour permettre à toute personne intéressée de faire opposition à la patente. Or, si un inventeur, trop confiant dans la protection provisoire qu'il a obtenue, rendait publique son invention avant d'avoir franchi le délai d'opposition, formalité à remplir pour l'obtention du grand sceau de sa patente, il pourrait, à une période subséquente, c'est-à-dire à l'époque où il formerait sa demande de patente, rencontrer, par le fait de sa propre imprudence, une opposition qui mettrait obstacle à son expédition.

La seule marche certaine à suivre est, aussitôt qu'on a obtenu la protection provisoire, de franchir le délai d'opposition, afin que, l'invention étant restée secrète, nul ne puisse faire une opposition opportune lorsqu'il demandera vers le cinquième mois le grand sceau de sa patente.

Au lieu de déposer, avec sa déclaration et sa pétition, une spécification provisoire, la nouvelle loi autorise le pétitionnaire à donner de suite une description complète; mais alors, si, la protection provisoire obtenue, l'inventeur ne franchit pas le délai d'opposition et donne auparavant communication au public de son invention, il laissera de même ouvert aux oppositions le délai entre la protection provisoire et l'apposition du grand sceau.

En procédant, au contraire, sans arrêt, c'est-à-dire en ne laissant aucun intervalle entre la demande de protection et le délai d'opposition, aucun piége n'est à craindre, aucune fraude n'est à redouter lors de l'annnonce du titre de la découverte dans la gazette officielle; une opposition sérieuse, s'il y a lieu, ne pourra être faite lors de la demande ultérieure du grand sceau que par une personne qui se sera loyalement occupée de la même invention ou qui pourra prouver qu'elle la possédait avant le pétitionnaire.

En résumé, un inventeur qui a réalisé une découverte doit se borner à en décrire les particularités distinctives, sous forme d'une spécification provisoire, et demander une protection provisoire de six mois. Cette protection obtenue, il doit, sans laisser transpirer en aucune manière son invention au dehors, faire franchir le délai d'opposition. C'est seulement alors qu'il pourra, en toute sécurité, expérimenter publiquement sa découverte et profiter du délai restant à courir à sa protection de six mois, pour dresser une spécification définitive, résumant parfaitement toute l'étendue de l'invention.

L'annonce de toute demande de protection provisoire est insérée dans la *Gazette de Londres ;* l'avis de toute demande définitive de patente est de même ultérieurement insérée dans ce journal. Ces insertions permettent aux parties intéressées de faire opposition.

En cas d'opposition, les pièces du pétitionnaire et les documents des opposants sont référés au magistrat ; si de cet examen il résulte que les inventions ne sont pas semblables, la patente suivra son cours.

Une patente peut aussi être opposée à l'époque définitive du grand sceau. Dans ce cas, le lord-chancelier suspend l'apposition du grand sceau, surtout si l'opposition est enregistrée par l'inventeur réel que le pétitionnaire aurait cherché à frauder.

D'ordinaire, le lord-chancelier renvoie les deux parties devant l'un des magistrats ; si l'opposition n'est nullement fondée, c'est-à-dire si les inventions sont différentes, le lord-chancelier, sur l'avis des magistrats, scelle la patente.

Dans le cas où le magistrat reconnaît que les inventions sont semblables, l'apposition du grand sceau est refusée et la patente suspendue, comme si l'opposition s'était présentée à la première période de l'instance de la patente, à moins que les parties ne s'entendent pour jouir de la patente en commun.

On peut également enregistrer des oppositions contre tous disclaimers ou changements de titres et spécifications de patentes.

Enfin, on peut encore enregistrer des oppositions à l'office du conseil privé, pour s'opposer à l'extension de la durée pour laquelle une patente a été accordée.

Sous l'ancienne législation, si l'inventeur venait à décéder dans la période comprise entre l'obtention du grand sceau et le dépôt de spécification, la patente devenait nulle, et tous les frais faits se trouvaient radicalement perdus.

Sous l'empire de la loi nouvelle, les héritiers du décédé, ou ses représentants, auront la faculté, dans un délai limité à trois mois, à partir du décès, de poursuivre l'obtention de la patente en instance. La loi nouvelle permet également le remplacement des lettres patentes qui seraient détruites ou perdues par un accident quelconque, en justifiant authentiquement de la perte du grand sceau.

Les patentes obtenues dans la Grande-Bretagne pour des inventions étrangères expirent de fait à la même date que les brevets étrangers; anciennement l'Angleterre n'avait aucune restriction, et accordait indistinctement des patentes de quatorze années pour toutes inventions indigènes ou exotiques, dès l'instant qu'elles n'étaient pas connues en Angleterre.

Les principales causes de la nullité ou de la déchéance des patentes sont :

1° Si les taxes ne sont pas acquittées en temps utile; 2° si l'invention a été brevetée par fraude ou au préjudice d'une patente antérieurement accordée; 3° si l'invention était publiée ou exploitée à l'étranger antérieurement à la demande de la patente dans le Royaume-Uni.

Le nouveau bill ne fixe pas un délai quelconque pour la mise en exploitation d'une découverte patentée, et n'y attache aucune pénalité. Cependant, si un contrefacteur exécutait l'invention avant le breveté, il pourrait y avoir près des juges une appréciation défavorable au patenté.

Avant l'expiration des six mois de la protection provisoire, le titulaire est tenu, sous peine de déchéance, de déposer une spécification complète et des dessins sur parchemin en double expédition.

En résumé : Lors de l'instance d'une protection provisoire, qui est le premier degré d'une patente, le point le plus important à résoudre, c'est d'abord le titre à donner à l'invention. Ce titre doit préciser avec soin la nature et l'étendue de la découverte.

Après ce choix, vient la spécification provisoire, qui doit clairement décrire les particularités caractéristiques de l'invention, indiquer à quelle industrie elle se rapporte et préciser où elle commence et où elle finit.

Enfin, la spécification complète ou définitive doit plus tard développer les points revendiqués dans la spécification provisoire et détailler les procédés d'exécution ; mais elle ne peut réclamer aucun point nouveau non mentionné dans la protection provisoire.

La spécification déposée avec la demande de protection provisoire reste secrète pendant la durée de six mois.

A l'expiration des six mois, l'administration publie soit les protections abandonnées, soit les spécifications définitives et les dessins des patentes.

Observation.—On pense généralement qu'une patente anglaise garantit l'invention qui y est décrite. Il y a là une erreur profonde ; les commissaires examinent bien, au début, si le titre correspond à l'invention déclarée ; mais ils n'examinent nullement la valeur légale d'une découverte. Une patente anglaise est donc délivrée comme en France, sans aucune garantie de la nouveauté, de la priorité ou du mérite de l'invention.

Il n'y a examen comparatif que lorsqu'il y a enquête par suite d'une opposition.

ENREGISTREMENT

DES DESSINS DE FABRIQUE

ET D'ARTICLES D'UTILITÉ

DANS LE ROYAUME-UNI DE LA GRANDE-BRETAGNE.

(Statuts 5, 6 et 7 Victoria, cap. 65 et 100).

Nous avons vu qu'en France le dépôt effectué, soit au greffe du conseil des prud'hommes, soit au greffe du tribunal de commerce, n'assure que la propriété des dessins de fabrique, de modèles artistiques, statuettes ou sujets de sculpture industrielle, et ne garantit en aucune manière les créations de modèles industriels.

L'Angleterre a comblé cette lacune par une loi favorable aux fabricants intelligents.

La réglementation qu'elle a adoptée à cet égard concerne les produits du travail national ou étranger, et intéresse, sous ce rapport, les fabricants de tous les pays.

La législation anglaise sur la propriété des dessins de fabrique a été successivement modifiée.

Ainsi, en 1787, parut, sous le roi George, un premier décret ainsi conçu :

« Acte pour l'encouragement des arts du dessin et de l'impression sur les tissus de lin, coton, calicot et mousselines, en assurant aux dessinateurs, imprimeurs et propriétaires un droit de propriété pour un temps limité. »

Le décret précédent fut confirmé de nouveau en 1789, puis modifié et rendu perpétuel en 1794.

En 1798 parut un décret ayant pour titre :

« Acte pour encourager l'art de faire de nouveaux modèles et moules de statuettes, » etc.

Ce décret fut amendé en 1814, dans le but de rendre le précédent acte plus efficace, et de donner un nouvel encouragement à la sculpture.

Sous le règne de Victoria, en 1839, le droit de propriété de dessins sur calicots imprimés fut étendu aux dessins d'impressions sur d'autres tissus de fabriques.

La même année, parut un décret sous le titre de :

« Acte pour assurer aux propriétaires de dessins pour articles de fabriques le droit de propriété de ces dessins pour un temps limité. »

C'est principalement de ce dernier décret, amendé et étendu par les statuts 5 et 6 Victoria, à la date du 1er septembre 1842, et par les statuts 6 et 7 Victoria, à la date du 1er septembre 1843, que date la législation actuelle sur la propriété des dessins d'ornement, d'articles de manufacture et d'articles d'utilité en Angleterre.

ENREGISTREMENT DES DESSINS POUR ORNEMENTATION D'ARTICLES DE MANUFACTURE.

L'auteur de tout dessin original d'ornementation, non encore publié ni connu dans le Royaume-Uni, peut s'en assurer la propriété temporaire dans les trois royaumes par un enregistrement spécial, quel que soit le mode de reproduction du dessin, soit par l'impression, la peinture, la broderie, le métier, la couture, le modelage, le moulage, l'estampage, la gravure, soit enfin par tous autres moyens ou procédés manuels, mécaniques ou chimiques, séparés ou combinés.

L'enregistrement des dessins de fabrique est limité, dans ce premier acte, aux articles et objets d'ornementation, c'est-à-dire aux dessins et devises sur toiles peintes, tapis, papiers peints, objets en verre, bois, métal, toile cirée, poterie, etc.

L'enregistrement des dessins d'ornementation comporte treize classes ou subdivisions, pour lesquelles la durée du privilége est variable de neuf mois, terme minimum, à trois années, terme maximum.

Ces treize classes rentrent dans les trois catégories suivantes :

La première catégorie, qui est privilégiée pour trois années, comprend : les dessins d'ornementation sur les objets en métal, — en bois, — en poterie, — en verre, ou principalement composés de ces matières; — les papiers de tenture, — tapis, — toiles cirées, — châles brochés, — tissus d'ameublement en lin, coton, laine, soie, poils ou mélanges (dessins imprimés).

La deuxième catégorie, pour laquelle l'enregistrement n'accorde qu'une protection exclusive de neuf mois, a rapport aux dessins de châles imprimés, — laine filée, fil ou chaîne (par impression), — produits tissés composés de lin, coton, laine, soie, poils ou mélanges, non d'ameublement (dessins imprimés).

La troisième catégorie, dont le privilége n'est que d'une année, concerne la dentelle, les tissus et autres articles de manufacture, ou substances non désignées dans les classes précédentes.

ENREGISTREMENT DES DESSINS POUR ARTICLES D'UTILITÉ.

La protection légale ainsi accordée par les statuts 5 et 6 Victoria était restreinte, comme on le voit, aux dessins d'ornementation ou de fabriques; mais une foule de modèles et d'objets relatifs à diverses industries qui ne pouvaient se classer dans les catégories précédentes, restaient impunément sous le coup de la contrefaçon.

C'est alors que fut décrété, à la date du 1er septembre 1843 (statuts 5 et 7 Victoria, cap. 65), un nouvel acte qui, complétant le précédent, accorde une protection de trois années pour tous dessins d'objets de fabrication constituant des *articles d'utilité*. Ainsi, maintenant, tout fabricant ou manufacturier peut, par un enregistrement spécial, se garantir, pour trois années, la propriété légale de tout dessin nouveau d'article d'utilité, aussi loin que ce dessin se relie d'une manière inséparable avec la forme ou la configuration de l'objet; mais toute invention relative à une action mécanique, à une combinaison, à un procédé, à un nouveau produit, ne peut être protégée que par une patente de quatorze années.

L'avis suivant, émanant du bureau de l'enregistrement, confirme pleinement cette observation.

Bureau d'enregistrement des dessins pour articles d'utilité, le 9 septembre 1843.

Comme les statuts 6 et 7 (Victoria) s'appliquent seulement à la forme ou à la configuration des articles d'utilité, et non pas à une action mécanique, principe, combinaison ou application (excepté que la disposition mécanique soit inséparable et dépende de la forme ou configuration), aucun dessin ne sera enregistré si sa spécification contient une réserve ou revendication pour une action mécanique, principe, ou combinaison.

Sauf cette exception, tous dessins, dont les copies et descriptions seront préalablement et convenablement disposées, seront enregistrés.

Les inventeurs sont fortement engagés à bien étudier le présent acte avant de se déterminer à l'enregistrement de leurs dessins, afin qu'ils puissent être bien initiés sur la nature, l'étendue et la connaissance de la protection qui leur est offerte, ce de quoi l'enregistrement ne constituera aucune garantie.

Par ordre du chef d'enregistrement : J. H. Bowen, clerc.

OBSERVATIONS

SUR LES STATUTS CONCERNANT L'ENREGISTREMENT DES ARTICLES D'ORNEMENTATION ET D'UTILITÉ

La propriété des dessins se subdivise en deux sections. La première section, purement ornementale et de fabrique, comprend, soit tout dessin appliqué aux soieries et mousselines brochées, toiles et papiers peints, soit tout contour et la configuration artistique d'un ustensile ou instrument, comme les vases, verres, encriers, objets de quincaillerie, etc., soit même la combinaison d'un dessin imprimé, gravé, ou autrement reproduit, avec la forme et la configuration du sujet du dessin, comme dans les objets en carton-pâte, etc.

Mais comme la partie ornementale seule se trouve garantie par l'acte d'enregistrement, l'ornement doit être le fait principal du dessin; et la nouveauté dans le dessin (la forme ou la configuration) dépend entièrement de son caractère d'ornementation, lequel doit être extérieur et visible. La durée du droit de propriété des dessins, compris dans cette première section, varie de neuf mois à trois années, suivant la catégorie à laquelle ils se rattachent.

La deuxième section renferme les dessins d'articles

d'utilité, et embrasse une foule d'objets concernant la mécanique et l'industrie, bien qu'aucune action mécanique, combinaison ou procédé chimique, ne puissent être revendiqués.

La forme ou la configuration des dessins d'articles d'utilité, constitue, comme dans l'enregistrement des dessins d'ornementation, le sujet de la matière protégée, et ceci aussi loin que la forme est nouvelle et inséparable de l'objet.

Ainsi les broches de filature, les tarauds, chaudières, cornues, plumes métalliques et autres articles, qui ne présentent pas assez d'importance pour motiver la dépense d'une patente de quatorze années, peuvent très-bien être enregistrés, et appartenir ainsi exclusivement à l'inventeur, mais, à la vérité, pour une période de trois années seulement.

Certificats d'enregistrement. — Pour obtenir la propriété d'un dessin, soit d'ornementation, soit d'article d'utilité, deux copies du dessin ainsi que de la description spécifiant son objet et ses usages, avec le nom et l'adresse du propriétaire, doivent être fournies. Une copie du dessin et de la description, s'il y a lieu, est retenue au bureau; l'autre expédition est renvoyée avec le certificat d'enregistrement. Cette pièce porte une marque distinctive ou sceau que le propriétaire du dessin est tenu de fixer sur les objets fabriqués suivant le dessin. La négligence dans l'accomplissement de cette clause est sérieuse, car elle expose le propriétaire à la déchéance de son droit de propriété.

Le droit acquis par l'enregistrement s'étend à l'Angleterre, l'Écosse et l'Irlande, y compris la principauté de Galles.

Vente et transfert. — L'inventeur d'un dessin n'est pas la seule personne qui puisse l'enregistrer. Si, par convention, le dessin a été exécuté pour le compte d'un tiers, l'acheteur est admis à l'enregistrement comme l'auteur lui-même.

Si, après l'enregistrement, l'auteur ou le propriétaire veulent disposer, en tout ou en partie, du droit de propriété, l'acte de transfert doit être enregistré, et le cessionnaire jouit alors de tous les priviléges de l'inventeur.

Une licence de faire ou employer un dessin enregistré peut de même être accordée par le propriétaire.

Communication. — On peut examiner, au bureau spécial, les certificats d'enregistrement, expirés ou non, obtenir des copies des certificats déchus, et s'assurer si la marque d'enregistrement apposée sur tels articles est légale.

Contrefaçon. — Des pénalités sont attachées à la contrefaçon ou à l'imitation d'une marque d'enregistrement sur des articles non enregistrés, comme sur tous dessins dont les droits sont expirés. Le propriétaire lésé peut suivre une information devant deux magistrats : toute contravention constatée motivera en sa faveur une pénalité variable de 125 à 750 fr. pour chaque délit. La partie plaignante peut procéder aussi par un commandement en équité ou par une action légale.

LÉGISLATION DE L'INDE.

LOI DU 28 FÉVRIER 1856

CONCERNANT LES PRIVILÉGES EXCLUSIFS DES DÉCOUVERTES OU INVENTIONS DANS LES INDES ORIENTALES ANGLAISES.

Jusqu'à ces derniers temps, les inventeurs ne pouvaient obtenir de brevets ou patentes d'invention dans l'Inde, à cause d'un manque d'entente entre la couronne et la Compagnie des Indes orientales.

Cette situation constituait une lacune en opposition formelle avec l'article 18 de la nouvelle législation anglaise, décrétée le 17 juin 1852, et en vigueur depuis le 1er octobre suivant.

En vain, les inventeurs, en sollicitant une patente anglaise dans les trois royaumes, réclamaient son extension aux colonies ; les commissaires de chancellerie ont constamment opposé un refus formel, laissant à la législation spéciale de chaque colonie à y pourvoir.

Enfin le conflit est vidé entre la couronne et la Compagnie des Indes orientales ; le conseil législatif de l'Inde a passé un acte qui accorde des priviléges exclusifs aux inventeurs, et cet acte a reçu, le 28 février 1856, l'approbation du gouverneur général.

Cette loi ouvre une ère nouvelle au développement industriel dans le riche et vaste empire de l'Est, et les auteurs, comme les premiers importateurs de découvertes nouvelles, verront avec satisfaction ce champ immense ouvert à leur intelligence.

La Compagnie des Indes, par une mesure sage et prévoyante, accorde le pas aux premiers inventeurs sur l'importateur pendant une période de deux années à dater de leur patente anglaise.

En outre, le privilége est accordé aux importateurs à la condition que les inventions seront mises en pratique dans une période de deux ans, ou que des licences, à des taux modérés, seront concédées à des résidents.

Cette clause, préjudiciable au privilégié, sera favorable aux résidents dans l'Inde, qui ne manqueront pas de porter leur attention sur les inventions acquises ainsi au domaine public.

Cette stimulation aura sans doute pour conséquence l'introduction par les résidents d'inventions sérieuses, qu'ils pourront ensuite perfectionner de manière à les rendre utiles pour eux et pour le pays.

On ne peut exiger tout d'abord la perfection dans un premier acte de législation sur un sujet aussi important que le droit des inventeurs; il existe évidemment certains articles qui laissent à désirer, soit dans leurs prescriptions, soit dans leur rédaction.

Ainsi, par exemple, la spécification sera, comme en Prusse et aux États-Unis, soumise à l'examen d'une personne choisie par le gouverneur général en conseil; on ne dit pas si la concession d'un privilége exclusif doit avoir une forme saisissable; on a laissé certains moyens d'appel dans le cas où la pétition pour obtenir le dépôt d'une spécification serait refusée.

Un grand avantage est réservé aux propriétaires de patentes anglaises, c'est la garantie de leurs priviléges exclusifs dans l'Inde pour leurs inventions, à la condition qu'elles n'y aient pas été publiquement connues ou employées à la date de leur demande de patente dans l'Inde.

On a donné à l'expression *inventeur* le sens le plus étendu possible; non-seulement est réputé inventeur celui qui fait (*bona fide*) la découverte, mais aussi celui qui apporte ou qui importe le premier une découverte dans l'Inde.

On ne peut que bien augurer de la promulgation de cette loi et des dispositions qui la suivront inévitablement; car elle devra créer de nouveaux éléments de richesse, et concourir à la diffusion du capital et à l'exercice du génie d'entreprise, pour transformer ce pays sous le rapport du bien-être moral et social.

Les avantages qu'y trouvera l'Angleterre sont incalculables; il en résultera pour l'Inde comme pour la mère patrie un progrès mutuel qui accroîtra immanquablement leur prospérité et leur renom.

La loi dont nous venons de relater quelques points ne comprend que les quatre présidences de l'Inde, c'est-à-dire les territoires de la Compagnie des Indes; cette loi ne concerne pas les autres colonies telles que : le Canada, la Victoria et la Nouvelle-Galles du Sud; dans ces dernières, les personnes étrangères aux colonies s'y font rarement privilégier; les patentes y sont généralement accordées aux résidents par les autorités coloniales.

La loi dont il s'agit ayant une grande importance, nous croyons ne pas devoir nous dispenser d'en relater les dispositions principales.

ACTE DU 28 FÉVRIER 1856

POUR ACCORDER DES PRIVILÉGES EXCLUSIFS AUX INVENTEURS ET AUX IMPORTATEURS DANS L'INDE

EXTRAIT.

Préambule et commencement d'acte.

PRÉAMBULE. — Attendu qu'il est convenable, pour encourager les inventeurs de nouveaux produits, que des priviléges exclusifs leur soient accordés dans l'Inde : il a été arrêté ce qui suit :

REQUÊTE. — L'inventeur de toute nouvelle fabrication peut faire une pétition au gouverneur général de l'Inde en conseil pour avoir la permission d'en déposer une spécification. Toute pétition de cette nature devra être signée par le pétitionnaire, ou si le pétitionnaire est absent de l'Inde, par un agent autorisé, en ayant le soin de désigner le nom, le titre, le lieu de résidence du pétitionnaire et la nature de l'invention.

DÉPÔT DE LA SPÉCIFICATION. — Sur une telle requête, le gouverneur général de l'Inde en conseil peut donner un ordre autorisant le pétitionnaire à déposer une spécification de l'invention.

EXAMEN. — Il est facultatif au gouverneur général de l'Inde en conseil de transmettre la pétition à toute personne ou à toutes personnes compétentes, à l'effet de faire des recherches et de dresser un rapport ; cette personne ou ces personnes auront droit à un salaire raisonnable, et cela, aux frais du pétitionnaire.

Le montant de cette rétribution, en cas de désaccord, sera fixé d'une manière sommaire par un juge d'une des cours de justice de Sa Majesté.

Durée du privilége. — Si dans l'espace de six mois du calendrier, à partir de la date d'un tel ordre, le pétitionnaire dépose une spécification de son invention, pour être enregistrée de la manière mentionnée plus bas, le pétitionnaire, ses exécuteurs, administrateurs ou ayants-droit, auront seuls en partage le privilége exclusif, de fabriquer, de vendre et de se servir de ladite invention dans l'Inde, et d'autoriser d'autres personnes à agir ainsi pendant le terme de quatorze ans, à partir de l'époque où la spécification aura été déposée.

Prolongation. — Ce privilége pourra, s'il y a lieu, et sur une demande spéciale formée avant les six derniers mois de jouissance, être prolongé pour un terme plus long, mais n'excédant pas quatorze années, à partir de l'expiration des quatorze premières années primitives, selon que le gouverneur général de l'Inde en conseil jugera convenable d'en décider.

Restrictions. — L'ordre autorisant le dépôt de la spécification, ou l'extension du terme du privilége exclusif, comme il est dit plus haut, peut être soumis à toutes conditions et restrictions que le gouverneur général de l'Inde en conseil pourra juger convenable.

Nature de la spécification. — Toute spécification d'une invention sera écrite à la main, et sera signée par le pétitionnaire ou par un fondé de pouvoirs; elle décrira exactement, et précisera la nature de ladite invention, et de quelle manière elle doit être exécutée.

Formalités du dépôt. — Toute requête pour demander l'autorisation de déposer une spécification, et toute spécification déposée en conformité du présent acte, seront remises au secrétaire du gouvernement de l'Inde dans le département de l'Intérieur; si l'inventeur est absent de l'Inde, la pétition et la spécification seront accompagnées d'une déclaration signée par l'agent qui présentera ou déposera les susdites pièces, attestant qu'il croit véritablement que la déclaration présentée, comme étant la déclaration de l'inventeur, a été signée par lui, et que le contenu en est véritable. La date du dépôt de toute pétition et de toute spécification semblables sera inscrite sur l'endos de chacune de ces dernières respectivement, et sera aussi enregistrée au bureau dudit secrétaire.

Fausse déclaration. — Si une personne qui fait une déclaration sous cet acte, y fait volontairement et d'une manière déloyale un faux témoignage, cette personne sera jugée comme coupable de parjure, et sera poursuivie et punie comme telle.

Paiement des droits. — Aucune spécification ne pourra être déposée, sans qu'au préalable le pétitionnaire ait payé tous les droits fixés par cet acte, y compris les honoraires, s'il y a lieu, de la personne ou des personnes auxquelles la pétition aura été soumise pour recherche et rapport.

Expédition de la spécification. — Au moment du dépôt de la spécification, pour en faire l'enregistrement, le pétitionnaire devra en remettre cinq expéditions audit secrétaire.

Une expédition sera adressée à l'un des secrétaires du gouvernement du Bengale, qui l'enregistrera.

Une expédition sera envoyée à l'un des secrétaires du gouvernement du fort Saint-Georges, et sera enregistrée par lui.

Une expédition sera adressée à l'un des secrétaires du gouvernement de Bombay, et sera enregistrée par lui.

Une expédition sera envoyée à l'un des secrétaires du gouvernement des provinces nord-ouest, et sera enregistrée par lui.

La cinquième expédition de la spécification sera communiquée au public, à tout temps convenable, au bureau de chacun desdits secrétaires, moyennant le paiement d'une taxe fixée à une roupie.

Enregistrement. — Un registre sera tenu dans le bureau du secrétaire du gouvernement de l'Inde; il contiendra et enregistrera toutes les pétitions et spécifications, et tout rapport fait sur ces pétitions ou ayant trait à l'invention qui y est mentionnée.

Ce livre comportera, par numéro d'ordre, chaque spécification et tout ordre s'y rattachant avec une référence marginale.

Dispositions pour l'examen de ce registre.—Copies certifiées.

COMMUNICATION DES SPÉCIFICATIONS. — Ce même registre, ou une copie de ce livre sera communiquée en tout temps convenable à toute personne, après paiement du droit d'une roupie; le secrétaire pourra délivrer une copie certifiée de sa main de toute entrée contenue dans ce livre à la personne qui en fait la demande, et sur paiement de la dépense pour l'expédition.

Les copies certifiées seront des témoignages *prima facies*, et chacune de ces copies certifiées sera un témoignage *prima facies* du document dont elle est la reproduction.

CONDITIONS A OBSERVER. — Personne ne pourra obtenir un privilége exclusif sous les provisions de cet acte : si l'invention, lors de la pétition pour l'enregistrement n'était pas nouvelle; si le pétitionnaire n'est pas l'inventeur; si la spécification déposée ne décrit pas exactement et ne fixe pas la nature de l'invention, et de quelle manière elle doit être exécutée.

NULLITÉ D'UNE CONCESSION. — Tout privilége exclusif accordé sous cet acte cessera, si le gouvernement général de l'Inde en conseil déclare que ce privilége, ou que la manière dont il est exercé, est nuisible à l'État, ou s'il est généralement préjudiciable au public; le gouverneur général prononcera également la nullité de la patente, lorsqu'il y aura preuve suffisante devant toute cour de justice de Sa Majesté, d'une contravention de toute condition spéciale, sous laquelle le pétitionnaire aura été autorisé à déposer une spécification, ou sous laquelle la durée du privilége exclusif aura été prolongée.

DISPOSITION CONCERNANT LES IMPORTATEURS. — L'importateur dans l'Inde d'une nouvelle découverte, sera considéré par l'acte comme inventeur, à la condition que le titulaire ou ses exécuteurs, administrateurs ou ayants-droit mettront en pratique l'invention dans l'Inde dans l'espace de deux ans, à partir de la date de la pétition, et qu'ils continueront l'exploitation de cette invention ou qu'ils accorderont des licences à un prix raisonnable aux personnes qui auraient l'intention d'exploiter la même invention.

INVENTEURS ÉTRANGERS. — Un inventeur étranger, résidant ou non dans l'Inde, peut solliciter la permission de déposer une spécification sous cet acte.

NOUVEAUTÉ DE L'INVENTION. — Une invention sera considérée comme nouvelle, dans l'esprit de cet acte, si elle n'a pas été employée dans l'Inde avant l'époque de la requête pour déposer la spécification, ou si elle n'y a pas été publiquement connue au moyen d'une publication imprimée.

PUBLICITÉ. — L'usage ou la connaissance publique d'une invention avant la demande de dépôt d'une spécification, ne sera pas considéré comme tel dans l'esprit de cette section, si la connaissance a été obtenue subrepticement, ou par fraude de l'inventeur actuel, ou a été communiquée au public par fraude envers l'inventeur actuel, ou par abus de confiance. Pourvu que l'inventeur, dans l'espace de six mois de calendrier, après le commencement de cet usage ou emploi tombé dans le domaine public, sollicite le dépôt de sa spécification et n'ait pas antérieurement acquiescé à cet usage public.

De même l'usage d'une invention en public, par l'inventeur réel ou par ses employés ou agents, ou par toute autre personne ayant licence directe de l'inventeur, ne sera pas considéré comme usage public dans l'esprit de cet acte.

DÉLAI DE FAVEUR POUR LES PATENTES EN ANGLETERRE. — Si un inventeur, avant l'époque de sa requête pour déposer une spécification d'une découverte sous cet acte, a obtenu des lettres patentes de Sa Majesté pour l'usage exclusif de son invention, dans n'importe quelle partie du Royaume-Uni, adresse une pétition au gouverneur général de l'Inde en conseil avant l'espace de douze mois du calendrier, à partir de la date de ces lettres patentes, pour obtenir l'autorisation de déposer une spécification de ladite découverte ; l'invention sera considérée comme nouvelle dans l'esprit de cet acte, si elle n'a pas été publiquement connue ou employée dans l'Inde, à la date de la pétition pour ces lettres patentes, ou lors même que l'invention aurait été publiquement connue ou employée dans l'Inde avant l'époque de sa pétition sous cet acte, pour obtenir le dépôt de la spécification; et si l'inventeur obtient un privilége exclusif sous cet acte pour une telle invention, tout privilége exclusif antérieurement obtenu par un importateur de cette invention cessera alors. La pétition tendant à obtenir le dépôt de la spécification, devra établir que de telles lettres patentes ont été accordées, et indiquer leur date et leur durée.

Droits acquis aux tiers. — Aucun privilége exclusif, obtenu sous cet acte, ne donnera droit au possesseur d'un tel privilége, d'empêcher toute personne de se servir de l'invention, si cette personne en a fait usage dans l'Inde avant le 7 juillet 1855.

Contrefaçon. — Une action peut être intentée par un inventeur contre toute personne qui, pendant la durée de son privilége exclusif, fabriquera, employera, vendra ou mettra en pratique ladite invention, ou qui contrefera ou imitera ladite invention, sans y être autorisé par l'inventeur.

A moins qu'une poursuite semblable ne soit déjà introduite dans une cour de la Compagnie des Indes orientales, autre que la cour de juridiction originale pour les cas civils dans les limites locales de sa juridiction, la cause sera portée où le défendeur résidera comme un habitant fixe.

Aucune action semblable ne sera défendue sur le motif de défaut ou d'insuffisance de la spécification de l'invention, ni sur le motif d'une mauvaise description de l'invention dans la pétition, ni sur le motif que le plaignant n'était pas l'inventeur, à moins que le défendeur ne montre qu'il est l'inventeur actuel, ou qu'il tient ses titres de ce dernier.

Toute poursuite de ce genre peut être opposée, par le motif que l'invention n'était pas nouvelle, si la personne qui fait la défense, ou si la personne pour laquelle elle réclame, s'est servie publiquement ou actuellement de son invention ou de la partie de son invention, dont la contrefaçon reste à prouver dans l'Inde, avant la date de la pétition pour déposer la spécification, mais pas autrement.

Nullité judiciaire d'un privilége. — Il sera loisible à toute personne d'introduire une instance devant n'importe quelle cour judiciaire de Sa Majesté, pour faire prononcer qu'un privilége exclusif, en faveur d'une invention, n'a pas été acquis sous les dispositions de cet acte, pour l'une ou plusieurs des causes suivantes qu'il faut spécifier dans la requête, savoir :

Si l'invention n'était pas nouvelle à l'époque de la présentation de la pétition pour obtenir le dépôt de la spécification; si le pétitionnaire n'en était pas l'inventeur, ou si le demandeur étant l'inventeur, a fait connaître l'invention au public, ou acquiescé à son emploi dans le public ; ou si la spécification déposée ne décrit pas exactement, et ne fixe pas la nature de l'invention, ou de quelle manière elle doit être exécutée; si le pétitionnaire a frauduleusement introduit dans la pétition ou spécification, comme faisant partie de sa découverte, quelque chose qui n'était pas nouveau, ou dont il n'était pas l'inventeur; ou si le pétitionnaire a fait volontairement un faux témoignage dans sa pétition, ou si certaines parties de l'invention, ou la manière dont elles doivent être exécutées, n'ont pas été suffisamment décrites et précisées dans la spécification, et si un tel défaut était frauduleux et nuisible au public.

RECTIFICATION DES SPÉCIFICATIONS. — Si la cour, dans l'instruction de toute demande à fin de déchéance du privilége, parce que le pétitionnaire aurait introduit dans la description de son invention une partie qui, à la date de la pétition, n'était pas nouvelle ou dont il n'était pas l'inventeur, ou parce que la spécification serait défectueuse ou insuffisante dans quelques détails, reconnaît que l'erreur, le défaut ou l'insuffisance n'existent pas frauduleusement, la cour peut déclarer que ledit privilége exclusif a été bien acquis et qu'il est valide, à l'exception de la partie affectée d'erreur, de défaut ou d'insuffisance ; ou si la cour pense que l'erreur, le défaut ou l'insuffisance peuvent être corrigés, sans porter atteinte au public, elle peut accorder le privilége exclusif pour toute l'invention, et peut, sous les conditions qui paraîtront raisonnables, ordonner la correction de la spécification dans lesdites parties; d'après cela, le pétitionnaire, ses exécuteurs ou ayants-droit, déposeront dans l'intervalle fixé par ladite cour pour cet objet, une spécification en conformité de cette décision.

CONSERVATION DES DROITS DES INVENTEURS. — Si une poursuite introduite dans les deux années, à partir de la date de la pétition pour le dépôt d'une spécification, l'inventeur réel prouve d'une manière satisfaisante aux cours de justice de Sa Majesté, ou à la cour de la Compagnie des Indes orientales, ayant juridiction dans les cas civils, dans les limites locales desdites juridictions où le défendeur réside d'une manière fixe, que le pétitionnaire n'était pas l'inventeur, et qu'à l'époque de la pétition, il connaissait, ou avait de bonnes raisons pour croire que la connaissance de l'invention a été obtenue par lui ou par quelque autre personne subrepticement ou en fraude de l'inventeur réel, ou au moyen d'une communication faite de confiance à lui ou à quelque autre personne, au moyen de laquelle il a obtenu cette connaissance, la cour peut forcer le pétitionnaire d'accorder à l'inventeur réel tout privilége exclusif obtenu sous cet acte, et de lui en compter et payer les profits.

PRÉROGATIVE DE LA COURONNE. — Rien ici ne limitera ou n'affectera la prérogative de la couronne, d'accorder et de maintenir la concession de lettres patentes pour inventions ou autrement, ou portera atteinte aux lettres patentes, ou interviendra avec les lettres patentes données ou devant être données par la couronne.

TIMBRE DE LA SPÉCIFICATION. — Toute pétition pour permission de dépôt d'une spécification sous les dispositions de cet acte, ou pour l'extension du terme d'un privilége exclusif, sera écrite ou imprimée sur un papier timbré de la valeur de cent roupies.

INTERPRÉTATION.

Dans la rédaction de cet acte, les expressions suivantes auront les significations qui leur sont assignées, à moins qu'il n'y ait quelque chose dans le sujet ou dans le texte qui répugne à une telle rédaction.

Ainsi, le mot invention s'entend également d'un perfectionnement.

Le mot manufacture sera considéré comme renfermant tout art, procédé ou manière pour produire, préparer ou faire un article, et aussi tout article préparé ou produit par manufacture.

Le mot inventeur, lorsqu'il n'est pas accompagné du mot réel, s'appliquera à l'importateur d'une invention, qui n'est pas publiquement connue ou employée dans l'Inde.

CANADA.

Pour obtenir une patente dans cette contrée, le solliciteur doit être l'inventeur, sujet de la Grande-Bretagne et habitant de la province.

La loi est applicable cependant à tout sujet anglais qui, ne résidant pas dans le pays, est inventeur lui-même ou a obtenu connaissance à l'étranger d'une découverte nouvelle; dans ce cas, il en fait la déclaration par serment.

S'il s'agit d'une patente d'importation et que l'invention soit originaire, soit des États-Unis, soit de toute possession anglaise en Amérique, le droit de la patente ne pourra pas s'étendre jusqu'à empêcher la libre importation et la vente du même article provenant de ces deux pays.

LÉGISLATION AMÉRICAINE.

(ÉTATS-UNIS DE L'AMÉRIQUE DU NORD.)

L'Amérique du Nord a suivi l'Angleterre et précédé la France, dans l'adoption du principe de la propriété industrielle.

Mais bien que ce principe ait été posé dans l'art. 1ᵉʳ de la Constitution des États-Unis, du 17 septembre 1787, ainsi conçu : « Exciter les progrès des sciences et des arts utiles, en assurant, pour des espaces de temps limités, aux auteurs et inventeurs, un droit exclusif sur leurs écrits et découvertes, » cependant la législation américaine n'a été organisée que postérieurement aux lois françaises sur la même matière.

Le premier Statut du sénat et de la Chambre des représentants, concernant les priviléges industriels, sous le titre : « Acte pour favoriser les progrès des arts utiles, » porte la date du 10 avril 1790.

Cet acte fut abrogé par un statut du 21 février 1793; ce dernier, étendu par un acte ultérieur à la date du 17 avril 1800, et amendé en 1832, composa, jusqu'en 1836, l'ancienne législation américaine.

La législation actuelle dont la connaissance intéresse les inventeurs et importateurs étrangers, est régie par le statut du 4 juillet 1836 et par les actes additionnels des 3 mars 1837, 3 mars 1839 et 29 août 1842.

Nous en reproduisons la teneur, mais sous une forme moins prolixe que le texte américain.

LOI DU 4 JUILLET 1836.

STATUT POUR ENCOURAGER LE PROGRÈS DES ARTS UTILES ET RÉVOQUANT TOUS ACTES ANTÉRIEURS SUR LE MÊME OBJET.

Le Sénat et la Chambre des représentants des État-Unis d'Amérique assemblés en congrès,
Arrêtent :

Article premier. — Il sera créé et attaché au département de l'intérieur, sous la dénomination d'office des patentes, un bureau dont le chef, nommé par le président, de l'avis et du consentement du Sénat, portera le titre de commissaire des patentes.

Ce commissaire, placé sous la direction du secrétaire d'État, sera chargé de tout ce qui concerne la demande, l'examen et la délivrance des patentes à accorder pour découvertes et inventions nouvelles et utiles, ou pour perfectionnements, conformément aux règles établies par la présente loi, ou qui seront prescrites à l'avenir, il veillera, en outre, à la conservation des livres, mémoires, papiers, plans, machines, et de tous autres objets dépendant de son administration.

Art. 2. — Il sera nommé dans l'administration susdite, par le commissaire des brevets, et sous l'approbation du secrétaire d'État, un commis principal, lequel remplira les fonctions du commissaire pendant la durée de l'intérim.

Le commissaire pourra également nommer, sous réserve de la même approbation, un commis examinateur, deux autres commis, dont l'un sera bon dessinateur, un machiniste et un huissier. Il est formellement interdit à tous les employés de l'administration d'acquérir, hormis par héritage, et pendant tout le temps qu'ils recevront leurs appointements, une part ou un intérêt quelconque, directement ou indirectement, à un brevet délivré pour une découverte ou une invention, soit antérieurement, soit postérieurement au présent acte.

Art. 3. — Avant leur entrée en fonctions, le commissaire et les autres employés de l'administration prêteront serment de remplir fidèlement et consciencieusement les devoirs qui leur sont imposés; le commissaire et le commis principal fourniront de plus une caution, comme garantie de toutes les sommes qu'ils auront respectivement reçues pour droits de patentes, copies de rapports ou de dessins, ainsi qu'à tout autre titre, en vertu de leur emploi.

Art. 4. — Le commissaire des brevets fera frapper un sceau pour l'usage de son office, avec une devise préalablement soumise à l'approbation du président des États-Unis. Les copies de rapports, de livres, de pièces ou de dessins, revêtues de l'empreinte du sceau et de la signature du commissaire, seront seules considérées comme authentiques, et serviront de preuves légales.

Toute personne qui voudra en faire emploi pourra se faire délivrer, par l'administration, les copies certifiées des rapports, livres, pièces et dessins déposés dans ledit bureau, en payant, pour les copies écrites, une rétribution de dix cents par page de cent mots, et pour les copies de dessins des frais d'exécution raisonnables.

Art. 5. — Toute patente, lors de son expédition, sera délivrée au nom des États-Unis, et revêtue du sceau dudit office; elle sera signée par le secrétaire d'État et contresignée par le commissaire de cet office, puis enregistrée dans les livres tenus à cet effet, avec mention des descriptions, spécifications et dessins.

La patente contiendra elle-même une description ou désignation sommaire de l'invention ou de la découverte, indiquant exactement sa nature et son but; il y sera déclaré en termes formels que le pétitionnaire ou ses ayants-droit auront exclusivement, pendant un terme de quatorze années, le droit et la liberté de faire ou employer et de vendre à d'autres, pour en faire usage, ladite invention ou découverte.

Art. 6. — Le ou les auteurs d'un nouvel art utile, d'une machine nouvelle, d'un nouveau procédé de fabrication, d'une nouvelle composition de matières, ou d'un utile perfectionnement de ce genre, inconnu ou non employé par d'autres avant l'époque de la découverte, et dont les produits n'ont pas encore été livrés au commerce, ou publiquement mis en usage ou en vente, du consentement des inventeurs, à l'époque où ils ont demandé la patente, qui désirent obtenir des lettres patentes pour s'assurer la propriété exclusive de leur découverte ou invention, devront en faire la demande par écrit, sous forme de pétition, adressée au commissaire des patentes, qui, après les formalités voulues, pourra accorder la patente demandée.

A cette requête devra être jointe une description manuscrite, avec indication de la manière de procéder, d'exécuter, de combiner ou d'utiliser la conception de la découverte, et en termes tellement explicites, clairs et exacts, sans prolixité inutile, que toute personne de l'art soit en mesure, d'après cet aperçu, de faire la même chose.

S'il s'agit d'une machine, l'inventeur en exposera le mécanisme et le principe, et fera ressortir la différence qui existe avec les machines du même genre; il déterminera surtout, d'une manière plus spéciale, le point où la partie de sa combinaison ou du perfectionnement qu'il considère comme le principal mérite de son invention. De plus, si la nature de l'invention le permet, il joindra à sa demande un ou plusieurs dessins accompagnés de notes explicatives, et, s'il s'agit d'une composition de matières, il fera l'envoi en quantité suffisante, pour répéter l'expérience, des éléments ou ingrédients nécessaires à la produire. La description et les dessins sus-mentionnés, signés par l'inventeur et attestés par deux témoins, seront déposés à l'office de patentes; dans le cas d'une machine, l'inventeur devra présenter un modèle dont les dimensions permettent d'en saisir les différentes parties.

Le pétitionnaire affirmera de plus par serment, ou certifiera par une déclaration, qu'il croit être réellement le premier inventeur de la découverte, machine, composition, ou du perfectionnement qui fait l'objet de sa demande, et qu'elle n'a jamais, à sa connaissance, été connue ni employée; il fera également connaître le pays dont il est citoyen. Ce serment ou cette déclaration sera fait devant toute personne que la loi autorise pour le recevoir.

Art. 7. — Lorsqu'une demande de patente, avec les pièces y annexées, sera déposée, et que la taxe à payer aura été acquittée, le commissaire examinera ou fera examiner l'invention ou la découverte alléguée, et si, après cet examen, il ne lui paraît pas que la même chose ait déjà été antérieurement inventée par une autre personne dans ce pays, ou ait été patentée antérieurement hors de ce pays, ou décrite dans aucune publication imprimée à l'intérieur ou à l'étranger, ou qu'elle ait été publiquement en usage ou livrée au commerce, du consentement et avec l'autorisation du pétitionnaire, si enfin le commissaire juge que la chose est suffisamment utile et importante, il sera tenu de délivrer la patente demandée.

Mais si de cet examen il résulte pour le commissaire la preuve du contraire, ou que la description qui en est faite est défectueuse ou insuffisante, il refusera la patente, informera le pétitionnaire, en lui donnant brièvement les renseignements ou les explications nécessaires, soit pour renouveler sa demande, soit pour la restreindre à ce que son invention ou découverte a réellement de neuf.

Dans tous les cas, si le pétitionnaire préfère retirer sa demande, en faisant abandon du modèle, et s'il fait connaître son intention par écrit à l'office des patentes, il aura droit au remboursement de vingt dollars, formant une partie de la taxe prescrite par le présent statut. La copie de l'acte de désistement, certifiée par le commissaire, suffira comme pièce de décharge au trésorier pour le remboursement de ladite somme de vingt dollars.

Mais si le pétitionnaire persiste, au contraire, dans sa demande avec ou sans changement à sa spécification, il sera requis de renouveler son serment ou son affirmation de la manière indiquée plus haut; et dans le cas où la spécification et la demande n'auront pas été modifiées de manière à ce que le requérant, au jugement du commissaire, ait droit à un brevet, il pourra par appel, et sur requête par écrit, obtenir qu'il en soit référé à la décision d'un comité d'experts, composé de trois membres, désintéressés dans la question, et nommés par le secrétaire d'État; l'un desquels au moins, en tant que faire se pourra, sera choisi pour ses connaissances et son habileté dans l'art auquel l'invention se rapporte. Ces experts prêteront serment de remplir fidèlement et impartialement leur mission.

Il sera donné communication par écrit à ces experts de l'avis et décision du commissaire, établissant les motifs spéciaux de son refus, et indiquant les parties de l'invention qu'il ne juge pas susceptibles d'être patentées. Les experts feront connaître au requérant, ainsi qu'au commissaire, le temps et le lieu de leur réunion, afin qu'ils aient l'occasion de leur présenter les faits et les preuves qu'ils croiront nécessaires à une juste décision. Le commissaire devra fournir au bureau des experts tous les renseignements qu'il possède sur l'objet soumis à leur examen.

Après avoir tout examiné et pris en considération, le comité pourra, à la majorité des voix, annuler la décision du commissaire en tout ou en partie, et sa sentence ayant été notifiée au commissaire, celui-ci aura à s'y conformer dans tout ce qu'il fera ultérieurement au sujet de cette demande.

Mais avant qu'un tel comité puisse être constitué dans aucun cas, le requérant devra verser au trésor, de la même manière qu'il est expliqué à l'article 9, la somme de vingt-cinq dollars; chacun des experts aura droit à recevoir, pour ses services dans chaque cas, une somme n'excédant pas dix dollars, à fixer par le commissaire et à payer par lui sur les sommes qui se trouvent entre ses mains.

Art. 8. — Lorsqu'il sera demandé une patente qui, au jugement du commissaire, serait contraire, soit à une patente pour laquelle on est en instance, soit à une patente déjà délivrée et non encore expirée, le commissaire sera tenu d'en donner connaissance tant au requérant qu'au patenté, selon qu'il y a lieu; et si l'un d'eux n'est pas satisfait de la décision du commissaire sur la question de la priorité du droit ou de l'invention, il pourra appeler de cette décision aux ermes et conditions mentionnés dans l'article 7, et l'on suivra les mêmes formes de procédure pour déterminer lequel des requérants, ou si tous les deux ont droit à la patente demandée.

Mais aucune disposition de ce statut ne pourra être invoquée à l'effet de priver un inventeur primitif de son droit à une patente pour son invention, par la raison qu'antérieurement il en aurait pris une en pays étranger, et qu'elle aurait été publiée dans les six mois précédant le dépôt de sa spécification et de ses dessins. Et toutes les fois que l'impétrant le requerra, la patente prendra date du jour de ce dépôt, pourvu toutefois que ce dépôt n'ait pas eu lieu plus de six mois avant la délivrance effective de la patente; et en cas de toute pareille demande et du paiement des droits prescrits, la spécification et les dessins du requérant seront déposés aux archives secrètes de l'office en attendant qu'il ait fourni le modèle et que la patente soit délivrée. Dans ce délai, qui ne pourra excéder un an, le requérant aura droit à être prévenu de toutes demandes qui seraient faites en concurrence avec la sienne.

Art. 9. — Avant qu'une demande de patente soit prise en considération par le commissaire susmentionné, le requérant devra verser au Trésor des États-Unis, ou au bureau des patentes, ou dans une caisse quelconque de dépôt au crédit du Trésor, la somme de trente dollars s'il est citoyen des États-Unis, ou étranger ayant résidé la dernière année dans les États-Unis, et ayant affirmé par serment son intention d'en devenir citoyen. La somme sera de cinq cents dollars s'il est sujet du roi de la Grande Bretagne : à l'égard de toute autre personne, elle sera de trois cents dollars. Il sera pris double quittance de ces paiements, dont l'une restera déposée au bureau du Trésor; toutes les sommes versées au Trésor en vertu de cet acte constitueront un fonds, dit de patentes, qui servira au traitement des fonctionnaires et au paiement de tous autres frais de l'office des patentes, et qui sera nommé le *fonds des patentes*.

Art. 10. — Si la personne qui a fait une invention, une découverte ou un perfectionnement, donnant droit à une patente aux termes du présent acte, vient à mourir avant de l'avoir obtenue, le droit de réclamer cette patente et de l'obtenir dans les mêmes conditions, limites et restrictions sera dévolu aux ayants-droit.

Dans ce cas, le serment ou l'affirmation dont il est question article 6, sera modifié de manière à leur être applicable.

Art. 11. — Les droits résultant d'une patente pourront être cédés et transportés légalement, en tout ou pour une partie indivise, par un acte écrit; ces cessions, ainsi que toute permission ou vente accordant à un tiers, soit en général, la faculté de faire usage des droits privatifs conférés par les patentes, soit seulement la faculté d'exploiter l'objet de la patente dans une partie déterminée des États-Unis, seront enregistrées à l'office des patentes dans les trois mois de leur date, moyennant un droit de trois dollars payable par le cessionnaire ou ayant-cause dans les mains du commissaire.

Art. 12. — Tout citoyen des États-Unis (de même que tout étranger qui y aura résidé pendant l'année immédiatement précédente, et aura déclaré sous serment son intention d'en devenir citoyen) qui, ayant fait une découverte, désirera une prolongation de temps pour la porter à maturité, pourra déposer à l'office des patentes un caveat indiquant la nature, l'objet et les caractères distinctifs de son invention, et obtenir protection de son droit jusqu'à cette époque en payant au Trésor la somme de vingt dollars. Cette somme, si le titulaire du caveat prend ultérieurement une patente pour l'invention y mentionnée, sera considérée comme reçue à valoir sur la somme à payer pour cette patente.

Ledit caveat sera conservé aux archives confidentielles de l'office. Si dans l'année du dépôt de ce caveat, une autre personne demande une patente pour une invention avec laquelle le droit du déposant serait en opposition d'une manière quelconque, le commissaire déposera aux archives confidentielles du bureau la description, les spécifications, les dessins et les modèles reçus, et il en donnera avis au déposant du caveat, lequel, s'il veut profiter des avantages de son caveat, sera tenu de remettre, dans l'espace de trois mois après la réception de cet avis, la description, les dessins et modèles; si alors, au jugement du commissaire, les deux spécifications empiètent l'une sur l'autre, il pourra être procédé à tous égards comme il est prescrit par le présent acte pour le cas de deux demandes pour un objet analogue. Il est bien entendu toutefois qu'aucun avis ni décision d'un comité d'experts constitué en vertu de cet acte ne privera les personnes intéressées au maintien ou à l'annulation d'une patente, du droit de débattre la question devant toute cour du justice et dans tout procès où la validité sera contestée.

Art. 13. — Lorsqu'une patente se trouvera nulle, soit par suite d'une description ou spécification incomplète, soit parce que le requérant aurait exposé dans sa spécification, comme inventé par lui-même, plus qu'il n'avait le droit de réclamer comme nouveauté; si l'erreur a été commise par inadvertance, accident ou méprise, sans qu'il y ait eu intention de fraude, le commissaire aura le droit, sur la restitution qui lui sera faite de cette patente, et moyennant le paiement d'un droit nouveau de quinze dollars, de faire délivrer audit inventeur pour la même invention, et pour le reste de la durée de la première patente, une patente nouvelle où les termes de la spécification seront corrigés ; et en cas de mort ou de cession faite par le titulaire de la première patente, son droit se transmettra à ses héritiers, cessionnaires ou ayants-cause. Une patente ainsi renouvelée, ainsi que la description corrigée, auront le même effet en justice, pour toutes contestations intentées postérieurement et pour des causes subséquentes que si la spécification avait été primitivement déposée, dans sa forme rectifiée, avant la concession de la première patente.

Lorsqu'un patenté voudra, postérieurement à la date de sa patente, ajouter la description d'un nouveau perfectionnement à son invention, il pourra, en suivant les voies indiquées pour une demande primitive, et moyennant le paiement de cinq dollars de la manière qu'il a été dit ci-dessus, obtenir que la description ou spécification de ce perfectionnement soit ajoutée à la description ou spécification ancienne. Le commissaire certifiera, dans ce cas, en marge de la description annexée, le jour où leur annexion et transcription aura eu lieu, et cette addition, ainsi faite aura par la suite la même valeur que si elle avait été comprise dans la spécification *première*.

Art. 14. — Lorsque, sur une action en dommages-intérêts, intentée contre ceux qui auraient enfreint le privilége exclusif conféré par une patente, un verdict aura été rendu en faveur du demandeur, la cour pourra accorder un somme en sus du montant porté par le verdict comme dommage réel éprouvé par le demandeur, laquelle somme néanmoins ne pourra dépasser le triple de ce montant, suivant les circonstances du cas, avec les frais; et ces dommages-intérêts pourront être recouvrés par une action portée devant les tribunaux compétents au nom de la partie intéressée, c'est-à-dire du patenté lui-même ou de ses cessionnaires ou ayants-cause, dans toute partie des États-Unis pour laquelle le droit exclusif a été accordé.

Art. 15. — Dans tout procès en contrefaçon, le défendeur pourra se refuser à plaider sur les détails, et prouver par témoins, soit que la spécification de la patente déposée ne contient pas toute la vérité, soit qu'elle contient plus que ce qu'il lui appartient réellement, soit qu'il avait été fait publiquement usage de l'invention avant la demande de la patente, ou bien encore que la patente a été obtenue subrepticement et injustement au détriment du véritable inventeur, ou bien encore que le breveté, s'il était étranger au pays quand la patente lui a été accordée, avait omis et négligé pendant dix-huit mois de la date de la patente de l'exploiter.

Art. 16. — En cas d'incompatibilité de deux patentes, ou en cas de refus d'une demande de patente par le motif qu'elle serait en opposition avec une patente antérieure non expirée, un recours est ouvert aux intéressés devant la cour compétente. Celle-ci pourra décider ou que les patentes sont nulles en tout ou en partie, ou qu'elles ne peuvent avoir d'effet contre les parties opposées.

L'arrêt rendu en faveur du requérant autorisera le commissaire à lui délivrer la patente, après le dépôt préalable d'une copie de cet arrêt et l'accomplissement des autres formalités de la loi. Il est entendu qu'aucun de ces arrêts ne pourra préjudicier à d'autres personnes qu'aux parties du procès, ou à celles qui, par des titres postérieurs à l'arrêt, tiennent leurs droits de celles-ci.

Art. 17. — Tous ces procès et contestations concernant la concession et la propriété des priviléges exclusifs seront, dès le principe, de la compétence des cours de circuit, ou de toute autre cour de district ayant même juridiction. Les appels seront portés devant la cour suprême des États-Unis.

Art. 18. — Lorsqu'un patenté voudra étendre son privilége de sept années au delà du terme de quatorze ans, il en fera la demande, par écrit, au commissaire des patentes; il y joindra un exposé des motifs, et justifiera du paiement de quarante dollars au Trésor. Un avis de cette demande sera inséré dans certains journaux désignés par le commissaire, afin que chacun puisse, en temps et lieu, faire valoir ses raisons contre la prolongation.

Le conseil appréciera les raisons pour et contre. Si la décision est affirmative, le commissaire renouvellera et prolongera la patente en délivrant un certificat de cette extension pour la durée de sept années; ce certificat, joint au procès-verbal constatant l'avis et le jugement du comité, sera enregistré au bureau des patentes; et la patente, ainsi prolongée, aura le même effet que si elle avait été primitivement accordée pour vingt et un ans.

Il est toutefois entendu qu'aucune prolongation ne pourra être accordée à des patentes dont la durée fixée au commencement est déjà expirée.

Art. 19. — L'office des patentes sera pourvu d'une bibliothèque d'ouvrages scientifiques et de publications périodiques, soit de l'étranger ou de l'Amérique, qui soient propres à faciliter aux principaux employés dudit office l'accomplissement des devoirs que le présent acte leur impose.

Art. 20. — Les modèles et les spécimens des compositions, fabriques, manufactures et ouvrages d'art, patentés ou non, qui ont été ou seront déposés dans ledit office seront classés et arrangés, par les soins du commissaire, dans les salons ou galeries ouverts à des heures convenables pour l'examen du public.

Art. 21. — Sont révoqués tous actes antérieurs sur la même

matière. Cet article réglemente aussi les effets de la promulgation de la présente loi.
Approuvé le 4 juillet 1836.

Signé : J. Polk, King et Andrew Jackson.

LOI DU 3 MARS 1837.

ACTE ADDITIONNEL A LA LOI DU 4 JUILLET 1836 POUR FAVORISER LE PROGRÈS DES ARTS SCIENTIFIQUES ET UTILES.

Les articles 1, 2, 3, 4 et 5 de cet acte autorisent un nouvel enregistrement des patentes détruites par l'incendie du 15 décembre 1836 ; ils statuent sur les conséquences des pertes de titres dues à cet incendie, et ils ouvrent un crédit de cent mille dollars pour le remplacement des plus intéressants de ceux des modèles qui ont péri par le feu.

Art. 6. — Aucune patente ne sera, à l'avenir, délivrée aux cessionnaires de l'inventeur qu'après enregistrement préalable de la cession, sur la réquisition de la partie intéressée, et après affirmation, par serment de l'inventeur, sur l'exactitude de sa spécification. Et à l'avenir, le demandeur d'une patente sera tenu de fournir des dessins en double (lorsque la découverte comporte un dessin) ; l'un de ces dessins restera déposé au bureau et l'autre sera annexé à la patente comme étant censé faire partie de la spécification.

Art. 7. — Lorsque, par inadvertance, accident ou erreur, la patente aura donné trop d'étendue à la spécification de l'objet de sa demande, de manière à réclamer plus que ce dont il était l'inventeur primitif, si les parties substantielles et constitutives de l'objet patenté sont réellement et véritablement de son invention. Le patenté lui-même ou ses ayants-droit pourront désavouer celles des parties de l'objet patenté qu'ils n'entendent pas réclamer en vertu de la patente ; le désaveu (*disclaimer*) sera rédigé par écrit, attesté par un ou plusieurs témoins, et enregistré au bureau des patentes, à la charge par celui qui fait le désaveu, de payer dix dollars.

Lorsque le disclaimer aura été enregistré, il sera considéré comme partie intégrante de la spécification originaire, en proportion de l'intérêt que celui dont il émane aura dans la patente et dans les droits qui en résultent. Le disclaimer ne pourra exercer aucune influence sur une action pendante à l'époque où il aura été fait, excepté dans le cas où s'élèverait la question de savoir si, dans la procédure, il a été commis une négligence injuste, ou s'il a été signifié des délais disproportionnés.

Art. 8. — Toutes les fois qu'une personne réclamera du commissaire une addition à faire à une patente existante à raison d'un perfectionnement nouveau, ou lorsqu'une patente aura été renvoyée pour être corrigée et délivrée à nouveau, la spécification du privilége réclamé pour toute patente semblable sera sujette à révision et restriction, et comme le sont les demandes originaires. Si le commissaire juge nécessaire la révision ou restriction, il n'ajoutera le perfectionnement à l'ancienne patente et n'accordera la délivrance de la nouvelle patente qu'après que l'impétrant lui aura fait passer un disclaimer, ou aura changé la spécification du privilége réclamé conformément à la décision du commissaire. Dans tous les cas, si l'impétrant n'est pas satisfait de cette décision, il pourra exercer le même recours, et aura droit aux priviléges établis par la loi pour les demandes primitives de patentes.

Art. 9. — Il est dérogé à la disposition contenue en l'article 15 de la loi du 4 juillet 1836; et toutes les fois qu'un patenté, par erreur, accident ou inadvertance, sans faute ou intention de tromper le public, aura prétendu dans sa spécification être l'inventeur primitif d'une partie substantielle et essentielle de l'objet de la patente, sans l'avoir inventée réellement, et sans être, par suite, légalement fondé à y prétendre, la patente n'en sera pas moins considérée comme bonne et valable, pour telle partie de l'invention qui lui appartiendra réellement et de bonne foi, pourvu que cette invention porte sur une partie substantielle et essentielle de l'objet patenté, et qu'elle se distingue positivement des autres parties qu'on avait prétendu, sans droit, être également de nouvelle invention. Le possesseur de cette patente, ou ses ayants-droit, et toute personne ayant un intérêt quelconque dans la même patente, seront fondés à soutenir une action en loi où équité contre toute infraction à celles de ses parties qui sont de véritables inventions, bien que la spécification contienne plus qu'il ne sera en droit de réclamer. Mais, dans tous les cas où un jugement ou verdict sera rendu en faveur du demandeur, celui-ci ne pourra réclamer le remboursement de ses frais contre le défendeur, à moins qu'il n'ait fait présenter au bureau des patentes, avant le commencement du procès, un disclaimer de toutes les parties de l'objet patenté qui étaient indûment présentées comme invention. Le demandeur en pareille action ne pourra invoquer le bienfait des dispositions contenues en cet article s'il a négligé ou différé, sans raison valable, de faire présenter ledit disclaimer au bureau des patentes.

Art. 10. — Le commissaire est autorisé par la présente à nommer des agents dans vingt des principales villes des États-Unis, les mieux situées dans les différentes parties du pays, lesquels seront chargés de recevoir et d'expédier à l'office des patentes, tous modèles, spécimens d'ingrédients et de manufactures que l'on sera dans l'intention de faire patenter ou d'y déposer, les frais de transport étant à la charge des fonds des patentes.

Art. 11. — Nomination de deux commis examinateurs, d'un copiste et de commis temporaires pour reproduire et collationner toutes les copies et dessins, conformément à l'article 1er.

Art. 12. — Lorsque la demande d'une patente par un étranger sera rejetée et retirée pour défaut de nouveauté dans l'invention, conformément à l'article 7 de l'acte auquel celui-ci forme une addition, le certificat qui en sera donné par le commissaire établira une garantie suffisante au trésorier pour restituer au pétitionnaire les deux tiers de la somme qu'il aura payée.

Art. 13. — Dans tous les cas où la présente loi, ou celle du 4 juillet 1836, exige la prestation d'un serment, si la personne qui doit le prêter a des scrupules de conscience contre le serment, on pourra y substituer une simple affirmation.

L'article 14 pose des règles de comptabilité, et ordonne de présenter, chaque année, au congrès un état des fonds spéciaux; le commissaire soumet au congrès tous les ans, au mois de janvier, une liste de toutes les patentes délivrées durant l'année précédente, établissant par classes les objets de ces patentes, et donnant une liste, par ordre alphabétique, des patentés, avec indication de leurs domiciles; il fournit en outre une liste de toutes les patentes tombées dans le domaine public pendant la même période; enfin il donne toutes les informations sur l'état et l'office des patentes qui pourront intéresser le congrès et le public.

Approuvé le 3 mars 1837.

LOI DU 3 MARS 1839.

ACTE ADDITIONNEL AUX LOIS DES 4 JUILLET 1836 ET 3 MARS 1837.

Les articles 1 à 6 sont purement administratifs; ils ont trait, savoir : l'article 1er, à la nomination et aux appointements des deux examinateurs adjoints, conformément à l'article 2 de la loi du 4 juillet 1836; l'article 2, à la faculté concédée au commissaire du patent-office d'employer des commis temporaires, moyennant indemnité, pour les transcriptions des copies; l'article 3, à l'autorisation donnée au commissaire de publier une liste, par classe et par ordre alphabétique, de toutes les patentes délivrées; les articles 4 et 5, à l'affectation d'une somme prise sur les fonds des patentes, tant pour la location du local servant au patent-office que pour l'achat des livres nécessaires à la bibliothèque dudit bureau.

Art. 6. — Personne ne sera privé d'obtenir une patente pour toute invention ou découverte, comme il est dit dans l'acte approuvé le 4 juillet 1836, auquel le présent forme une addition, à raison de ce qu'il aurait été patenté dans un pays étranger plus de six mois avant sa demande, pourvu que l'invention ou la découverte n'ait pas été mise en usage public et commun avant sa demande de patente. Mais dans tous les cas, cette patente sera limitée au terme de quatorze années, à partir de la date de la patente étrangère.

Art. 7. — Toute personne ou corporation qui aura acheté ou confectionné soit une machine, une manufacture, ou un composé de matières, de nouvelle invention, avant que l'inventeur ou l'auteur en eût demandé une patente, sera considérée comme ayant le droit de se servir et de vendre à d'autres le droit de se servir desdites machines, manufactures ou ledit composé de matières, ainsi faites ou achetées, sans être tenue de rien envers l'inventeur ni envers aucune autre personne intéressée à cette invention; mais la patente ne sera pas considérée comme nulle à raison de tel achat, vente ou usage fait antérieurement à la demande de patente, à moins qu'il ne soit prouvé que cette invention ait été abandonnée au public, ou que l'achat, la vente et l'usage qu'on en a fait, aient précédé de plus de deux ans ladite demande de patente.

Art. 8. — Les dispositions de l'art. 11 de l'acte précité, prescrivant le paiement de trois dollars au commissaire des patentes pour l'enregistrement de toute cession ou transfert, en tout ou partie, des droits résultant d'une patente, sont révoquées, et tout acte de pareille cession ou transfert sera désormais enregistré gratuitement.

Art. 9. — Une somme d'argent n'excédant pas mille dollars sera prise sur les fonds des patentes et mise à la disposition du commissaire des patentes pour être employée à une collection de statistique agricole et autres objets concernant l'agriculture.

Art. 10. — Les dispositions de l'art. 16 de l'acte du 4 juillet 1836 s'étendront à tous les cas où des patentes sont refusées pour une raison quelconque, soit par le commissaire des patentes ou par le chef-juge du district de Columbia sur appels de la décision dudit commissaire, de même que lorsqu'elles seront refusées par le motif qu'elles porteraient atteinte à une patente préexistante, et lorsqu'il n'y aura pas de partie opposante. Une copie du bill sera signifiée au commissaire des patentes, et toutes les dépenses de la procédure seront supportées par le pétitionnaire, soit que la décision soit en sa faveur ou autrement.

Art. 11. — Dans les cas où la loi permet actuellement d'appeler de la décision du commissaire des patentes à une chambre d'examinateurs, aux termes de l'art. 7 de l'acte du 4 juillet 1836, la partie pourra, au lieu de cela, recourir en appel devant le chef-juge de la cour de district des États-Unis, pour le district de Columbia, en en donnant avis au commissaire et en déposant à l'office des patentes, dans le temps à assigner par le commissaire, ses motifs d'appel, détaillés par écrit, et payant en outre à l'office des patentes et au crédit du fonds des patentes la somme de vingt-cinq dollars. Et ledit chef-juge sera tenu, sur une pétition, d'entendre et de juger tous pareils appels, et de réviser ces décisions par une voie sommaire sur les preuves produites devant les commissaires, et cela dans le plus bref délai.

Art. 12. — Le commissaire des patentes aura le pouvoir de faire tels règlements pour l'admission des preuves concernant les cas contestés par-devant lui qui lui paraîtront justes et raisonnables. Et ce qui est statué contrairement à ceci dans l'acte auquel le présent forme une addition, en ce qui concerne le bureau des experts est révoqué.

Art. 13. — Il sera payé annuellement audit chef-juge, hors des fonds des patentes en considération des devoirs qui lui sont imposés par le présent une somme de cent dollars.

Approuvé le 3 mars 1839.

LOI DU 29 AOUT 1842.

ACTE ADDITIONNEL AUX LOIS DES 4 JUILLET 1836, 3 MARS 1837 ET 3 MARS 1839.

Art. 1er. — Le trésorier des États-Unis est autorisé à rembourser sur le fonds des patentes toute somme d'argent à toute personne qui, par erreur, l'aurait payée au Trésor, soit à un receveur ou à un dépositaire pour le crédit du Trésor comme honoraires revenant à l'office des patentes et dont le paiement n'est pas exigé par les lois existantes. Ce remboursement aura lieu sur un certificat du commissaire des patentes présenté au trésorier.

Art. 2. — L'article 3 de l'acte de mars 1837, qui autorise le renouvellement de patentes perdues avant le 15 décembre 1836, s'étendra aux patentes délivrées avant ledit 15 décembre, quand même elles auraient été perdues postérieurement, pourvu néanmoins qu'elles n'aient pas été enregistrées de nouveau aux termes dudit acte.

Art. 3. — Tout citoyen des États-Unis, ou tout étranger qui aura résidé pendant une année aux États-Unis, et aura déclaré sous serment son intention d'en devenir citoyen, qui aura par son industrie, son génie, ses efforts ou ses dépenses, inventé ou produit un dessin neuf et original pour manufacture, soit en métal ou en toute autre matière, ou un dessin neuf et original pour impression sur étoffes de laine, soie, coton ou autres, ou un dessin neuf et original pour un buste, une statue ou bas-relief, ou une composition en haut ou bas-relief, ou toute impression ou ornement neuf et original pour être placé sur tout article de manufacture, soit en marbre ou toute autre matière; ou un échantillon neuf et utile d'estampage ou de tableau pour être appliqué, incrusté, empreint, peint, coulé ou fixé d'une manière quelconque sur un article de manufacture, comme forme et configuration neuve et originale de tout article de manufacture, non connue ni usitée par d'autres avant cette invention ou production, ni avant la demande faite d'une patente; toutes ces personnes donc qui désirent obtenir un privilége exclusif de faire ces objets et de les vendre, ou d'en vendre des copies à d'autres avec le droit d'en faire ou vendre également, peuvent adresser leur demande par écrit au commissaire des patentes, lui exprimant ce désir, et le commissaire, après avoir rempli les formalités nécessaires, pourra accorder une patente, et dans ce cas, les honoraires qui, d'après la loi, seraient payables pour une patente ordinaire, seront réduits de moitié. La durée desdites patentes sera de sept ans, et les règlements et dispositions qui sont prescrits pour obtenir et faire valoir les autres patentes seront applicables aux demandes faites en vertu de cet article.

Art. 4. — La prestation du serment exigé de ceux qui demandent des patentes, pourra, lorsque le pétitionnaire n'est pas, pour le moment, résidant aux États-Unis, se faire devant tout ministre plénipotentiaire, chargé d'affaires, consul ou agent commercial, tenant sa commission du gouvernement des États-Unis, ou devant un notaire public du pays étranger où le pétitionnaire pourra se trouver.

Art. 5. — Si quelqu'un peint, imprime, moule, grave, marque ou trace sur un objet quelconque, fait, employé ou vendu par lui, le nom ou toute imitation du nom d'une autre personne patentée pour cet objet, sans le consentement de cette personne ou de ses ayants-droit; ou si quelqu'un écrit, peint, imprime, marque, etc., sur un tel objet, non acheté au patenté, ni à quelqu'un qui tienne du patenté le droit de le vendre, les mots *patente, lettre-patente, patenté*, ou tous mots de même nature, signification et portée, dans la vue ou l'intention d'imiter ou de contrefaire l'estampille, la marque ou l'étiquette du patenté, ou si quelqu'un met les mêmes mots, ou tout mot, estampille ou étiquette de la même portée, sur un article non patenté dans le but de tromper le public, il paiera pour toute pareille offense une amende d'au moins cent dollars, le tout exigible devant chacune des cours de circuit dans les États-Unis, ou devant chacune des cours de district de ce pays, investies des pouvoirs et de la juridiction d'une cour de circuit, moitié de laquelle amende, après recouvrement, sera payée au fonds des patentes, et l'autre moitié à celui ou à ceux qui auront fait la poursuite.

Art. 6. — Pour les patentes à délivrer par la suite, les titulaires ou cessionnaires sont requis, par le présent, d'estampiller, graver ou marquer sur chaque article vendu ou offert en vente, la date de la patente, et si quelqu'un, soit patenté ou cessionnaire de patente, néglige de s'y conformer, il sera passible de la même amende, qui sera à recouvrer, et dont il sera disposé de la manière déterminée par l'article 5 précédent.

Approuvé le 29 août 1842.

OBSERVATIONS PRATIQUES
CONCERNANT LES PATENTES AUX ÉTATS-UNIS.

La patente des États-Unis est uniformément de 14 années. Elle peut être prolongée de 7 années.

L'inventeur déjà breveté à l'étranger doit régulariser sa demande aux États-Unis, dans le délai de six mois, à partir de la délivrance du brevet étranger.

Pendant cette période son droit d'inventeur est absolu, de préférence à toute autre personne. Ce délai passé, l'inventeur peut encore se faire patenter en Amérique dans les deux premières années de son brevet étranger, pourvu que l'invention n'y ait pas encore été introduite, et qu'elle n'ait pas été décrite dans une publication imprimée soit aux États-Unis, soit à l'étranger. Mais alors, la patente américaine expirera avec le brevet étranger.

La taxe à payer est de 30 dollars (160 fr.) pour un citoyen américain; de 300 dollars (1,620 fr.) pour tous étrangers autres que les sujets anglais, et de 500 dollars (2,700 fr.) pour les sujets anglais.

Demande de la patente.

Tout pétitionnaire est tenu :

1° De déclarer sous serment, devant le consul des États-Unis de sa résidence, la nation à laquelle il appartient et sa qualité d'inventeur.

Toute fausse déclaration peut avoir judiciairement les plus graves conséquences.

2° D'adresser au commissaire des patentes à Wasnington, à l'appui de cet affidavit, une description signée par l'inventeur et par deux témoins en présence du consul américain.

Cette description doit être terminée par les caractères fondamentaux ou l'énonciation concise de l'invention, sous la désignation de *claims*.

3° De joindre à cette description des dessins en double expédition ou des échantillons, suivant la nature de la découverte.

S'il s'agit d'une machine, il doit, en outre, produire un modèle en nature (dont le volume ne dépasse pas un pied cube), lequel spécimen, après la délivrance de la patente, sera exposé au musée de Washington.

Les modèles fournis au patent-office ne sont jamais rendus : si le brevet est refusé, le modèle est emmagasiné dans les caves; si le brevet est accordé, il est placé dans le musée des modèles avec ceux de la même classe. Ce musée est le plus complet et le mieux distribué qui existe dans le monde; il contient plus de quinze mille modèles.

L'utilité de cette galerie est plus grande aux États-Unis qu'elle ne serait partout ailleurs, parce que la connaissance du dessin linéaire y est très-peu répandue. Il est très-ordinaire de rencontrer des manufacturiers ayant passé toute leur vie au milieu des machines, qui comprennent à peine un dessin en perspective, et dont les idées s'embrouillent à la vue d'une projection.

Chaque fois qu'un homme de cette classe se propose de prendre un brevet, sa première démarche est un voyage à Washington; les modèles de toutes les inventions du même nom sont successivement placés entre ses mains, il les fait jouer et revient avec des idées parfaitement nettes sur la valeur de l'invention et son degré de nouveauté. C'est pour cette raison qu'il est important d'envoyer des modèles solides et pouvant travailler. Le luxe du fini et le bon goût des formes et des couleurs ont aussi naturellement une influence favorable.

4° De joindre à ces documents la justification du paiement total de la taxe :

Le tout est alors expédié par l'inventeur ou par son mandataire à un agent de confiance à Washington.

De l'examen à Washington.

Les différentes demandes sont classées à leur arrivées et placées entre les mains de leurs examinateurs pour être examinées par eux respectivement dans l'ordre de leur réception. Les demandeurs qui ont obtenu pour leur invention un brevet étranger jouissent de ce privilége que leur demande est examinée aussitôt que reçue. Il s'établit généralement une correspondance entre le patent-office et l'inventeur ou son agent, l'examinateur trouvant presque toujours que les *claims* couvrent plus que l'invention, et l'inventeur croyant à des droits plus étendus; après une correspondance ou des pourparlers, quelquefois très-longs, on arrive ordinairement à un compromis; les *claims* sont plus ou moins modifiés, quelquefois remplacés par d'autres entièrement différents, et la patente est délivrée [1].

Du refus d'une patente.

Si la patente est refusée et que le demandeur est convaincu, par les motifs allégués, que son invention n'est pas nouvelle, il abandonne sa demande et les deux tiers de la somme payée lui sont rendus; ainsi un américain recouvre 20 dollars et un français 200.

De l'appel.

Si le demandeur, malgré le refus de l'examinateur, reste persuadé qu'il doit être breveté, il peut, en faisant abandon des deux tiers de la taxe auxquels il a droit, demander un nouvel examen par l'examinateur, et si celui-ci rejette de nouveau, il peut en appeler au commissaire en chef et, repoussé par ce dernier, porter sa cause devant l'une des cours du district de Colombie. Le coût de ce dernier appel est de 25 dollars.

Article applicable aux étrangers seulement.

Si un étranger néglige de mettre son invention en exploitation dans les dix-huit mois qui suivent la date de sa patente, ou s'il néglige de continuer à l'exploiter dans des conditions raisonnables, sa patente cessera de le protéger.

---

[1]. Les formalités nombreuses attachées à l'examen, à la défense, à la consultation et à la rédaction définitive et débattue entre le commissaire ou examinateur et l'inventeur ou son mandataire pour la teneur d'une spécification de patente, constituent des frais importants à ajouter à la taxe légale.

Des interférences.

Quand plusieurs demandeurs se déclarent respectivement premiers inventeurs d'une même découverte, les bureaux déclarent qu'il y a *interférence*, et le cas est porté devant le commissaire en chef, les significations convenables étant faites aux intéressés; « le « fait que l'une des parties a déjà obtenu une patente « n'empêche pas de déclarer l'interférence; car, quoi- « que le commissaire n'ait pas le droit d'annuler une « patente, il peut, s'il découvre qu'il y a eu un précé- « dent inventeur, lui donner également un brevet, et « ainsi les placer dans des positions semblables *en face* « des tribunaux et du public. »

Disclaimers.

Tout patenté qui, par inadvertance ou erreur, aura revendiqué, dans la spécification annexée à sa patente, plus que ce qui lui appartient réellement, pourra désavouer par un *disclaimer* la partie réclamée à tort.

Le désaveu sera rédigé par écrit, attesté par un ou plusieurs témoins, et enregistré au bureau des patentes, à la charge par son auteur de payer 10 dollars. Le disclaimer ainsi enregistré fera partie intégrante de la spécification originaire.

Addition.

Un perfectionnement peut également être annexé à toute patente d'une invention principale, en se conformant à l'art. 8 de la loi du 3 mars 1837 (page 205).

Une modification à la loi des patentes, proposée par le juge Masson, commissaire des patentes, devait être discutée pendant la dernière session ; faute de temps, cette discussion a été remise à la prochaine réunion des chambres. Les points importants de ce projet, non encore publié, sont : l'établissement d'une taxe uniforme pour les étrangers et les nationaux, et une taxe croissante avec le nombre des claims contenus dans la demande.

MARQUES ET DESSINS DE FABRIQUE.

La propriété exclusive des dessins et marques de fabrique, d'articles ornementés et sculptés est garantie aux fabricants nationaux par les articles 3, 4, 5 et 6 de l'acte additionnel du 29 août 1842 (page 210).

La durée de la protection est de sept années moyennant le paiement de la moitié des frais d'une patente, et après avoir rempli les formalités nécessaires.

Les fabricants sont d'ailleurs libres d'apposer sur leurs produits telles marques qu'ils jugent convenables. Ces empreintes qui varient d'État à État, et même de localité à localité, ont uniquement pour but de soutenir la réputation de tel ou tel centre de fabrication. Cette faculté résulte de règlements locaux.

Un acte portant la date du 14 mai 1845 rend passibles de la prison pour six mois au maximum, ou d'une amende ne pouvant excéder 100 dollars, les imitateurs ou contrefacteurs volontaires de marques et étiquettes d'un fabricant, ainsi que les vendeurs d'articles ou marchandises revêtus de marques fausses ou contrefaites.

PROPRIÉTÉ LITTÉRAIRE.

D'après les actes des 3 février 1831 et 30 juin 1837, les citoyens américains comme les personnes qui y ont établi leur domicile ont un droit de propriété sur leurs œuvres littéraires ou artistiques pendant une durée de 28 années à dater du dépôt ; cette durée peut être prolongée pour une autre période de 14 années, en faveur de l'auteur ou de ses ayants-droits moyennant un nouvel enregistrement.

Toute contrefaçon donne lieu à la confiscation des exemplaires contrefaits, à une amende et à des dommages-intérêts.

LÉGISLATION DES ÉTATS DE L'AMÉRIQUE DU SUD.

NOUVELLE-GRENADE. — PÉROU ET CHILI.

Les seuls États de l'Amérique du Sud qui paraissent avoir des lois pour l'expédition des patentes sont : le Chili et le Brésil.

D'après la constitution de la Nouvelle-Grenade et du Pérou la législature est autorisée à accorder des brevets d'invention sous certaines conditions. Il n'y a à payer aucune taxe à l'État, mais le patenté est tenu d'initier un certain nombre d'habitants à l'exploitation de son invention, de telle sorte qu'ils puissent profiter eux-mêmes des bénéfices qui en dérivent.

La patente est accordée également à la condition

qu'après un certain délai l'invention pourra être introduite dans le pays.

La durée pour laquelle une patente est accordée est de 25 ans au moins.

Dans le Chili comme dans le Pérou on est tenu de déposer au musée national les dessins et la spécification nécessaires.

BRÉSIL.

Des patentes sont accordées dans ce pays pour des inventions et des perfectionnements ; l'expédition est gratuite, sauf les frais du grand sceau, de chancellerie et autres dépenses administratives assez importantes.

Une prime d'encouragement est accordée aux introducteurs de tous procédés étrangers ; cette prime est proportionnée à l'utilité et à l'importance du procédé et à la difficulté de son importation.

Pour obtenir une patente, le solliciteur doit déclarer, dans sa requête, la nature de l'objet et s'il en est le véritable inventeur. Il doit également déposer dans les archives publiques une spécification exacte des dessins et un modèle.

La patente est accordée pour un terme variable de 5 à 20 années. Le breveté est tenu d'exploiter son invention dans les deux années de la date de sa patente ; il lui est interdit de prendre postérieurement une patente dans une contrée étrangère ; en le faisant, son privilége cesserait, et il recevrait seulement une prime proportionnée à l'utilité de l'invention.

LÉGISLATION RUSSE.

Les lois de Russie sur les brevets d'invention et d'importation, dont nous reproduisons la teneur extraite du code des lois dudit empire, tome XI, livre Ier, 3e partie, IIIe section, portent les dates des 22 novembre 1533, et 23 octobre 1840.

DES PRIVILÉGES POUR LES NOUVELLES INVENTIONS ET DÉCOUVERTES.

SECTION 1re. — *De la nature des privilèges pour les inventions et découvertes.*

116. — Toute découverte, ou invention, ou perfectionnement dans les arts et métiers, appartient à la personne qui l'a fait; mais cette personne ne peut s'assurer un droit légal à cette propriété que par la demande d'un privilége exclusif.

117. — Or, le privilége accordé par le gouvernement est un acte qui constate que l'invention qui y est mentionnée a été, en son temps, présentée au gouvernement comme propriété de la personne nommée dans ledit certificat.

118. — En concédant un tel privilége, le gouvernement ne garantit ni le succès, ni le mérite de la découverte, ni qu'elle appartient effectivement à la personne qui l'a présentée; mais il témoigne seulement de l'état de l'invention, du nom du titulaire et de la durée du privilége.

119. — En outre, les priviléges accordés par le gouvernement n'enlèvent à personne le droit de prouver en justice que la découverte qui y est désignée n'appartient pas au titulaire, ou bien qu'elle était déjà introduite à l'époque de la concession du privilége.

120. — Mais tant qu'un tel droit de propriété n'aura pas été annulé en justice, le breveté jouira des droits suivants :
1° lui seul pourra, pendant le temps établi par le privilége,

tirer profit de la découverte, de l'invention ou du perfectionnement, sans aucune restriction ni exception, et par conséquent l'introduire, employer, vendre, donner, léguer, et de toute autre manière céder à d'autres, conformément aux lois, l'objet même sur lequel porte le privilége concédé; 2° poursuivre devant les tribunaux toute contrefaçon, et demander la réparation du dommage causé.

121. — Sera considérée comme contrefaçon l'exécution exacte et conforme dans toutes les parties essentielles de l'invention, de la découverte ou du perfectionnement pour lequel le privilége a été accordé, quand bien même le contrefacteur aurait apporté dans la construction quelques changements peu importants et étrangers à la partie essentielle.

122. — Des priviléges peuvent être concédés aussi pour des inventions et perfectionnements provenant d'autres pays, mais dont la description n'aura pas été publiée et dont l'usage n'aura pas été encore introduit en Russie.

La durée des priviléges, pour l'introduction d'inventions étrangères, ne pourra pas s'étendre au delà du terme pour lequel la découverte est privilégiée dans ce pays.

La délivrance de priviléges pour les inventions nouvelles non privilégiées à l'étranger, ni connues, ni publiées, ne pourra avoir lieu que par exception, et sur la prise en considération spéciale du gouvernement, en ayant égard à l'avantage qu'on en attend et à la dépense qu'elles exigent. D'ailleurs les priviléges accordés pour de telles nouvelles introductions ont la même force et la même vigueur que ceux concédés pour les inventions faites en Russie.

123. — D'après les règles établies, des priviléges ne seront pas concédés pour des principes théoriques abstraits, mais seulement pour de nouveaux moyens, procédés et appareils propres à les réaliser.

124. — Il ne sera pas accordé de privilége pour les découvertes qui paraissent seulement une application ou une invention de l'esprit, e tqui d'ailleurs ne présentent aucun avantage essentiel, ni pour les inventions qui peuvent servir au détriment de la société ou des revenus publics.

125. — Le droit à la concession d'un privilége existe d'une

manière égale pour les sujets russes et les étrangers qui ont l'intention de construire des fabriques et des manufactures sans être obligés de devenir sujets.

SECTION II. — *Des dispositions sur la délivrance des brevets.*

126. — Celui qui désire recevoir un privilége pour une découverte, ou un perfectionnement quelconque dans les arts, les manufactures et le commerce, doit adresser à cet effet au département des manufactures et du commerce intérieur :

1° Une requête spéciale avec la mention de la durée qu'il désire assigner à son privilége, et une indication des avantages de sa découverte;

2° Une description exacte et complète de l'invention et tous les dessins qui s'y rattachent, et, en cas de besoin, les modèles nécessaires à l'intelligence de l'invention, sans rien cacher de ce qui peut avoir rapport à l'exactitude de l'opération, de telle sorte que les personnes de l'art puissent, avec ces documents seuls, mettre en pratique la découverte, sans avoir besoin de recourir à des conjectures ou d'y suppléer par leur propre savoir;

3° Le pétitionnaire devra joindre à sa requête la justification de la taxe fixée pour le privilége.

127. — Le département, en recevant la demande avec toutes les pièces annexées, en délivrera le même jour au pétitionnaire un certificat signé du directeur du département et revêtu du cachet de la caisse; ce certificat désignera l'an, le mois, le jour et l'heure de la présentation de la demande du privilége au département.

128. — Les demandes en délivrance de priviléges sont communiquées au conseil des manufactures à la séance duquel assistera le directeur du département ministériel auquel la requête devra être soumise, suivant la nature de l'objet auquel elle se réfère. Cet examen se fera seulement dans le but de savoir s'il n'a pas été concédé déjà de privilége pour le même objet à une autre personne, et aussi pour constater si la description de l'objet pour lequel on demande un privilége est suffisamment claire, exacte et complète, et si en

général on peut tirer quelque avantage de l'objet du privilége. L'attention particulière du conseil des manufactures portera ensuite sur ce point : l'invention sur laquelle on demande le privilége ne contient-elle pas en elle-même quelque chose de préjudiciable à la santé et à la sécurité publiques ou aux revenus de l'État. En cas de besoin, pour en juger avec exactitude, le conseil des manufactures s'adressera au conseil médical.

129. — Lorsque l'examen sérieux lui a donné satisfaction sur tous ces points, le conseil des manufactures en fait immédiatement son rapport au ministre des finances auquel la faculté de délivrer les priviléges est dévolue; le même conseil fait cette communication, en indiquant en même temps la durée du privilége, au département ou à la branche d'administration à laquelle se rapporte le privilége, afin que les ordres ultérieurs soient rendus conformément aux règles établies.

Au cas contraire, c'est-à-dire si le conseil est certain que l'invention pour laquelle on demande un privilége a déjà été décrite ou a été quelque part employée généralement, il refusera la demande; en outre, si ladite invention est reconnue préjudiciable à la santé et à la sécurité publiques, il engagera le requérant, par écrit, à ne pas la mettre à exécution sous les peines portées par les lois. En même temps les causes du refus de privilége seront publiées dans les journaux des deux capitales.

130. — Celui qui reçoit un refus de privilége pour une description insuffisante et incomplète peut présenter ultérieurement les éclaircissements exigés, et s'ils sont trouvés satisfaisants, on procédera à la délivrance du privilége suivant les règles établies plus haut.

131. — Si des personnes différentes demandent en même temps un privilége pour le même objet, le privilége ne sera pas accordé, sauf le cas où l'un des requérants prouvera en justice que l'autre lui a enlevé son invention.

132. — Dans le cas de refus de concéder un privilége, la taxe déposée à cet effet par le pétitionnaire lui sera remboursée sans retard.

Remarque. — Les règles à suivre pour la concession des priviléges pour les inventions, découvertes et perfectionnements dans l'industrie agricole, sont les mêmes que celles établies par les articles qui précèdent pour les priviléges relatifs à la branche d'industrie des fabriques, manufactures et commerce, avec cette différence, que l'examen en sera fait par les autorités de l'administration agricole.

SECTION III. — *De la durée d'activité des priviléges et des droits à payer pour eux.*

133. — Les priviléges pour les découvertes, inventions et perfectionnements réels sont concédés suivant le désir du pétitionnaire et le jugement du gouvernement, pour 3, 5 et 10 années, mais pas davantage. Les priviléges pour l'importation d'inventions déjà garanties dans d'autres pays ne peuvent être données pour une durée au delà de 6 années, ou pour le terme fixé par l'art. 122 [1].

134. — En aucun cas, la durée des priviléges ne peut être prolongée.

135. — La durée des priviléges commence à partir du jour où ils sont signés, et l'action des priviléges, en ce qui concerne la contrefaçon, date du jour de la délivrance du certificat et de la remise de la demande en concession de priviléges. C'est pourquoi les certicats délivrés à chacun seront insérés dans les journaux publics des deux capitales.

136. — Les droits prélevés sur les priviléges sont fixés d'après la taxe suivante :

1° *Pour inventions et perfectionnements :*

Brevet de 3 années = 90 roubles d'argent [2]. — de 5 années = 150 *id.* et de 10 années = 450 *id.*

2° *Pour importations :*

Brevet d'une année = 60 roubles d'argent — 2 années =

---

[1]. Lorsque le pétitionnaire est l'inventeur titulaire du brevet étranger, il peut, à ce titre, obtenir une durée de 10 ans pour son privilége.
[2]. Le rouble d'argent vaut 4 francs environ.

120 roubles — 3 années = 180 roubles — 4 années = 240 roubles — 5 années et 6 années = 360 roubles d'argent.

137. — Une fois le privilége accordé, le droit payé ne sera en aucun cas remboursé, soit que l'action du privilége cesse avant l'expiration du terme, soit que celui qui l'a obtenu ne mette pas son invention à exécution.

138. — La taxe payée pour le privilége appartient au département qui délivrera le privilége; sur cette somme le département pourvoit à toutes les dépenses de délivrance et de publication des priviléges, et le restant est employé à différentes acquisitions utiles telles que des livres, des modèles, etc.

SECTION IV. — *De la forme des priviléges et de leur publication.*

139. — Le privilége mentionne : 1° le nom du pétitionnaire; 2° le jour de la présentation; 3° la description de la découverte, dans tous ses détails; 4° la durée du privilége; 5° la taxe qui a été payée; 6° l'attestation qu'il n'a pas été donné précédemment de privilége pour cet objet; 7° l'observation que le gouvernement ne garantit pas le mérite de l'invention ni qu'elle appartient à la personne qui l'a présentée comme sienne; 8° la signature et le sceau du ministre et du directeur du département duquel dépend le privilége.

140. — Les priviléges sont écrits sur parchemin suivant la taxe qui a été perçue.

141. — Chaque privilége, aussitôt après sa délivrance, est publié dans toute son étendue, sur les deniers de la taxe, dans le journal du ministère dont il dépend; il est imprimé également dans les Nouvelles du sénat et dans les feuilles publiques des deux capitales. Indépendamment de cela, les départements qui délivrent les priviléges sont tenus de communiquer à tous ceux qui le désirent les registres des inventions nouvelles.

SECTION V. — *Des obligations de celui qui reçoit le privilége.*

142. — Celui qui reçoit un privilége est tenu, avant l'expi-

ration du quart du temps accordé, de mettre en pleine activité sa découverte, et d'en informer le département compétent.

143. — L'acte de cession totale ou partielle d'un privilége doit être dressé dans les termes voulus par la loi ; mais en même temps le titulaire du privilége devra en donner connaissance au département, qui ensuite le publiera dans les journaux.

144. — Celui qui reçoit un privilége ne peut entrer pour ce brevet dans une compagnie par actions, ni céder le privilége à une telle compagnie sans l'autorisation spéciale du gouvernement.

145. — Le titulaire d'un privilége d'invention, qui apporte ultérieurement un perfectionnement essentiel et avantageux, peut prendre un autre privilége pour ledit changement ; mais dans chaque cas où cela se présentera il est tenu d'en donner connaissance au département compétent, en ajoutant une description spéciale de ce perfectionnement.

146. — Toute personne autre que le breveté, qui vient à apporter un perfectionnement à une invention pour laquelle un privilége a été concédé, ne pourra pas obtenir un privilége spécial pour ce perfectionnement, à moins que préalablement il ne justifie qu'il a fait un arrangement avec le propriétaire du premier privilége ; mais à l'expiration du terme du premier privilége, il pourra lui être accordé un privilége particulier pour la partie perfectionnée de la première découverte.

147. — Lors de la délivrance du privilége dans les cas indiqués dans les articles 145 et 146, on observera : 1° que, pour le perfectionnement fait par l'inventeur lui-même, la durée du privilége doit être plus plus courte que pour l'invention elle-même ; 2° que l'action de ce privilége est indépendante de celle qui avait été concédée pour l'invention principale ; et 3° que le terme de cette dernière ne peut être prolongé, bien que le privilége accordé pour le perfectionnement ne serait pas fini ; que pour un perfectionnement fait par une autre personne, le temps du privilége ne commence pas avant la moitié du temps dont jouit le premier inventeur.

148. — Les priviléges sont déchus :
1° Par l'expiration légale du terme concédé ;
2° S'il est prouvé en justice que l'objet du privilége était déjà connu dans l'empire de Russie, avant la concession ou l'invention décrite dans des ouvrages à l'étranger, en ayant égard ici à l'exception relative aux importateurs d'industries étrangères, posée par les considérations particulières qui sont développées à l'art. 122;
3° S'il est prouvé en justice que celui qui a demandé le privilége a donné la découverte d'un autre comme la sienne propre, et si l'inventeur réel forme à cet effet une demande en revendication;
4° S'il est reconnu ultérieurement que la description et les documents ne sont pas complets, qu'on y a omis ou caché des parties essentielles et indispensables pour la production de l'effet annoncé;
5° Si le titulaire du privilége ne met pas en exécution sa découverte dans le terme marqué par l'art. 142.
149. — Dans tous les cas énoncés ci-dessus, le département qui aura délivré le privilége publiera immédiatement dans les feuilles publiques des deux capitales que le privilége est frappé de déchéance, et qu'en conséquence chacun a le droit d'exploiter librement l'invention qui en faisait l'objet.

INSTRUCTION PRATIQUE

CONCERNANT LES FORMALITÉS A REMPLIR POUR LA DEMANDE ET L'EXPLOITATION D'UN BREVET D'INVENTION OU D'IMPORTATION EN RUSSIE.

Tout étranger, inventeur ou non, peut obtenir un privilége d'importation en Russie, dont la durée est au maximum de 6 années; mais si le pétitionnaire est l'auteur de la découverte, il lui est alors concédé, à titre d'inventeur, un privilége d'invention de 10 années.

Les documents qui doivent être joints à la demande d'un brevet d'invention en Russie sont :

1° Une pétition au ministre des finances avec l'indication des nom, prénoms, qualités, domicile du solliciteur, le titre succinct de l'invention, et la désignation de la date, de la durée du brevet déjà obtenu et de celle qu'il désire assigner au privilége russe ;

2° Un mandat du montant de la taxe, savoir 360 roubles argent (1,440 fr.) pour 6 ans, et 450 roubles (1,800 fr.) pour 10 ans, à l'ordre du département des manufactures et du commerce intérieur à Saint-Pétersbourg, ou si la demande du brevet se rapporte à l'agriculture, un mandat à l'ordre du département de l'agriculture à Saint-Pétersbourg ;

3° Une description, en langue russe, précisant la nature de l'invention et développant d'une manière sincère, claire et complète tous les points nécessaires à l'exécution ;

4° Les dessins, avec tous les détails sur échelle, nécessaires à l'intelligence de la description ;

5° Le pétitionnaire agissant ordinairement par un mandataire, doit remettre à ce dernier une procuration notariée dans les formes indiquées pages 39 et 40.

Observations importantes.

La durée des priviléges commence à partir du jour où ils sont signés.

Conformément à l'article 142 du Code des lois de Russie, tome XI, concernant l'industrie manufacturière, celui qui reçoit un privilége est tenu d'appliquer en Russie le procédé breveté dans le courant du premier quart de la durée du brevet, et le département compétent doit en être informé, avec indication de la localité russe dans laquelle l'exploitation a été effectuée ; faute de quoi, le brevet tombe dans le domaine public.

En accordant un privilége, après un examen sérieux, le gouvernement ne garantit pas que la découverte appartient effectivement à la personne au nom de laquelle le brevet est délivré.

Le département des manufactures, en recevant une demande de brevet avec toutes les pièces annexées, délivre immédiatement au pétitionnaire un certificat de dépôt desdites pièces ou documents. Dans le cas où le privilége ne serait pas accordé, on restitue au pétitionnaire les documents, ainsi que la taxe fixée pour le privilége, en déduisant néanmoins les frais de timbre, de port, d'insertions aux journaux, etc.

Celui qui reçoit un privilége ne peut former, pour l'exploitation de ce brevet, une compagnie par actions, ni céder son privilége, sans en avoir prévenu le gouvernement et en avoir reçu l'autorisation préalable.

Le titulaire d'un privilége d'invention qui apporte ultérieurement un perfectionnement essentiel et avantageux, peut prendre un autre privilége pour ledit changement, mais dans tous les cas, il doit en donner connaissance au département compétent, en ajoutant une description spéciale de ce perfectionnement.

Toute personne autre que le breveté, qui vient à apporter un perfectionnement à une invention pour laquelle un privilége était déjà concédé, ne pourra obtenir un privilége spécial pour ce perfectionnement, sans avoir fait un arrangement avec le propriétaire du premier privilége.

Les priviléges sont déchus : 1° par l'expiration légale du terme accordé ; 2° s'il est prouvé en justice que l'objet du privilége était déjà connu et appliqué en Russie avant la demande faite pour obtenir le brevet ; 3° s'il est prouvé en justice que celui qui a demandé le privilége a donné la découverte d'un autre comme la sienne propre, et si l'inventeur réel forme à cet effet une demande en revendication ; 4° s'il est reconnu ultérieurement que la description et les documents n'étaient pas complets ; 5° si l'invention n'est pas mise en exploitation dans le premier quart de la durée du privilége.

MARQUES DE FABRIQUE EN RUSSIE.

Extrait de la collection générale des lois russes, vol. 3, ch. 3, et ordonnance de 1836.

En Russie, chaque fabricant est libre de faire timbrer ou non les produits de son industrie, mais les produits timbrés jouissent des avantages suivants :

1° Ils échappent à la confiscation lorsqu'ils sont trouvés réunis à des marchandises étrangères non munies du timbre de la douane.

2° Les produits indigènes timbrés, lorsqu'ils sont

réimportés pour n'avoir pu être placés à l'étranger, rentrent en franchise de droits, tandis que ceux non timbrés sont, dans ce cas, considérés comme marchandises étrangères, et comme tels assujettis aux droits de douane. Chaque timbre doit indiquer les nom et prénoms du fabricant et la situation de sa fabrique.

Lors de l'établissement d'une nouvelle fabrique, le propriétaire doit, s'il veut timbrer ses produits, en faire la déclaration au département des manufactures, et lui remettre un modèle de son timbre ; s'il vend sa manufacture, s'il suspend ses travaux ou s'il apporte un changement à son timbre, il doit également en instruire ce département. — Ce département peut exiger que le timbre soit modifié ou changé. L'imitation des marques adoptées par les fabricants est réputée fausse ; le modèle de la marque déposée par le fabricant sert à prouver la contrefaçon.

L'application frauduleuse sur des produits russes, de marques appartenant à d'autres fabricants nationaux est passible de la pénalité contre le faux et la marchandise est adjugée au propriétaire de la marque. L'application frauduleuse des marques russes sur des marchandises étrangères donne lieu à la confiscation, à l'amende et en outre, les délinquants sont passibles de la pénalité éditée contre la contrefaçon des plombs de la douane.

Un article de la convention internationale récente arrêtée entre la France et la Russie, garantit aux citoyens des deux pays la propriété réciproque des marques de fabrique.

RÈGLEMENT SUR L'INDUSTRIE EN RUSSIE.

DE L'ASSISTANCE POUR L'ENCOURAGEMENT DE L'INDUSTRIE DES FABRIQUES.

CHAPITRE Ier. — *Des prérogatives et immunités des chefs d'établissements, fabriques et manufactures.*

105. — La qualité de fabricants et de manufacturiers ne constitue pas une profession proprement dite, mais chacun d'eux jouit des priviléges de la profession à laquelle il appartient.

106. — Les sujets russes qui ne sont pas dans les corporations des commerçants, ou plutôt qui en sont sortis depuis plus de trois ans et qui auront l'intention d'établir de nouvelles manufactures, fabriques et établissements, seront affranchis pendant un an de l'obligation de se faire patenter comme commerçants. C'est sur un certificat délivré par le gouverneur civil que le ministre accorde cette exemption ; si donc, à l'expiration de cette année, désirant introduire effectivement la fabrique, la manufacture ou l'établissement, ils fondent de tels établissements, alors, sur la délivrance dudit certificat, il leur est accordé la franchise pour deux ans encore ; mais un tel privilége n'a lieu qu'une seule fois pour la même personne. (Décret du 21 décembre 1827.)

107. — Celui qui établit dans l'empire des fabriques ou établissements mus par l'eau jouira, outre l'immunité de trois ans précitée, d'une autre de sept ans, si, après l'expiration du premier terme, les établissements sont en activité ; et pendant autant d'années, l'établissement sera affranchi du logement des militaires. Cet avantage s'étendra aussi à ceux qui, pendant ce temps-là, acquerront par achat de tels établissements nouvellement fondés. (Décret du 28 mars 1830.)

108. — Les sujets russes et étrangers qui s'occupent de la préparation de différentes machines et appareils pour les fabriques, comme aussi ceux qui préparent pour cet objet des compositions chimiques et des substances tinctoriales, sont affranchis de la patente des commerçants, s'ils effectuent

la vente pour leur propre établissement. (Décret du 21 décembre 1827.)

109. — Le premier fondateur de toute manufacture, fabrique ou établissement qui, jusque-là, n'existait pas en Russie, est exempt, lui et ses enfants, du service des villes. Cet article est personnel et entre en vigueur, à partir de l'expiration de la première année et demie de la fondation de la manufacture, de la fabrique ou de l'établissement. (Décret du 3 juin 1820.)

110. — Il est accordé aux étrangers qui ne sont pas inscrits dans la liste des étrangers, et qui désirent transporter en Russie leurs capitaux et leur industrie ou métier, d'élever des fabriques et des établissements dans les villes et territoires, et de se faire inscrire dans les classes des commerçants, en effectuant le paiement nécessaire, sans se faire naturaliser pendant dix ans, terme à l'expiration duquel ils diront s'ils entrent dans l'état de sujet ou s'ils vendent leur établissement.

Leur inscription dans les classes de commerçants s'opérera sur la décharge du gouverneur civil. Outre cela, il est accordé au ministre des finances de donner à de tels étrangers l'immunité de droit pour trois ans. Si, en outre, après considération de l'avantage particulier que l'on peut attendre de l'un de ces établissements, il paraît incontestablement utile de faire présent à l'étranger, son fondateur, d'autres priviléges quelconques, le ministre des finances aura à en demander l'autorisation supérieure. (Décret du 21 décembre 1827.)

111. — Outre le certificat établissant ses droits comme commerçant, le fabricant ou industriel étranger recevra, contre le paiement fait en temps utile à sa corporation de commerçant ou à son corps de métier, une attestation spéciale conçue dans la forme voulue par les règlements sur les contributions. (Décret du 6 novembre 1836.)

112. — Les manufacturiers ou fabricants russes qui y seront autorisés par le ministre des finances pourront faire venir à leur compte, par le département des manufactures ou par l'entremise des consulats de Russie, les modèles de travaux étrangers dont l'introduction est prohibée par le tarif

en vigueur, mais qu'il leur paraîtra nécessaire d'imiter et d'étudier pour compléter ceux qu'ils font dans leurs établissements; mais ils ne pourront faire venir ces objets qu'aussi souvent qu'ils leur seront indispensables comme modèles. (Décret du 16 juin 1827.)

113. — Outre les prérogatives et immunités décrétées dans le paragraphe précédent, en faveur de ceux en général qui justifient la possession de fabriques, les immunités suivantes sont accordées aux Israélites qui fonderont des fabriques dans des villes pour y établir leur demeure fixe :

1° Pour la fondation de fabriques d'étoffes de laine, de tanneries, de papeteries, de fabriques de soie, etc., ils pourront recevoir un encouragement en produits de la terre ou en d'autres moyens d'assistance, suivant les besoins et l'utilité particulière d'un tel établissement;

2° Pour effectuer le travail, le propriétaire israélite pourra non-seulement employer ses coreligionnaires, mais aussi prendre des maîtres ou contre-maîtres et des ouvriers chrétiens, et faire venir des maîtres ou contre-maîtres israélites des pays étrangers;

3° Les fabricants israélites, pendant le cours de dix années, à partir d'avril 1835, seront affranchis du paiement du péage des fortifications pour leurs achats, pour les constructions de leurs fabriques et établissements;

4° Les Israélites prouvant qu'ils font du vin avec les vignes de leur propre jardin jouiront de toutes les prérogatives des fabricants. (Décret du 13 avril 1835.)

114. — Les habitants d'une autre ville qui iront construire une fabrique de drap ou un établissement de soierie dans les cantons tartares et dans les chefs-lieux des Cosaques du Don, en donnant, pour l'achat du terrain, l'argent fixé par une convention mutuelle, jouiront de l'exemption de toute contribution nouvelle qu'ils auraient à payer pour cela. (Décret du 17 décembre 1839.)

115. — Les fabricants de drap et de soie qui, dans le même temps, seront domiciliés à loyer sur les terres du Don, n'ont pas la permission de jouir des avantages et des biens de campagne qui sont essentiellement réservés aux habitants militaires.

REMARQUE. — Le terme accordé aux gens des autres villes, pour profiter des deux articles qui précèdent et faire les établissements mentionnés dans ces articles, est de vingt-cinq ans, comptés à partir du 22 janvier 1840.

L'extrait précédent du code des lois de l'empire russe témoigne de la sollicitude du gouvernement pour propager et importer les arts industriels dans toutes les parties de ce vaste empire. Les nations que l'on cite à la tête de la civilisation pourraient puiser, dans ces règlements et ordonnances, des idées qui contribueraient puissamment au développement de leur richesse industrielle.

PROPRIÉTÉ LITTÉRAIRE ET ARTISTIQUE.
INDIGÈNE ET INTERNATIONALE.

La jouissance exclusive d'une œuvre artistique ou littéraire appartient de droit à son auteur sa vie durant et aux héritiers pendant 25 ans à partir du décès.

En cas de contrefaçon, la confiscation des produits contrefaits et des dommages-intérêts sont acquis en faveur du plaignant.

Un traité récent entre la Russie et la France garantit aux nationaux des deux pays la réciprocité de leurs œuvres artistiques et littéraires.

LÉGISLATION AUTRICHIENNE.

NOUVELLE LOI SUR LES BREVETS D'INVENTION

DÉCRÉTÉE LE 15 AOUT 1852.

Nous François-Joseph, par la grâce de Dieu, empereur d'Autriche, etc., voulant protéger le génie inventif dans toutes les provinces de notre empire, et prenant en considération les modifications reconnues nécessaires à la loi du 31 mars 1832, de l'avis de nos ministres et de notre conseil aulique, nous avons décrété, pour toute l'étendue de nos États, la nouvelle loi dont suit la teneur :

SECTION Ire. — *Objet d'un brevet d'invention.*

Art. 1er. — Un brevet peut être accordé, sauf les modifications contenues aux articles 2, 3, 4 et 5, pour toute découverte, invention ou amélioration qui a pour objet :
1° Un nouveau produit industriel;
2° Un nouveau moyen de production;
3° Un nouveau procédé de fabrication, que le brevet soit demandé par un Autrichien ou par un étranger.
Sera considérée :
Comme *découverte*, toute révélation d'un procédé industriel exercé dans les temps passés, mais perdu depuis ou généralement inconnu dans notre empire;
Comme *invention*, toute fabrication d'un objet nouveau par des procédés nouveaux, ou d'un objet nouveau par des moyens déjà connus, ou bien d'un objet connu par d'autres moyens que ceux employés jusqu'ici à sa fabrication;
Comme *amélioration* ou *perfectionnement*, toute addition d'un procédé ou d'un arrangement à un objet connu ou breveté, par laquelle on veut obtenir un meilleur succès ou une plus grande économie dans le résultat ou dans l'exécution.
Enfin, une *découverte*, une *invention* ou une *amélioration*

sera *nouvelle* si elle n'est pas exploitée dans l'empire d'Autriche ni décrite dans un ouvrage imprimé.

Art. 2. — On n'accorde pas de brevets pour la composition d'aliments, de boissons et de médicaments, ni pour des inventions dont l'exploitation serait contraire à la morale ou à la sûreté publique ou aux lois de l'État.

Art. 3. — L'importation, dans les États autrichiens, d'une invention, n'est brevetable que dans le cas où elle est encore privilégiée à l'étranger. Le brevet ne peut être accordé qu'au titulaire du brevet étranger ou à ses ayants-droit.

Art. 4. — Un brevet accordé pour un objet déjà connu ou breveté ne peut se rapporter qu'à la partie perfectionnée.

Art. 5. — On ne délivrera pas de brevet pour un principe scientifique, ou pour une thèse purement scientifique, même quand le principe, ou la thèse, serait capable d'un emploi immédiat sur des objets d'industrie; mais toute application nouvelle d'un tel principe est brevetable si elle constitue un nouveau produit industriel, un nouveau moyen ou un nouveau procédé de fabrication.

Art. 6. — La fusion de deux ou plusieurs inventions, découvertes ou améliorations, dans un seul brevet, ne peut avoir lieu que si elles se rapportent au même objet comme parties essentielles ou moyens indispensables.

SECTION 2. — *Conditions pour obtenir un brevet.*

Art. 7. — Quiconque désire obtenir un brevet est tenu de remplir les conditions suivantes :

1° Adresser à l'autorité compétente une requête spéciale ;

2° Effectuer le paiement de la taxe fixée suivant le nombre d'années que désire le pétitionnaire ;

3° Déposer une description claire et détaillée de la découverte, ainsi que des dessins ou modèles s'il est nécessaire pour l'intelligence de l'objet. La rédaction des documents doit être suffisamment claire pour que tout homme de l'art puisse l'imiter lors de sa publication à l'expiration du brevet.

Art. 8. — Toute demande doit être adressée aux gouvernements provinciaux (ou aux préfectures, délégations, etc.).

Art. 9. — Elle pourra être présentée ou par celui qui désire obtenir le brevet ou par son fondé de pouvoir.

La requête doit désigner :

1° Le nom, les prénoms, la profession et le domicile du pétitionnaire ou de son représentant dans les États autrichiens, ainsi que la maison de commerce pour l'exploitation;

2° La dénomination (le titre) de la découverte ou invention;

3° Le nombre des années pour lequel on désire obtenir le brevet. Cette durée ne peut jamais dépasser quinze années, et doit être limitée, pour les brevets d'importation, au nombre des années restant à courir au brevet étranger;

4° Si l'on désire ou non le secret de l'invention.

Art. 10. — La demande d'un brevet doit être accompagnée :

1° D'un récépissé constatant le versement de la taxe à une caisse publique;

2° D'un pouvoir authentique dans le cas où la demande est formée par un mandataire;

3° Du brevet étranger, ou d'une copie légalisée, pour une invention étrangère;

4° De la description de l'invention, etc., etc., sous enveloppe cachetée, ayant pour suscription le titre de l'invention et le domicile du pétitionnaire ou de son fondé de pouvoir.

Art. 11. — La taxe est de cent florins pour les cinq premières années, de deux cents florins pour les cinq années suivantes, et de quatre cents florins pour les dernières cinq années.

Cette taxe se répartit ainsi :

Pour les cinq premières années.	100 florins.
6ᵉ année	30
7ᵉ —	35
8ᵉ —	40
9ᵉ —	45
10ᵉ —	50
11ᵉ —	60
12ᵉ —	70
13ᵉ —	80
14ᵉ —	90
15ᵉ —	100
Le montant de la taxe pour 15 années est de.	700 florins.

La taxe doit être payée à l'avance pour le nombre d'années demandé. La restitution de cette taxe n'a lieu qu'au cas où le brevet est refusé ou annulé.

Art. 12. — La description, condition essentielle pour l'obtention d'un brevet, doit satisfaire aux prescriptions suivantes :

1° Être rédigée en allemand ou dans la langue de la province où la demande est présentée, et signée par le pétitionnaire ou son mandataire;

2° Contenir l'analyse détaillée de l'invention, dont le titre est désigné dans la requête;

3° Être conçue de telle sorte que tout expert soit à même de confectionner l'objet;

4° Préciser d'une manière toute particulière l'invention qui fait l'objet du brevet;

5° Exposer l'invention, etc., etc., clairement et sans équivoque;

6° Ne rien cacher, ni dans les moyens, ni dans le mode d'exécution; ne pas nommer des moyens plus chers ou moins efficaces; ne taire aucun des procédés essentiels à la réussite de l'opération.

Art. 13. — L'autorité à laquelle une demande est présentée en constatera la régularité et écrira sur l'enveloppe de la description le jour et l'heure du dépôt, ainsi que la somme payée à titre de taxe. Cette notice sera signée par le pétitionnaire ou par son mandataire. Il lui sera alors remis un certificat constatant le nom et le domicile du pétitionnaire, le jour et l'heure de la présentation, le paiement de la taxe et le titre de l'invention en question.

Cette date établira la priorité, c'est-à-dire que toute invention faite ou exploitée postérieurement sera regardée comme nulle et non valable, et ne pourra réfuter ni supprimer la nouveauté de l'invention, etc., ainsi régulièrement enregistrée et décrite.

Art. 14. — Dans les provinces où la demande n'est pas présentée immédiatement au gouvernement, elle devra être expédiée dans le délai de trois jours, au plus tard, au gouvernement provincial.

Art. 15. — Le gouvernement examine toute demande de brevet sous les rapports suivants :
 1° Si l'invention est susceptible d'être brevetée ;
 2° Si les pièces annexées sont conformes aux conditions prescrites.

Dans le cas où l'objet ne sera pas reconnu brevetable, on en donnera avis au pétitionnaire, en l'invitant à reprendre la description cachetée et la taxe payée d'avance, ou bien à recourir au ministère du commerce dans le délai fixé par la loi.

Toutes les demandes régulières, accompagnées des descriptions cachetées et des autres pièces, sont présentées au ministère du commerce.

Art. 16. — Il est réservé exclusivement au ministre du commerce d'ouvrir la description cachetée, et d'examiner, en dernier ressort, si toutes les formalités et conditions prescrites par la loi ont été fidèlement remplies.

Art. 17. — L'examen préalable n'ayant aucunement pour objet la nouveauté ou l'utilité d'une invention, etc., etc., le gouvernement ne garantit pas le brevet, lequel est accordé aux risques et périls du demandeur.

Art. 18. — Lorsque rien ne s'opposera à la délivrance du brevet, il sera accordé et signé par le ministre du commerce ; dans le cas contraire, une exposition des motifs du refus sera adressée au pétitionnaire et la taxe lui sera remboursée.

Art. 19. — Un brevet accordé ne délie point de l'obligation d'observer les lois qui existent dans l'intérêt de la santé, de la sûreté ou de la morale ; l'exploitation d'un brevet est donc subordonnée auxdites lois.

Art. 20. — Les descriptions et autres pièces seront conservées aux archives des brevets.

Section 3. — *Avantages et droits des brevetés.*

Art. 21. — Un brevet garantit et protége l'exercice exclusif d'une invention telle qu'elle est exposée dans le mémoire descriptif. Cette protection est limitée au nombre d'années pour lequel le brevet a été accordé.

Art. 22. — Le breveté a le droit d'établir les ateliers et d'engager les ouvriers nécessaires pour exploiter son brevet dans toute l'étendue qu'il croit convenable, par conséquent de fonder dans tout l'empire des établissements et magasins pour confectionner et vendre l'objet de son brevet sous la protection de la loi; d'accepter des associés, de disposer de son brevet, de le céder, vendre, louer, et de prendre également à l'étranger un brevet pour le même objet.

Mais ces droits sont strictement limités à l'objet de l'invention brevetée; ils ne peuvent être étendus à des objets analogues, ni nuire aux droits d'autrui.

Art. 23. — Si le brevet se rapporte au perfectionnement d'un objet breveté, il restera limité à cette amélioration; mais le propriétaire du brevet originaire n'aura pas le droit d'exécuter ledit perfectionnement sans le consentement de son auteur.

Section 4. — *Étendue et durée des brevets; publication.*

Art. 24. — Les brevets sont accordés pour *tout l'empire d'Autriche*, y compris le royaume Lombardo-Vénitien.

Art. 25. — La plus longue durée des brevets est de quinze années; nous nous réservons pourtant d'accorder une plus longue durée dans le cas où le breveté justifie sa demande par des raisons majeures.

Art. 26. — La jouissance d'un privilége exclusif remonte à la date du brevet.

Art. 27. — Tout propriétaire d'un brevet de moins de quinze ans a le droit d'en demander la prolongation, pourvu qu'il présente sa demande avant l'expiration du terme, et qu'il paie d'avance la taxe pour toute la durée de la prolongation.

La clause de prolongation est apposée au brevet, qui par conséquent doit être présenté au ministère du commerce.

Art. 28. — Tous les brevets accordés ou prolongés par le ministère du commerce sont publiés d'office.

Art. 29. — *Les brevets perdent leur validité :*

Par une déclaration de nullité. Une telle déclaration peut avoir lieu si les conditions légales ne sont pas remplies, à savoir:

1° Si la description de l'invention, etc., est incomplète et n'est pas conforme aux instructions données par l'art. 12.

2° Si quelqu'un prouve légalement que l'invention n'était pas nouvelle au jour et à l'heure du certificat de dépôt;

3° Si l'invention brevetée a été produite d'un pays étranger, et si le brevet autrichien a été accordé à toute autre personne qu'au titulaire étranger ou à ses concessionnaires ou ayants-droit;

4° Si le propriétaire d'un brevet antérieur prouve que l'invention brevetée postérieurement est identique à sa propre invention;

5° Si l'exploitation d'un brevet est contraire à la sûreté publique.

L'extinction d'un brevet a lieu :

1° Si le breveté n'a pas commencé à exploiter son invention dans le délai d'un an, à dater du jour de la signature du brevet, ou s'il a cessé de l'exploiter pendant deux années entières;

2° Si la durée du brevet est écoulée;

3° Si le breveté se désiste librement de son brevet.

Art. 30. — Dès qu'un brevet a perdu sa validité, l'invention est acquise au domaine public.

SECTION 5. — *Enregistrement des brevets.*

Art. 31. — Tout brevet est enregistré au ministère du commerce. Si un brevet est exploité sous une raison de commerce différente de celle du vrai propriétaire, cette raison doit être de même inscrite sur les registres. Les mémoires descriptifs, les dessins, modèles, etc., seront déposés aux archives.

Art. 32. — Chacun peut demander des éclaircissements sur les brevets accordés et consulter les registres. On peut prendre copie des descriptions d'inventions qui ne sont plus brevetées et de celles dont le secret n'a pas été demandé.

Art. 33. — A la fin de chaque mois, il sera présenté au ministère du commerce un état des nouveaux brevets, des prolongations, etc.; on communiquera cet état mensuel aux gouvernements provinciaux et aux chambres de commerce dans toute l'étendue de l'empire, pour les mettre à même d'établir des registres et de donner les éclaircissements qui leur seraient demandés. Un état annuel sera dressé et publié.

Art. 34. — Les descriptions des inventions ou découvertes qui ne seront plus brevetées, et qui ont pour objet une industrie importante ou utile, seront publiées tous les ans.

SECTION 6. — *Cession des brevets.*

Art. 35. — Tout brevet peut être cédé à d'autres personnes entre-vifs ou par testament.

Art. 36. — Tout acte de cession accompagné du brevet doit être présenté au ministère du commerce, soit directement, soit par le gouvernement de la province où la cession a eu lieu ou bien où le pétitionnaire a son domicile. A cet effet, ledit acte doit être dûment légalisé par une autorité compétente.

Toute cession sera inscrite sur les registres et confirmée sur le brevet même. Dans le cas où une cession ne comprend qu'une partie du brevet, on en donnera un certificat particulier.

Art. 37. — Les cessions enregistrées de brevets seront publiées sans retard.

SECTION 7. — *Infractions aux droits des brevetés.*

Art. 38. — Toute personne qui, sans la permission du breveté, imite ou contrefait l'objet du brevet tel qu'il est exposé dans le mémoire descriptif, même dans le cas où l'imitation ou la contrefaçon aurait eu lieu par suite d'un brevet identique, mais obtenu plus tard, qui introduit ou retire d'un pays étranger des objets imités ou contrefaits d'un brevet autrichien, pour en faire le commerce, enfin toute personne qui se charge de la vente ou de l'exposition de tels objets, empiète sur les droits du breveté.

Art. 39. — Si la description d'une invention brevetée est inscrite sur les registres ouverts, la première infraction constitue déjà une violation de la loi; mais si la description a été tenue secrète, toute récidive de l'infraction interdite sera punie, outre la confiscation des objets contrefaits, d'une amende de 25 à 1,000 florins. Dans le cas d'insolvabilité, le coupable sera puni de la prison à raison de 5 florins par jour. Les instruments et appareils ayant servi à la contrefaçon seront démontés ou détruits, à moins que les deux parties ne s'arrangent à l'amiable. Ladite amende sera affectée à la caisse des pauvres de l'endroit où le délit a été commis.

Si le délinquant a abusé de la confiance du breveté pour empiéter sur ses droits, ce fait sera considéré comme une circonstance aggravante.

Art. 40. — Si le breveté lésé ne veut pas instruire un procès, ou s'il s'agit d'un brevet dont la description est tenue secrète, il a le droit de faire cesser la contrefaçon et la vente des objets contrefaits, et d'exiger toutes les garanties, afin que les objets contrefaits ne soient ni employés ni vendus dans l'empire d'Autriche pendant la durée du brevet, et que ceux qui ont été introduits d'un pays étranger y soient réexportés.

Art. 41. — Toute invention en litige sera jugée uniquement selon la description déposée avec la demande. Cette description servira donc de base dans tous les cas où la décision dépendra du contenu de cette description, sans avoir égard au secret demandé par le pétitionnaire.

Art. 42. — Le ministre du commerce décidera seul la question de nullité d'un brevet. Ainsi, il tranchera la question de nouveauté d'une invention et d'identité entière ou partielle de deux inventions brevetées.

Art. 43. — Les enquêtes et pénalités pour les délits désignés ci-dessus sont de la compétence des tribunaux de première instance; mais on peut recourir, dans le délai de quinze jours, au gouvernement provincial et ensuite au ministre du commerce.

L'exécution d'un jugement de première instance n'a lieu, dans le cas d'un recours, qu'après la décision légale.

Art. 44. — Le tribunal peut déléguer des experts pour faire constater la question de contrefaçon, et ordonner, sur la demande du breveté, la saisie immédiate des instruments et appareils qui ont servi exclusivement à la contrefaçon. Mais, en tout cas, il faut avoir soin que la contrefaçon soit légalement constatée et que l'accusé n'essuie pas des pertes irréparables dans les affaires qui ne concernent pas les droits du breveté.

Art. 45. — Si l'instruction fait reconnaître que la décision dépend de questions préliminaires, le tribunal est tenu de discontinuer la procédure, et d'en référer d'abord au ministre du commerce. Mais la saisie ou autres mesures préventives peuvent être maintenues jusqu'à la décision demandée.

Art. 46. — S'il ne s'agit pas d'une amende, mais seulement de la suspension de la contrefaçon, ou si la propriété d'un brevet est à constater, le tribunal civil traitera l'affaire dans les formes légales et prononcera sa sentence.

Art. 47. — Lorsque la contrefaçon aura été dûment constatée, le tribunal civil pourra ordonner, sur la demande du breveté, la saisie immédiate des objets contrefaits, ou d'autres mesures convenables, mais avec les précautions mentionnées à l'article 44.

Toutes ces mesures doivent être justifiées dans le délai de huit jours par une plainte portée contre le défendeur; autrement celui-ci aurait le droit d'exiger la suspension immédiate de la saisie et de demander des dommages-intérêts.

Art. 48. — Si la décision dépend de questions préliminaires, les parties sont tenues de demander l'avis du ministre du commerce, et de produire ce document dans le cours du procès.

Art. 49. — Les empiétements sur les droits d'autrui, dont un breveté se rendrait coupable en excédant l'étendue de son privilège, seront punis par les autorités appelées à juger les contraventions en fait d'industrie.

Art. 50. — Les tribunaux compétents décideront si celui qui s'approprie illégalement l'invention d'autrui, pour obtenir un brevet, se rend coupable d'une fraude ou d'une autre action punissable.

SECTION 8. — *Dispositions à l'égard des brevets délivrés antérieurement à la présente loi.*

Art. 51. — Les propriétaires de brevets accordés conformément à la loi du 31 mars 1832, ont le droit de faire valoir leurs priviléges dans les provinces de l'empire où ladite loi n'avait pas été promulguée. Mais cette extension ne peut nuire aux intérêts de ceux qui y ont déjà exploité l'invention brevetée en question avant la publication de la présente loi.

Art. 52. — Pour obtenir cette extension d'un privilége, le breveté devra solliciter du gouvernement de la province où il désire étendre son privilége la publication de son brevet.

Art. 53.— Cette publication n'entraînera aucun supplément de taxe.

Art. 54. — Toutes les demandes de prolongation de brevets antérieures seront soumises aux prescriptions de la présente loi dès qu'elle sera mise en vigueur.

Art. 55. — Tous les empiétements sur les droits des brevetés, commis avant l'application de la présente loi, seront jugés aux termes de la loi du 31 mars 1832.

Art. 56. — Sauf les cas prévus dans les précédents articles, la loi actuelle est exécutoire immédiatement pour tout ce qui concerne l'exploitation, la durée, la cession ou la validité des brevets antérieurs.

Donné dans notre capitale et résidence de Vienne, le 15 août 1852.

Signé : François-Joseph.

INSTRUCTION PRATIQUE

SUR LA NOUVELLE LÉGISLATION AUTRICHIENNE.

Jusqu'à ces derniers temps, le droit industriel était régi en Autriche par la loi du 31 mars 1832. Certaines modifications reconnues nécessaires ont motivé la loi nouvelle du 15 août 1852.

Tout inventeur, autrichien ou étranger, peut obtenir un privilége d'invention ou d'importation en Autriche, et dans le cas où il a déjà obtenu un brevet en France ou dans un autre pays, il est tenu d'annexer à sa requête, comme pièce justificative, une expédition officielle dudit brevet.

L'Autriche refuse de breveter la composition d'aliments, de boissons et de médicaments.

La faculté de faire breveter comme importation une découverte en Autriche est interdite à toute autre personne qu'à l'inventeur ou à son concessionnaire dûment reconnu; la durée de ce privilége ne peut excéder celle du brevet obtenu à l'étranger. Déjà cette restriction en faveur de l'inventeur étranger, avait été posée dans la loi d'Autriche du 31 mars 1832.

Les documents qui doivent être joints à la demande d'un brevet en Autriche sont :

1° Une pétition au gouverneur provincial; cette requête contient les nom, prénoms, qualités, domicile du solliciteur, la désignation de la découverte qu'il désire privilégier, et la désignation de la durée qu'il veut assigner à son brevet.

2° Le récépissé de la taxe intégrale, suivant le nombre d'années fixé par l'inventeur dans sa requête.

3° Une description écrite en allemand, précisant bien la nature de la découverte, les points de nouveauté, et donnant, sans aucune réticence, une indication sincère, claire et suffisante à l'exécution.

4° Les dessins ou échantillons nécessaires à l'intelligence de la description, quand la nature de l'invention l'exige.

5° Une expédition authentique et dûment légalisée du brevet français ou étranger.

6° L'inventeur, agissant ordinairement par un fondé de pouvoirs, doit annexer aux pièces précédentes une procuration notariée dans les formes indiquées page 39.

Indépendamment de la taxe déjà mentionnée, on est tenu, pour un procédé se rattachant à la chimie ou à l'hygiène, de payer d'ordinaire à la Faculté de médecine une taxe particulière de 25 florins, pour déterminer au besoin si l'invention est nuisible ou non. En outre, une fois le privilége accordé, le titulaire est soumis, comme fabricant, à un impôt commercial annuel, plus à un impôt dit : sur le revenu.

La durée maximum d'un brevet est de 15 ans. D'ordinaire le brevet est payé pour une année et sa durée n'est que d'un an, mais alors le brevet est successivement prolongé d'année en année en acquittant à l'avance chaque taxe annuelle y compris les droits et impôts; le brevet ainsi prolongé doit chaque année être présenté à l'administration pour recevoir un timbre spécial de prolongation; cette formalité n'entraîne aucune difficulté.

Le breveté doit, sous peine de déchéance, mettre à exécution, en Autriche, sa découverte dans le courant de la première année, à partir de l'expédition de son titre, et ne pas interrompre sans motifs légitimes son exploitation pendant deux années entières.

Lorsqu'une demande est régulière et qu'elle ne se

rattache pas à une question chimique ou de salubrité, l'expédition du brevet est rarement refusée.

L'administration exige, à l'expiration définitive d'un privilége, comme à l'expiration d'un premier terme que l'on veut prolonger, la remise ou la présentation du titre officiel qui constitue le brevet.

MARQUES DE FABRIQUE.

RÈGLEMENT AUTRICHIEN DU 9 SEPTEMBRE 1792.

Les marchandises indigènes, désignées dans le tarif annexé à ce règlement, doivent être munies d'une estampille ou marque commerciale.

Ce timbre est appliqué sur les produits par des employés de l'État.

Toute marchandise non revêtue de l'estampille est confisquée sans examen. Les marchandises livrées à l'apprêt sont revêtues d'une marque provisoire de couleur, et sont timbrées après avoir été apprêtées.

Les marchandises qui sont vendues sans l'apprêt, de même que les marchandises brutes, sont soumises, sans exception, à l'estampille.

On paie une taxe pour l'estampille.

Les marchandises destinées à l'exportation peuvent être exemptées de timbre, mais à la condition que la destination de la marchandise soit indiquée à l'employé de l'État; que cet employé soit présent à son emballage et qu'elle soit expédiée, munie d'un certificat d'origine délivré par lui, au bureau de douane le plus rapproché. Celui qui dénonce une marchandise soustraite à l'estampille reçoit une prime. Le fabricant qui est convaincu d'avoir apposé un faux timbre sur une marchandise, et celui qui aura vendu cette marchandise, paieront l'un et l'autre sa valeur. Le premier est, en outre, passible des peines comminées contre la fraude par les lois de douane, et, en cas de récidive, il est privé de son privilége.

Celui qui dénonce l'auteur du faux timbre reçoit une prime.

L'employé convaincu d'avoir apposé l'estampille sur une marchandise entrée en contrebande est destitué et tenu de payer une prime à son dénonciateur. Le complice de l'employé sera traité selon les lois criminelles; mais s'il dénonce l'employé, il sera non-seulement gracié, mais recevra, en outre, une prime.

Les officiers du timbre sont tenus de visiter les fabriques, afin de s'assurer que toutes les marchandises destinées à la vente sont exactement marquées.

Semblables enquêtes sont faites chez les marchands par les officiers de la douane.

PROPRIÉTÉ ARTISTIQUE ET LITTÉRAIRE

INDIGÈNE ET INTERNATIONALE.

La loi du 19 octobre 1846 concernant le droit des auteurs sur leurs œuvres du *domaine* de l'art ou de la littérature s'étend aux nationaux comme aux étrangers.

Cette propriété appartient à l'auteur sa vie durant et à ses héritiers ou ayants-cause, pendant trente années à partir du décès.

La même clause se retrouve dans une convention internationale, arrêtée le 22 mai 1840, entre l'Autriche et la Sardaigne; convention à laquelle ont successsivement adhéré la Toscane, les duchés de Lucques et de Modène, les États pontificaux et le canton du Tessin.

LÉGISLATION BELGE.

Jusqu'en 1854, la Belgique délivrait des brevets d'invention et d'importation en conformité de la loi décrétée le 25 janvier 1817 par le gouvernement des Pays-Bas.

Déjà, pendant cette période, l'administration belge traitait paternellement les inventeurs, en leur accordant toutes facilités pour le paiement des taxes; souvent même une réduction notable de la taxe était accordée aux brevetés qui justifiaient de la mise ne exploitation de leur découverte.

Dans la nouvelle loi édictée le 24 mai 1854 et mise en vigueur à partir du 5 juin 1854, la Belgique est entrée dans la voie la plus libérale jusqu'alors en faveur des inventeurs.

Ainsi, entre autres dispositions générales, la durée d'un brevet pour toute découverte non encore brevetée dans aucun pays est portée pour l'inventeur à vingt années.

La taxe est progressive; de dix francs pour la première année, cette taxe augmente proportionnellement chaque année de dix francs.

Les inventeurs déjà brevetés à l'étranger, ou leurs ayants-droit, peuvent seuls obtenir en Belgique des brevets d'importation dont la durée est limitée à celle restant à courir au brevet étranger.

Le paiement annuel des taxes est valable dans le mois d'échéance de l'anniversaire du brevet; depuis, par une mesure législative en date du 27 mars 1857 à laquelle on ne saurait trop applaudir, tout breveté peut être relevé de la déchéance en effectuant, dans les six mois après l'anniversaire de la date d'enregistrement de son brevet, l'annuité en retard, et en acquittant une amende de dix francs.

Toute faculté est laissée au breveté en Belgique de se faire ensuite privilégier ailleurs sans encourir, comme dans l'ancienne loi, la déchéance du brevet belge.

Mais en regard de ces principes généraux empreints d'une haute libéralité se présente une mesure regrettable, c'est la publicité trop hâtive, donnée par l'administration belge, des descriptions des brevets; cette publication faite en effet dans les trois mois de la concession des brevets nuit essentiellement aux intérêts des inventeurs qui n'ont pas eu la prévoyance d'assurer à l'avance leurs droits dans d'autres pays.

L'exploitation d'un brevet d'invention doit avoir lieu en Belgique dans l'année de la concession; l'exploitation d'un brevet d'importation est obligatoire dans l'année qui suit sa mise en exécution à l'étranger.

On reconnaîtra, d'ailleurs, en lisant attentivement cette loi, qu'elle a puisé son essence dans la législation française du 5 juillet 1844.

LOI BELGE DU 24 MAI 1854

SUR LES BREVETS D'INVENTION.

Léopold, roi des Belges,
A tous présents et à venir, salut.

Les chambres ont adopté et nous sanctionnons ce qui suit :

Art. 1er. — Il sera accordé des droits exclusifs et temporaires, sous le nom de brevet d'invention, de perfectionnement ou d'importation, pour toute découverte ou perfectionnement susceptible d'être exploité comme objet d'industrie ou de commerce.

Art. 2. — La concession des brevets se fera sans examen préalable, aux risques et périls des demandeurs, sans garantie soit de la réalité, soit de la nouveauté ou du mérite de l'invention, soit de l'exactitude de la description, et sans préjudice des droits des tiers.

Art. 3. — La durée des brevets est fixée à vingt ans, sauf le cas prévu à l'art. 14; elle prendra cours à dater du jour où aura été dressé le procès-verbal mentionné à l'art. 18. Il sera payé, pour chaque brevet, une taxe annuelle et progressive ainsi qu'il suit :

1re année.	10 francs.
2e —	20 —
3e —	30 —

et ainsi de suite jusqu'à la 20e année, pour laquelle la taxe sera de 200 francs. La taxe sera payée par anticipation et, dans aucun cas, ne sera remboursée. Il ne sera point exigé de taxe pour les brevets de perfectionnement, lorsqu'ils auront été délivrés au titulaire du brevet principal.

Art. 4. — Les brevets confirment à leurs possesseurs, ou ayants-droit, le droit exclusif :

a. D'exploiter à leur profit l'objet breveté ou de le faire exploiter par ceux qu'ils y autoriseraient;

b. De poursuivre devant les tribunaux ceux qui porteraient atteinte à leurs droits soit par la fabrication de produits ou l'emploi de moyens compris dans le brevet, soit en détenant, vendant, exposant en vente ou en introduisant sur le territoire belge un ou plusieurs objets contrefaits.

Art. 5. — Si les personnes poursuivies en vertu de l'art. 4, litt. *b*, ont agi sciemment, les tribunaux prononceront, au profit du breveté ou de ses ayants-droit, la confiscation des objets confectionnés en contravention du brevet et des instruments et ustensiles spécialement destinés à leur confection, ou alloueront une somme égale au prix des objets qui seraient déjà vendus. Si les personnes poursuivies sont de bonne foi, les tribunaux leur feront défense, sous les peines ci-dessus, d'employer, dans un but commercial, les machines et appareils de production reconnus contrefaits et de faire usage, dans le même but, des instruments et ustensiles pour confectionner les objets brevetés. Dans l'un et l'autre cas, des dommages et intérêts pourront être alloués au breveté ou à ses ayants-droit.

Art. 6. — Les possesseurs de brevets ou leurs ayants-droit pourront, avec l'autorisation du président du tribunal de première instance, obtenue sur requête, faire procéder, par un ou plusieurs experts, à la description des appareils, machines et objets prétendus contrefaits. Le président pourra, par la même ordonnance, faire défense aux détenteurs desdits objets, de s'en dessaisir, permettre au breveté de constituer gardien, ou même de mettre les objets sous scellé. Cette ordonnance sera signifiée par un huissier à ce commis.

Art. 7. — Le brevet sera joint à la requête, laquelle contiendra élection de domicile dans la commune où doit avoir lieu la description. Les experts nommés par le président prêteront serment entre ses mains, avant de commencer leurs opérations.

Art. 8. — Le président pourra imposer au breveté l'obligation de consigner un cautionnement. Dans ce cas, l'ordonnance du président ne sera délivrée que sur la preuve de la consignation faite. Le cautionnement sera toujours imposé à l'étranger.

Art. 9. — Le breveté pourra être présent à la description, s'il y est spécialement autorisé par le président du tribunal.

Art. 10. — Si les portes sont fermées ou si l'ouverture en est refusée, il sera opéré conformément à l'art. 587 du Code de procédure civile.

Art. 11. — Copie du procès-verbal de description sera laissée au détenteur des objets décrits.

Art. 12. — Si, dans la huitaine, la description n'est pas suivie d'une assignation devant le tribunal dans le ressort duquel elle a été faite, l'ordonnance, rendue conformément à l'art. 6, cessera de plein droit ses effets, et le détenteur des objets décrits pourra réclamer la remise du procès-verbal original, avec défense au breveté de faire usage de son contenu et de le rendre public, le tout sans préjudice de tous dommages et intérêts.

Art. 13. — Les tribunaux connaîtront des affaires relatives aux brevets comme d'affaires sommaires et urgentes.

Art. 14. — L'auteur d'une découverte déjà brevetée à l'étranger pourra obtenir, par lui-même ou par ses ayants-droit, un brevet d'importation en Belgique ; la durée de ce brevet n'excédera pas celle du brevet antérieurement concédé à l'étranger pour le terme le plus long, et dans aucun cas, la limite fixée par l'art. 3.

Art. 15. — En cas de modifications à l'objet de la découverte, il pourra être obtenu un brevet de perfectionnement qui prendra fin en même temps que le brevet primitif. Toutefois, si le possesseur du nouveau brevet n'est pas le breveté principal, il ne pourra, sans le consentement de ce dernier, se servir de la découverte primitive et, réciproquement, le breveté principal ne pourra exploiter le perfectionnement sans le consentement du possesseur du nouveau brevet.

Art. 16. — Les brevets d'importation et de perfectionnement confèrent les mêmes droits que les brevets d'invention.

Art. 17. — Quiconque voudra prendre un brevet sera tenu de déposer, sous cachet, en double, au greffe de l'un des gouvernements provinciaux du royaume, ou au bureau d'un commissariat d'arrondissement, en suivant les formalités qui seront déterminées par un arrêté royal, la description claire et complète, dans l'une des langues usitées en Belgique, et le dessin exact et sur échelle métrique de l'objet de l'invention. Aucun dépôt ne sera reçu que sur la production d'un récépissé constatant le versement de la première annuité de la taxe du brevet. Un procès-verbal, dressé sans frais par le greffier provincial ou par le commissaire d'arrondissement, sur un registre à ce destiné, et signé par le demandeur, constatera chaque dépôt, en énonçant le jour et l'heure de la remise des pièces.

Art. 18. — La date légale de l'invention est constatée par le procès-verbal qui sera dressé lors du dépôt de la demande de brevet. Un duplicata de ce procès-verbal sera remis, sans frais, au déposant.

Art. 19. — Un arrêté du ministre de l'intérieur, constatant l'accomplissement des formalités prescrites, sera délivré sans retard au déposant et constituera son brevet. Cet arrêté sera inséré par extrait au *Moniteur*.

Art. 20. — Les descriptions des brevets concédés seront publiées textuellement ou en substance, à la diligence de l'administration, dans un recueil spécial, trois mois après l'octroi du brevet. Lorsque le breveté requerra la publication complète ou par un extrait fourni par lui, cette publication se fera à ses frais. Après le même terme, le public sera également admis à prendre connaissance des descriptions, et des copies pourront en être obtenues moyennant le paiement des frais.

Art. 21. — Toute transmission de brevet par acte entre-vifs ou testamentaire sera enregistrée au droit fixe de 10 francs.

Art. 22. — Le brevet sera nul de plein droit en cas de non-acquittement, dans le mois de l'échéance, de la taxe fixée à l'art. 3. Cette nullité sera rendue publique par la voie du *Moniteur*.

Art. 23. — Le possesseur d'un brevet devra exploiter, ou faire exploiter, en Belgique, l'objet breveté, dans l'année à dater de la mise en exploitation à l'étranger. Toutefois, le gouvernement pourra par un arrêté royal motivé inséré au *Moniteur* avant l'expiration de ce terme, accorder une prorogation d'une année au plus. A l'expiration de la première année, ou du délai qui aura été accordé, le brevet sera annulé par arrêté royal. L'annulation sera également prononcée lorsque l'objet breveté, mis en exploitation à l'étranger, aura cessé d'être exploité en Belgique pendant une année, à moins que le possesseur du brevet ne justifie des causes de son inaction.

Art. 24. — Le brevet sera déclaré nul, par les tribunaux, pour les causes suivantes :

a. Lorsqu'il sera prouvé que l'objet breveté a été employé, mis en œuvre ou exploité par un tiers, dans le royaume, dans un but commercial, avant la date légale de l'invention, de l'importation ou du perfectionnement ;

b. Lorsque le breveté, dans la description jointe à sa demande, aura, avec intention, omis de faire mention d'une partie de son secret ou l'aura indiqué d'une manière inexacte;

c. Lorsqu'il sera prouvé que la spécification complète et les dessins exacts de l'objet breveté ont été produits antérieurement à la date du dépôt, dans un ouvrage ou recueil imprimé et publié, à moins que, pour ce qui concerne les brevets d'importation, cette publication ne soit exclusivement le fait d'une prescription légale.

Art. 25. — Un brevet d'invention sera déclaré nul, par les tribunaux, dans le cas où l'objet pour lequel il a été accordé aurait été antérieurement breveté en Belgique ou à l'étranger. Toutefois, si le demandeur a la qualité requise par l'article 14, son brevet pourra être maintenu, comme brevet d'importation, aux termes dudit article. Ces dispositions seront appliquées, le cas échéant, aux brevets de perfectionnement.

Art. 26. — Lorsque la nullité ou la déchéance d'un brevet aura été prononcée, aux termes des art. 24 et 25, par jugement ou arrêt ayant acquis force de chose jugée, l'annulation du brevet sera proclamée par un arrêté royal.

Art. 27. — Les brevets qui ne seront ni expirés ni annulés à l'époque de la publication de la présente loi, continueront d'être régis par la loi en vigueur au moment de leur délivrance. Néanmoins, il sera libre aux titulaires de faire, dans l'année qui suivra cette publication, une nouvelle demande de brevet, dans la forme qui sera déterminée par arrêté royal. Dans ce cas, le brevet pourra continuer à avoir cours pendant tout le temps nécessaire pour parfaire la durée de vingt ans, sauf ce qui est dit à l'art. 14. Les brevets pour lesquels on aura réclamé le bénéfice de cette disposition seront régis par la présente loi; toutefois, les procédures commencées avant sa publication seront mises à fin, conformément à la loi antérieure. Les titulaires de ces brevets qui auront acquitté la totalité de la taxe primitive paieront, après l'expiration du terme qui avait d'abord été assigné à leur privilége, les taxes afférentes aux années suivantes, d'après ce qui est déterminé à l'art. 3. Quant aux titulaires des brevets qui n'auraient point soldé la taxe fixée comme prix d'acquisition du brevet primitif, il leur sera tenu compte des versements qu'ils auront déjà opérés, et les annuités seront réglées d'après les versements faits, conformément à l'art. 3.

Promulguons la présente loi, ordonnons qu'elle soit revêtue du sceau de l'État et publiée par la voie du *Moniteur*.

Donné à Laeken, le 24 mai 1854.

LÉOPOLD.

Par le Roi :
Le Ministre de l'intérieur,

F. PIERCOT.

Vu et scellé du sceau de l'État :
Le Ministre de la justice,

CH. FAIDER.

ARRÊTÉ ROYAL QUI RÈGLE L'EXÉCUTION DE LA LOI SUR LES BREVETS.

Léopold, Roi des Belges,

A tous présents et à venir, salut.

Vu la loi du 24 mai 1854 relative aux brevets d'invention, d'importation et de perfectionnement;

Voulant déterminer les mesures générales pour l'exécution de cette loi;

Sur la proposition de notre ministre de l'intérieur,

Nous avons arrêté et arrêtons :

Art. 1er. — Toute personne qui voudra prendre un brevet d'invention, d'importation ou de perfectionnement, devra déposer une demande à cet effet, au greffe de l'un des gouvernements provinciaux du royaume, ou au bureau de l'un des commissariats d'arrondissement situés hors du chef-lieu de la province.

A cette demande seront joints, sous enveloppe cachetée :

1° La description de l'objet inventé;

2° Les dessins, modèles ou échantillons qui seraient nécessaires pour l'intelligence de la description;

3° Un duplicata, certifié conforme, de la description et des dessins,

4° Un bordereau des pièces et objets déposés.

Art. 2. — Le dépôt des pièces mentionnées à l'art. 1er ne sera reçu que sur la production d'une quittance constatant le paiement de la somme de dix francs, formant la première annuité de la taxe. Cette quittance sera jointe aux autres pièces.

Art. 3. — La demande sera rédigée sur papier timbré; elle indiquera les nom, prénoms, profession et domicile réel ou élu de l'inventeur, dans le royaume. Elle énoncera un titre renfermant la désignation sommaire et précise de l'objet de l'invention. Chaque demande ne comprendra qu'un seul objet principal avec les détails qui se rattachent à cet objet, et les applications qui auront été indiquées. Lorsqu'il s'agira d'un brevet d'importation, la requête fera connaître la date et la durée du brevet original et le pays où il a été concédé. Si l'auteur de la demande n'est pas titulaire du brevet étranger, mais son ayant-cause, celui-ci devra justifier de sa qualité au moyen d'un acte en due forme.

Art. 4. — La description devra être rédigée en langue française, flamande ou allemande. La description qui ne serait pas rédigée en français devra être accompagnée d'une traduction en cette langue lorsque l'auteur de la découverte ne sera pas domicilié en Belgique. La description devra être écrite sans altération ni surcharge; les mots rayés comme nuls seront comptés et constatés, les pages et les renvois paraphés. La description fera connaître d'une manière claire et complète l'invention, et elle se terminera par l'énonciation précise des caractères constitutifs de celle-ci.

Art. 5. — Les dessins devront être tracés à l'encre et sur échelle métrique. Ils représenteront, autant que possible, l'appareil ou machine à breveter en plan, coupe et élévation. Les parties des dessins qui caractérisent spécialement l'invention auront une teinte différente de celle des autres parties.

Art. 6. — Toutes les pièces devront être datées et signées par le demandeur ou par son mandataire, dont le pouvoir, dûment légalisé, restera annexé à la demande.

Art. 7. — Un procès-verbal dressé par le greffier du gouvernement provincial ou par le commissaire d'arrondissement, constatera la remise de chaque paquet aux jour et heure qu'elle aura été effectuée. L'invention y sera désignée sous le titre sommaire et véridique que le demandeur aura indiqué. Ce procès-verbal contiendra les nom, prénoms, qualité et domicile du demandeur ou de son mandataire. Il indiquera également, lorsqu'il s'agira d'un brevet d'importation, la date et la durée du brevet d'invention dans le pays d'origine, et le nom du breveté. Enfin mention y sera faite du paiement de la première annuité. Ce procès-verbal sera signé par le déposant et par le rédacteur, et sera fixé sur l'enveloppe du paquet contenant les pièces relatives à la demande du brevet. Une expédition du procès-verbal sera délivrée sans frais au déposant.

Art. 8. — La date légale de l'invention est constatée par ledit procès-verbal.

Art. 9. — Les bureaux des greffiers provinciaux et ceux des commissaires d'arrondissement seront ouverts, pour les demandes de brevets, tous les jours, les dimanches et fêtes exceptés, de dix à deux heures de relevée.

Art. 10. — Toutes les pièces relatives aux demandes de brevets seront transmises dans les cinq jours au département de l'intérieur.

Art. 11. — A l'arrivée des pièces au département de l'intérieur, les demandes seront enregistrées, dans l'ordre de date de leur entrée, sur un registre spécial, que le public pourra consulter tous les jours, les dimanches et fêtes exceptés, de dix heures du matin à deux heures de relevée.

Art. 12. — En cas d'omission ou d'irrégularité dans la forme, les demandeurs seront invités à effectuer les rectifications nécessaires. Il sera tenu note de la date de ces rectifications sur le registre spécial, mentionné à l'article précédent.

Art. 13. — Il sera procédé sans retard à la délivrance des brevets qui auront été demandés d'une manière régulière. Un arrêté de notre ministre de l'intérieur, constatant l'accomplissement des formalités prescrites, sera délivré au demandeur et constituera son brevet.

Art. 14. — Le brevet mentionnera expressément que la concession en est faite sans examen préalable, aux risques et périls des demandeurs, sans garantie, soit de la réalité, soit de la nouveauté ou du mérite de l'invention, soit de l'exactitude de la description, et sans préjudice des droits des tiers.

Art. 15. — La première expédition des brevets sera remise sans frais. Toute expédition ultérieure demandée par le breveté ou ses ayants-cause donnera lieu au remboursement des frais.

Art. 16. — Les descriptions des brevets seront publiées textuellement ou en substance, à la diligence de l'administration, dans un recueil spécial, trois mois après l'octroi du brevet. Lorsque le breveté voudra obtenir la publication complète de ses spécifications ou d'un extrait fourni par lui, il devra en donner avis à l'administration, au moins un mois avant l'expiration du terme fixé au paragraphe précédent, et consigner la somme qui serait nécessaire pour couvrir les frais de cette publication.

Art. 17. — Après le même terme de trois mois, le public sera admis à prendre connaissance des descriptions, et des copies pourront en être obtenues moyennant le remboursement des frais.

Art. 18. — Le breveté qui voudra obtenir une prolongation de délai, dans le cas prévu par l'art. 23 de la loi, pour la mise à exécution de l'objet breveté, devra adresser sa demande au ministre de l'intérieur deux mois au moins avant l'expiration du délai fixé par ledit article. Cette demande devra être suffisamment motivée, et indiquer, dans la limite légale, le terme nécessaire pour la mise en œuvre de l'invention.

Art. 19. — Toute cession ou mutation, totale ou partielle, de brevet, devra être notifiée au département de l'intérieur. La notification de la cession ou de tout autre acte emportant mutation devra être accompagnée d'un extrait authentique de l'acte de cession ou de mutation.

Art. 20. — Les titulaires dont les brevets ne sont ni expirés ni annulés à l'époque de la publication de la loi du 24 mai 1854, pourront obtenir que leurs titres soient placés sous le régime de cette loi, en formant leur demande avant le 25 mai 1855. Les brevetés qui n'auraient point payé, au moment où ils demanderont à jouir du bénéfice de cette disposition, une somme égale au montant des annuités échues, d'après la base établie à l'art. 3 de la loi, seront tenus d'effectuer ou de compléter ce paiement et d'en justifier au moyen d'une quittance qu'ils joindront à leur demande. Faute d'accomplir cette obligation, la demande sera considérée comme non avenue. Une déclaration constatant que le brevet est placé sous le régime de la loi nouvelle sera envoyée à l'intéressé.

Art. 21. — Les concessions de brevet, les actes de cession ou de mutation, ainsi que les déclarations mentionnées dans l'article précédent, seront publiés au recueil spécial des brevets. Il en sera de même des arrêtés prononçant l'annulation ou la mise dans le domaine public du brevet.

Art. 22. — A l'expiration des brevets, les originaux des descriptions et dessins seront déposés au Musée de l'industrie.

Art. 23. — Notre ministre de l'intérieur est chargé de l'exécution du présent arrêté.

Donné à Laeken, le 24 mai 1854.

LÉOPOLD.

Par le Roi :
Le Ministre de l'intérieur,
    F. Piercot.

LOI ADDITIONNELLE DU 27 MARS 1857

PORTANT DES MODIFICATIONS A L'ARTICLE 22 DE LA LOI SUR LES BREVETS D'INVENTION EN BELGIQUE.

Léopold, roi des Belges,
A tous présents et à venir, salut.
Les chambres ont adopté, et nous sanctionnons ce qui suit :

Article unique. — L'art. 7 de la loi du 24 mai 1854 est remplacé par la disposition suivante :

« Le brevet sera joint à la requête, laquelle contiendra élection de domicile dans la commune où doit avoir lieu la description. Les experts nommés par le président prêteront serment entre ses mains ou entre celles du juge de paix, à ce spécialement autorisés par lui avant de commencer leurs opérations. »

L'art. 22 de la même loi est remplacé par la disposition suivante :

« Lorsque la taxe fixée à l'art. 3 de la loi du 24 mai 1854 n'aura pas été payée dans le mois de l'échéance, le titulaire, après avertissement préalable, devra, sous peine d'être déchu des droits que lui confère son titre, acquitter, avant l'expiration des six mois qui suivront l'échéance, outre l'annuité exigible, une somme de 10 francs.

« Les titulaires des brevets accordés depuis la mise en vigueur de la loi précitée, qui n'auraient pas payé dans le délai légal les annuités exigibles conformément à l'art. 3 de cette loi, seront relevés de la déchéance encourue en payant, dans les trois mois de la publication de la présente loi, outre les annuités exigibles, une somme de 10 fr.

« La déchéance des brevets sera rendue publique par la voie du *Moniteur*.

« Il en sera de même lorsque, en vertu des dispositions qui précèdent, le breveté aura été, sur sa demande, relevé de la déchéance. »

Promulguons la présente loi, ordonnons qu'elle soit revêtue du sceau de l'État et publiée par la voie du *Moniteur*.

Donné à Laeken, le 27 mars 1857.

(Signé) LÉOPOLD.

Par le roi:
Le Ministre de l'intérieur,
(Signé) DE DECKER.

Vu et scellé du sceau de l'État:
Le Ministre de la justice,
(Signé) Alph. NOTHOMB.

Cette modification apportée récemment à la législation belge sur les brevets d'invention et d'importation offre un haut cachet d'intérêt pour la sauvegarde de la propriété industrielle.

Jusqu'ici cette propriété accessible à tous, et qui conduit à la prospérité générale, ne tenait qu'à un oubli, une absence ou une maladie; tout retard dans le paiement d'une annuité avait pour conséquence irréparable la déchéance du brevet.

La Belgique, en tempérant la rigueur de l'art. 22 de la loi du 24 mai 1854, vient de créer un précédent remarquable, qui, nous n'en doutons pas, sera bientôt imité par tous les États à taxes périodiques.

FORMALITÉS A REMPLIR POUR L'ENREGISTREMENT D'UNE DEMANDE DE BREVET EN BELGIQUE.

La demande, adressée au ministre de l'intérieur, et énonçant le titre de la découverte et la durée assignée au brevet, doit être rédigée sur timbre.

Il faut produire, à l'appui de cette requête, la description et le dessin en double expédition de l'invention.

La description peut être en langue française, flamande ou allemande.

Les parties du dessin qui caractérisent plus spécialement l'invention doivent être rendues plus apparentes par une teinte particulière.

Toutes les pièces rédigées, sans altérations ni surcharges, seront signées par l'inventeur ou par son mandataire muni d'un pouvoir (page 39) qui reste annexé à la demande avec le bordereau des pièces renfermées dans le pli cacheté.

La demande sera enregistrée au greffe de l'un des gouvernements provinciaux ou au bureau de l'un des commissariats d'arrondissement, en justifiant du versement de la prime de 10 francs pour la première annuité de la taxe du brevet.

MARQUES ET DESSINS DE FABRIQUE.

RÉSUMÉ DE LA LÉGISLATION BELGE SUR CETTE MATIÈRE.

La Belgique a emprunté à la France la législation qui réglemente les dessins et marques de fabrique.

C'est notamment en vertu de la loi française du 18 mars 1816, rendue applicable à la Belgique par la loi du 9 avril 1842; c'est en conformité des arrêtés, lois et décrets du 23 nivôse an IX, du 22 germinal an XI, du 5 septembre 1810, et des articles 142 et

143 du code pénal, que les fabricants peuvent revendiquer la propriété des dessins de fabrique [1].

Ils doivent, en conséquence, effectuer le dépôt des échantillons aux archives des conseils des prudhommes ou, à défaut, au greffe du tribunal de commerce.

L'arrêté royal du 1ᵉʳ juin 1820 dit qu'une marque, ou emblème, ou étiquette, sera placée comme signe distinctif sur les étoffes et produits d'origine nationale.

L'arrêté antérieur, en date du 25 décembre 1818, rend obligatoire la marque pour la fabrication des pipes, et punit la contrefaçon des marques pour pipes et articles de quincaillerie, coutellerie, étoffes de laine, de soie et autres objets, en conformité des articles 142 et 143 du code pénal, de la réclusion et de dommages et intérêts envers la partie lésée.

PROPRIÉTÉ LITTÉRAIRE ET ARTISTIQUE
INDIGÈNE ET INTERNATIONALE.

D'après la loi du 25 janvier 1817, le droit de propriété des auteurs nationaux sur les productions artistiques et littéraires leur appartient la vie durant, et à leurs héritiers ou ayants-droit, pendant vingt années à partir du décès.

L'auteur est tenu de déposer trois exemplaires de l'ouvrage au secrétariat de l'administration communale.

---

1. Voir (page 120) la législation française concernant les dessins de fabrique.

La garantie réciproque de la propriété artistique et littéraire est régie, entre la France et la Belgique, par la convention internationale conclue le 22 août 1852, par la loi additionnelle du 27 février 1854, et par la déclaration du 12 avril 1854.

L'auteur qui voudra s'assurer la propriété de son œuvre devra, dans les trois mois de la publication dans le pays originaire, effectuer, dans l'autre pays, la formalité du dépôt et de l'enregistrement.

Les mandataires légaux ou ayants-cause des auteurs, traducteurs, compositeurs, dessinateurs, peintres, sculpteurs, graveurs et lithographes jouiront des mêmes droits.

LÉGISLATION HOLLANDAISE.

Le gouvernement des Pays-Bas a reconnu aussi, comme tout gouvernement éclairé, que le travail intellectuel, qui constitue la vie industrielle, porte en lui la source intarissable d'où émane le bien-être des peuples et d'où jaillit le progrès dû à l'activité incessante de l'esprit humain.

C'est dans une pensée de rémunération, en retour de la richesse dont le génie créateur vient constamment doter le domaine de l'industrie, que fut promulguée la loi du 25 janvier 1817 sur les brevets d'invention.

Cette loi, depuis la transformation du royaume des Pays-Bas, a été appliquée séparément par la Belgique et la Hollande.

Depuis la nouvelle loi belge du 24 mai 1854, voir page 252, celle du 25 janvier 1817 est seule en vigueur pour la Hollande.

On attend incessamment une nouvelle loi en Hollande plus en harmonie avec l'état actuel de l'industrie.

LOI HOLLANDAISE DU 25 JANVIER 1817

RELATIVE A LA CONCESSION DE DROITS EXCLUSIFS POUR L'INVENTION ET L'AMÉLIORATION D'OBJETS D'ART ET D'INDUSTRIE.

Nous, GUILLAUME, par la grâce de Dieu, roi des Pays-Bas, prince d'Orange-Nassau, grand-duc de Luxembourg, etc.

A tous ceux qui les présentes verront, salut, savoir faisons :

Ayant pris en considération qu'il est de l'intérêt public d'établir des dispositions générales sur la concession de droits exclusifs pour l'invention ou le perfectionnement d'objets d'art et d'industrie;

A ces causes, notre conseil d'État entendu, et de commun accord avec les États-Généraux, avons statué comme nous statuons par les présentes :

Art. 1er. — Des droits exclusifs pourront être accordés par nous, pour un temps limité, par lettres patentes à délivrer, sous le nom de brevets d'invention, sur la demande qui nous en sera faite, à ceux qui, dans le royaume, auront fait une invention ou un perfectionnement essentiel dans quelque branche des arts ou de l'industrie, ainsi qu'à ceux qui, les premiers, exécuteront ou mettront en œuvre, dans le royaume, une invention ou un perfectionnement fait et mis en œuvre à l'étranger.

Art. 2. — La concession des brevets d'invention se fera

sans préjudice des droits acquis d'un tiers, et sera nulle, s'il est reconnu que l'invention ou le perfectionnement faisant l'objet d'un brevet a été fait, employé ou mis en œuvre par un autre, dans le royaume, avant la concession.

Art. 3. — Les brevets d'invention seront accordés pour l'espace de 5, 10 ou 15 ans. Les droits à payer par l'obtenteur seront proportionnés à leur durée et à l'importance de l'invention ou du perfectionnement, mais ne pourront jamais dépasser la somme de 750 florins (1,587 fr. 30 c.) ni être au-dessous de 150 florins (317 fr. 46 c.).

Art. 4. — Un brevet d'invention accordé pour l'espace de 5 ou 10 ans pourra être prolongé à l'expiration de ce terme, s'il existe des raisons majeures; mais sa durée totale ne pourra jamais excéder le terme de 15 années.

Art. 5. — Les brevets pour l'introduction ou la mise en œuvre d'inventions ou de perfectionnements essentiels faits ou mis en œuvre à l'étranger, et qui y seraient déjà brevetés, ne seront point octroyés pour un plus long espace de temps que celui de la durée du droit exclusif accordé à l'étranger, et contiendront la clause expresse que les objets seront fabriqués dans le royaume.

Art. 6. — Les brevets d'invention donneront à leurs possesseurs ou ayants-droit la faculté :

a. De confectionner et de vendre exclusivement, par tout le royaume, pendant le temps fixé pour la durée du brevet, les objets y mentionnés, ou de les faire confectionner ou vendre par d'autres qu'ils y autoriseraient;

b. De poursuivre devant les tribunaux ceux qui porteraient atteinte au droit exclusif qui leur aura été accordé, et de procéder contre eux en justice, à l'effet d'obtenir la confiscation, à leur profit, des objets confectionnés en contravention du brevet d'invention, et non encore vendus, et du prix d'achat des objets qui seraient déjà vendus ; ainsi que d'instituer une action de dommages et intérêts, en tant qu'il y aura lieu.

Art. 7. — Celui qui formera une demande à l'effet d'obtenir un brevet d'invention sera tenu d'y joindre, sous cachet, une description exacte, détaillée et signée par lui, de l'objet ou du secret pour lequel le brevet est demandé, accompagnée des plans et dessins nécessaires ; cette description sera publiée après l'expiration du temps de la durée du brevet d'invention, soit originaire, soit prolongé, ou plus tôt, au cas que le brevet pour un des motifs à mentionner ci-après, devienne nul. Le gouvernement pourra néanmoins différer cette publication, s'il le juge convenable, pour des raisons importantes.

Art. 8. — Un brevet d'invention sera déclaré nul pour les motifs suivants :

a. Lorsqu'il aura été reconnu que l'obtenteur, dans la description jointe à sa demande, aura, avec intention, omis de faire mention d'une partie du secret qui fait l'objet de son brevet, ou l'aura indiqué d'une manière fausse ;

b. Lorsqu'il aura été reconnu que le secret qui fait l'objet d'un brevet a été décrit, antérieurement à la concession du brevet, dans quelque ouvrage imprimé et publié ;

c. Lorsque le possesseur, dans l'espace de deux années, à compter de la date de son brevet, n'en aura pas fait usage, sinon pour des raisons majeures dont le gouvernement jugera ;

d. Lorsque, après avoir obtenu un brevet, le possesseur aurait acquis un droit exclusif pour le même objet dans un pays étranger ;

e. Lorsqu'il aura été reconnu que l'objet, pour lequel un brevet d'invention a été accordé est, par sa nature ou dans son application, dangereux pour la sûreté du royaume ou de ses habitants.

Art. 9. — Il sera tenu un compte spécial des droits à payer pour l'obtention d'un brevet d'invention, et le produit en sera employé en primes ou en récompenses pour l'encouragement des arts et de l'industrie.

Art. 10. — Sont abrogés et cessent, par la présente, d'avoir effet, les lois et règlements pour inventions et perfectionnements existant sur les brevets, et autres droits exclusifs semblables : bien entendu néanmoins que les brevets d'invention délivrés et accordés jusqu'à ce jour continueront d'avoir force dans toute leur étendue primitive, au profit des ayants-droit.

Mandons et ordonnons que la présente loi soit insérée au *Journal officiel* et que nos ministres et autres autorités qu'elle concerne, tiennent strictement la main à son exécution.

Donné à Bruxelles, le 25 janvier de l'an 1817, la quatrième de notre règne.

(Signé) GUILLAUME.

Par le Roi :

(Signé) A. R. Falck.

EXÉCUTION PRATIQUE
DE LA LÉGISLATION EN HOLLANDE.

Le gouvernement hollandais délivre des brevets d'invention et d'importation exactement en conformité de la loi du 25 janvier 1817.

Tout inventeur, citoyen ou étranger, peut obtenir un brevet d'invention en Hollande pour une durée qui ne peut excéder 15 années. En ce qui regarde les inventions brevetées à l'étranger, la durée du privilége d'importation est limitée à celle restant à courir au brevet étranger. Les brevets d'importation peuvent être accordés à l'inventeur lui-même ou à toute autre personne qui, la première, introduit en Hollande une découverte brevetée à l'étranger.

La demande d'un brevet d'invention ou d'importation est adressée au roi ; elle doit être accompagnée d'une description, des dessins, échantillons ou modèles nécessaires à l'intelligence de la découverte, le tout en double expédition ; ces documents peuvent être rédigés en français, mais le brevet est délivré en langue flamande.

L'importateur est tenu de déclarer le nom de l'inventeur, la date et la durée du brevet étranger; cette déclaration est introduite dans le pouvoir que le pétitionnaire remet à son mandataire et dans les formes indiquées page 39.

La priorité est acquise du jour de l'enregistrement de la demande au greffe des États de la province; un certificat de dépôt, dont les frais s'élèvent à 14 fr. 25 c. environ, est remis au solliciteur.

Dans le délai de 3 mois, si la demande est régulière, le brevet est accordé et signé par le roi; avis de lever l'expédition du privilége est alors donné au pétitionnaire, lequel est tenu d'acquitter immédiatement le paiement intégral de la taxe fixée d'ordinaire, pour 15 ans, avec des droits de timbre, à 605 florins 32 (1,283 fr. 50), pour 10 ans, à 305 florins, et pour 5 ans, à 155 florins. Mais l'administration laisse écouler un an et même souvent 18 mois avant de révoquer le brevet pour non-versement de la taxe.

L'exploitation du brevet doit s'effectuer, en Hollande, dans les 2 années de sa concession, et il est interdit au titulaire d'un brevet d'invention en Hollande de se faire breveter ultérieurement pour le même objet dans d'autres pays [1].

---

[1]. Un brevet délivré en Hollande n'est pas valable pour les colonies hollandaises; mais les lois qui sont en vigueur dans ces colonies portent qu'un brevet peut être accordé libre de la taxe, si le même objet a été breveté en Hollande et que la taxe de ce brevet y a été acquittée.

MARQUES ET DESSINS DE FABRIQUE.

La législation suivie en Hollande est encore celle qui réglementait l'ancien royaume des Pays-Bas; c'est l'ancienne législation française complétée par les lois spéciales du 25 décembre 1818 et 1ᵉʳ juin 1820; voir, à cet égard, ce qui est expliqué pour la Belgique, pages 266 et 267.

PROPRIÉTÉ ARTISTIQUE ET LITTÉRAIRE.

La loi du 25 janvier 1817 qui s'appliquait au royaume des Pays-Bas régit encore en Hollande la propriété littéraire et artistique.

L'auteur doit déposer à l'administration communale trois échantillons de son ouvrage; la propriété lui en est alors acquise sa vie durant, et à ses héritiers ou ayants-cause pendant vingt ans après son décès.

LÉGISLATION EN SARDAIGNE.

Cette loi, votée par le Sénat le 3 février 1855, remplace les décrets du 28 février 1826 et du 2 juin 1829, qui régissaient anciennement les brevets d'invention et d'importation en Piémont.

LOI PIÉMONTAISE OU DES ÉTATS SARDES.

TITRE I. — DES DROITS DÉRIVANT DES INVENTIONS OU DÉCOUVERTES INDUSTRIELLES ET DE LEURS TITRES.

CHAPITRE Ier. — *Des droits de l'inventeur.*

Art. 1er. — L'auteur d'une invention ou découverte industrielle nouvelle a le droit de l'exploiter et d'en retirer le bénéfice exclusivement, pendant le temps, dans les limites et sous les mêmes conditions que prescrit la présente loi.

Ce droit exclusif constitue un *brevet industriel*.

Art. 2. — Une invention ou découverte est dite *industrielle* lorsqu'elle a directement pour objet :

1° Un produit ou un résultat industriel ;

2° Un instrument, une machine, un outil, un engin ou une disposition mécanique quelconque ;

3° Un procédé ou une méthode de production industrielle ;

4° Un moteur ou l'application industrielle d'une force déjà connue ;

5° Enfin l'application technique d'un principe scientifique, pourvu qu'elle donne des résultats industriels immédiats.

Dans ce dernier cas, le brevet est limité aux seuls résultats expressément indiqués par l'inventeur.

Art. 3. — Une invention ou découverte industrielle est considérée comme nouvelle si elle n'a jamais été connue auparavant, ou même lorsque déjà on en avait quelque connaissance, mais que l'on ignorait les détails nécessaires pour sa mise en activité.

Art. 4. — Une invention ou découverte industrielle nouvelle, déjà brevetée à l'étranger, donne, bien que publiée par suite du brevet étranger, à son auteur ou à ses ayants-cause, le droit d'obtenir pour cet objet un brevet dans cet État, pourvu qu'il en soit demandé une attestation avant l'expiration du brevet étranger et avant que d'autres n'aient librement importé et mis en activité dans le royaume cette même invention ou découverte.

Art. 5. — Toute modification apportée à une invention ou découverte protégée par un brevet encore en vigueur donne droit à une attestation de brevet, sans préjudice de celui qui existe déjà pour l'invention principale.

Art. 6. — Ne peuvent constituer l'objet d'un brevet :

1° Les inventions ou découvertes concernant des industries contraires aux lois, à la morale et à la sûreté publique ;

2° Les inventions ou découvertes qui n'ont pas pour but la production d'objets matériels ;

3° Les inventions ou découvertes purement théoriques ;

4° Les médicaments de toute espèce.

CHAPITRE II. — *Des attestations de brevet, de leur efficacité, de leur durée et de leur taxe.*

Art. 7. — L'exercice d'un brevet industriel a pour titre légal une attestation délivrée par l'administration publique.

L'attestation du brevet ne garantit pas l'utilité ou la réalité de l'invention ou découverte qui a été affirmée par la personne qui en a fait la demande ; elle ne prouve pas non plus l'existence des caractères que la loi exige dans une invention ou découverte pour que le brevet en soit valide et efficace.

Art. 8. — Le brevet pour un objet nouveau comprend la vente et la fabrication exclusive de l'objet même.

Le brevet pour l'application à une industrie d'un agent

chimique, d'un procédé, d'une méthode, d'un instrument, d'une machine, d'un outil, d'un engin ou d'une disposition mécanique quelconque, inventés ou découverts, donne la faculté d'empêcher qu'un autre ne les emploie.

Mais quand celui qui jouit du brevet fournit lui-même les préparations ou les moyens mécaniques dont l'application exclusive constitue l'objet du brevet, il est présumé qu'il a en même temps concédé la permission d'en faire usage, pourvu qu'il n'existe pas de conventions qui s'y opposent.

Art. 9. — L'auteur d'une invention ou d'une découverte brevetée et ses ayants-cause peuvent demander une *attestation complémentaire* pour toute modification par eux apportée à la découverte ou invention principale. Cette attestation étend à la modification qui en fait l'objet les effets du brevet principal pendant tout le temps de la durée de ce brevet.

Art. 10. — Les effets d'une attestation de brevet à l'égard des tiers commencent à partir du moment où la demande en a été faite.

La durée d'un brevet ne sera pas de plus de quinze ans, ni de moins d'un an, en commençant toujours à compter du dernier jour de l'un des mois de mars, juin, septembre ou décembre, le plus rapproché du jour où ladite attestation a été demandée, et elle ne pourra jamais comporter de fraction d'année.

Art. 11. — La durée d'un brevet pour une invention ou découverte déjà brevetée à l'étranger ne dépassera pas celle du brevet étranger concédé pour le terme le plus long, et en aucun cas elle ne dépassera quinze ans.

Art. 12. — Une attestation de brevet concédée pour moins de quinze ans pourra être prolongée d'une ou de plusieurs années, de telle sorte cependant que la durée de la prolongation, ajoutée à celle de la première attestation, ne dépasse jamais lesdits quinze ans.

Art. 13. — La prolongation d'une attestation de brevet comprend celle de toutes les attestations complémentaires.

Art. 14. — Pour chaque attestation de brevet il sera payé deux taxes : l'une proportionnelle lors de la demande du brevet, et l'autre annuelle.

La taxe proportionnelle consistera en une somme d'autant de fois 10 fr. qu'il y a d'années comprises dans la demande de brevet, et en outre, une fraction de 10 fr. correspondante à l'intervalle entre le jour de la demande et le dernier jour du trimestre à partir duquel on commence à compter la durée du brevet.

La taxe annuelle sera de 30 fr. pour chacune des trois premières années, de 50 fr. pour la quatrième, la cinquième et la sixième année; de 70 fr. pour la septième, la huitième et la neuvième année; de 90 fr. pour la dixième, la onzième et la douzième; de 110 fr. pour chacune des années restantes.

La première annuité contiendra en outre la portion de 30 fr. qui correspondra à l'intervalle de temps indiqué au second alinéa du présent article.

Art. 15. — La première annuité et la taxe proportionnelle seront payées au moment où l'on produira la demande de l'attestation.

Les autres annuités seront payées d'avance le premier jour de chaque année de durée du brevet, et elles suivront l'augmentation triennale, même dans le cas où le brevet serait prolongé.

Art. 16. — La taxe d'une attestation complémentaire consistera dans le paiement unique de 20 fr. seulement.

Art. 17. — Pour une attestation de prolongation il sera payé 40 fr. outre la taxe proportionnelle et les annuités, dont la première, c'est-à-dire celle correspondante à la première année de la prolongation, sera versée au moment où la demande sera présentée, et les autres d'avance comme il est dit à l'art. 15.

Art. 18. — Si on demande une attestation de brevet d'importation devant durer jusqu'à l'expiration du brevet étranger, toute fraction d'année sera comptée comme une année entière, quant au paiement de la taxe.

TITRE II. — Conditions et marche a suivre pour obtenir une attestation de brevet.

Chapitre Ier. — *Demande et ses conditions.*

Art. 19. — La direction de tout ce qui concerne les brevets industriels appartient au ministère des finances.

Art. 20. — Quiconque désire obtenir une attestation de brevet doit en adresser la demande au chef de celui des bureaux dépendant du ministère des finances qui en sera chargé.

Cette demande sera présentée par l'inventeur ou par son mandataire spécial; elle contiendra :

1° Le nom, le prénom, le nom du père et la patrie tant de l'impétrant que de son mandataire, s'il en a un ;

2° L'indication de la découverte ou de l'invention, sous forme de *titre*, qui en exprime brièvement, mais avec précision, les caractères et l'objet ;

3° L'indication de la durée que l'on désire assigner au brevet dans les limites prescrites par la loi.

On ne pourra jamais, dans une seule demande, demander plus d'une seule attestation, ni une attestation pour plusieurs inventions ou découvertes.

Art. 21. — Il devra être ajouté à la demande :

1° La description de l'invention ou découverte ;

2° Les dessins, s'il est possible, en outre les modèles que l'inventeur juge nécessaires pour l'intelligence de l'invention ou de la découverte ;

3° Le reçu d'où il appert avoir été versée dans une des caisses publiques la taxe correspondante à l'attestation que l'on demande ;

4° Le titre original ou la copie légale du titre constatant le brevet concédé à l'étranger, quand on demandera une attestation d'importation ;

5° S'il y a un mandataire, l'acte de procuration en forme authentique, ou sous seing privé, pourvu, dans ce dernier cas, que la signature du mandant soit légalisée par un noaire public ou par le maire de la commune où demeure le mandant,

6° Un bordereau des papiers et objets présentés.

Art. 22. — La description dont il est fait mention dans l'article précédent sera faite en langue italienne ou en langue française, et elle contiendra l'énonciation complète et précise de tous les détails qu'il est nécessaire de connaître par une personne experte pour pratiquer l'invention ou la découverte décrite.

Il sera joint à la pétition trois originaux, tant de la description que de chacun des dessins ; celui qui demandera l'attestation répond seul de leur identité.

Dans le cas d'ailleurs où un modèle serait joint à la description, l'impétrant ne sera pas dispensé d'y joindre deux originaux identiques d'un ou de plusieurs dessins qui retracent le modèle entier où au moins celles de ses parties dans lesquelles consiste l'invention.

Art. 23. — Dans le courant des six premiers mois de durée d'un brevet, en commençant à les compter du dernier jour de mars, juin, septembre ou décembre, postérieur à la demande et qui en est le plus rapproché, celui auquel l'attestation appartient peut demander qu'elle soit réduite seulement à quelques-unes des parties de la description jointe à la première demande, en indiquant avec précision celles qu'il entend exclure du brevet.

Les parties exclues sont considérées comme si elles n'avaient jamais été comprises auparavant dans l'attestation du brevet réduit.

Art. 24. — A ces demandes en réduction, on devra joindre :

1° Le bulletin de reçu ou la pièce justifiant du versement de 40 fr.;

2° Trois originaux identiques de la description que l'on se propose de substituer à celle qui a déjà été produite ;

3° Et trois originaux des nouveaux dessins qu'il pourrait y avoir lieu de substituer aux précédents.

Art. 25. — Les attestations délivrées en conséquence de semblables demandes seront nommées attestations de réduction et auront la même durée qu'avaient les attestations *réduites*.

Art. 26. — Dans l'intervalle des six mois mentionnés à l'art. 23, il ne sera délivré d'attestations de modifications qu'à l'auteur de l'invention ou de la découverte brevetée, ou à son ayant-cause. Les demandes produites par des tiers pour de semblables attestations, et les documents qui y seront joints, seront présentés dans une enveloppe cachetée par eux, dont le dépôt sera fait de la manière qui sera indiquée ci-après.

A l'expiration des six mois susmentionnés, le paquet sera décacheté, et l'on procédera à accorder l'attestation, si la partie intéressée ne déclare pas vouloir retirer la demande, auquel cas la taxe lui sera restituée.

L'attestation ainsi accordée commencera à avoir effet relativement aux attestations complémentaires, à partir du premier jour après l'expiration du terme des six mois; mais vis-à-vis des personnes étrangères au brevet principal et des attestations demandées par elles, il aura effet du moment où le dépôt de la demande a eu lieu.

Art. 27. — La demande d'une attestation complémentaire ne contiendra pas d'indication de durée; quant au reste, on observera les prescriptions des art. 20 et suivants.

Art. 28. — A la demande en prolongation de brevet seront joints :

1° Le titre d'où il appert que le requérant est possesseur du brevet dont il désire la prolongation;

2° Le reçu de la taxe indiquée dans l'art. 17;

3° L'acte et le bordereau qui sont mentionnés dans les §§ 5 et 6 de l'art. 21.

CHAPITRE II. — *Du dépôt des demandes et des autres papiers et objets qui y sont joints.*

Art. 29. — Les demandes de toute espèce, et les documents et autres objets qui y peuvent ou doivent être ajoutés, seront présentés, à Turin, au bureau qui en sera chargé par le ministre, ailleurs aux intendances.

Art. 30. — L'officier chargé d'en recevoir la présentation

dressera un procès-verbal dans lequel il marquera le jour et l'heure où la présentation a été exécutée, et il fera mention de l'objet de la demande.

Dans le procès-verbal sera indiqué le domicile réel ou élu de l'impétrant ou de son mandataire dans la ville où le dépôt sera exécuté; à défaut de quoi le domicile sera entendu de droit comme élu à la maison communale.

Art. 31. — S'il s'agit du dépôt indiqué à l'art. 26, le procès-verbal contiendra la déclaration du déposant qu'il désire qu'en temps voulu on lui confère une attestation de brevet pour une modification spécifiée dans la description renfermée dans l'enveloppe, et concernant l'invention ou la découverte principale dont il indiquera le titre dans ledit procès-verbal.

Art. 32. — Chacun desdits procès-verbaux sera inscrit sur un registre à ce destiné, et y sera signé par l'impétrant ou par son mandataire.

Une copie en sera délivrée à la partie, sans autres frais que celui du papier timbré sur lequel elle sera écrite.

Art. 33. — Dans les cinq jours suivants, les papiers et objets déposés tous au secrétariat des intendances seront expédiés au ministère des finances.

A cet envoi on ajoutera une copie sur papier libre du procès-verbal.

Art. 34. — Les procès-verbaux transmis des provinces seront transcrits sur les registres du ministère des finances.

Art. 35. — Si les prescriptions de la loi ont été exécutées, les demandes seront enregistrées sous la date de leur présentation, et on délivrera les attestations demandées.

Art. 36. — Toutes les attestations seront écrites sur un registre à ce destiné, et y seront signées par le chef du bureau commis à cet effet.

Une copie signée de cette attestation sera délivrée à l'intéressé, conjointement avec un des originaux des dessins, de la description et du bordereau, numérotés sur chaque feuille par ledit employé. Cette première copie de l'attestation sera gratuite; pour chacune des autres qui portera le numéro d'ordre de l'expédition, il sera payé 15 francs.

Art. 37. — S'il s'agit d'inventions ou de découvertes concernant des boissons ou des comestibles de toute nature, le bureau qui en sera chargé enverra la description et tout ce qu'il appartiendra au conseil supérieur de santé pour avoir son avis avant d'accorder d'attestation d'aucune sorte.

Art. 38. — Si le conseil sanitaire opine que l'invention ou la découverte est nuisible à la santé, ou qu'il y a le moindrement à en douter, la demande d'une attestation sera rejetée.

Si l'avis est favorable, on insérera dans l'attestation qui sera accordée la clause suivante : Le conseil supérieur de santé entendu.

L'attestation de brevet ainsi accordée n'affranchira pas les personnes qui en jouiront et qui mettront en pratique l'objet nouvellement trouvé, de l'observation de toutes les autres prescriptions des lois sanitaires.

Art. 39. — L'attestation de brevet sera refusée :

1° Si l'invention ou la découverte pour laquelle on la demande rentre dans une des quatre catégories marquées dans l'art. 6;

2° Si la demande écrite manque, ou si dans la demande il manque le *titre* de l'invention ou découverte;

3° Si la description manque;

4° Si l'on demande une attestation pour diverses inventions ou découvertes, ou si on demande, par une seule pétition, plusieurs attestations de la même espèce ou d'espèce différente;

5° Si la taxe versée ne correspond pas à l'espèce d'attestation que l'on demande.

Art. 40. — La concession de l'attestation de brevet sera suspendue s'il manque l'accomplissement de quelque autre des conditions établies par cette loi, ou si la description ne présente pas tous les caractères voulus.

Art. 41. — La communication du refus ou de la suspension, ainsi que de leurs motifs, sera faite aux postulants ou à leurs mandataires par l'entremise des huissiers attachés aux intendances et par des actes aux domiciles élus et réels indiqués dans les procès-verbaux de dépôt.

Art. 42. — Dans les quinze jours qui suivront l'intimation, l'impétrant ou son mandataire pourront pourvoir à ce qui manque ou réclamer contre le refus ou la suspension.

Les papiers destinés à suppléer à ce qui manque, ou la réclamation, seront déposés soit au secrétariat de l'intendance, soit au bureau du ministère qui en sera chargé, et il sera dressé de ce dépôt un procès-verbal dont il sera donné copie à l'intéressé contre le paiement seulement du papier timbré sur lequel elle sera dressée.

Après l'expiration des quinze jours, sans qu'aucun dépôt ait été exécuté et qu'aucune réclamation se soit produite, la demande en attestation sera considérée comme n'ayant pas été faite, sauf pour l'inventeur le droit de la reproduire.

Art. 43. — Le ministre confiera l'examen des susdites réclamations à une commission composée de quinze membres, savoir : de trois personnes appartenant à la magistrature inamovible, ou à la faculté de droit de l'Université royale de Turin, et de douzes autre choisies :

1° Parmi les membres de la classe des sciences physiques et mathématiques de l'Académie des sciences;

2° Parmi les professeurs et les docteurs des facultés des sciences physiques et mathématiques à l'Université royale;

3° Parmi les professeurs des écoles industrielles;

Les membres de ladite commission seront nommés tous les ans par le ministre.

La commission se divisera en trois sections (mécanique, physique, chimie), dont chacune sera composée d'un des trois membres jurisconsultes et de quatre membres scientifiques.

Toute réclamation sera examinée par la section indiquée par la nature du brevet demandé.

Dans le cas où l'avis de la section ne serait pas prononcé à l'unanimité, il sera revu par la commission tout entière.

S'il s'agit d'une invention que l'on croit contraire aux lois, à la morale ou à la sécurité publique, on consultera en outre l'avocat fiscal, et son avis sera communiqué à la commission chargée de l'examen de la réclamation.

Art. 44. — La réclamation sera considérée comme non avenue si l'on n'y joint pas le dépôt de 50 fr.

Art. 45. — Si l'avis dont il est fait mention à l'art. 43 est favorable à l'impétrant, l'employé qui en sera chargé délivrera l'attestation en rendant le dépôt mentionné dans l'article précédent.

Dans le cas contraire, l'attestation sera définitivement refusée, et le dépôt sera acquis au trésor.

TITRE III. — DU TRANSFERT DES BREVETS

Art. 46. — Tout acte de transfert d'un brevet devra être enregistré au ministère et publié dans la gazette officielle du royaume aux frais du pétitionnaire.

Le transfert n'a d'effet vis-à-vis des tiers qu'à partir de la date de l'enregistrement.

Art. 47. — Pour opérer cet enregistrement, celui en faveur de qui la transmission a eu lieu devra présenter ou faire présenter le titre d'où elle résulte, et deux notes sur papier timbré contenant :

1° Les nom, prénoms et domicile dudit, ainsi que ceux de celui qui lui transmet les droits dont il est fait mention dans le titre ;

2° La date et la nature du titre que l'on présente, et, dans le cas où il a été fait par acte public, le nom du notaire qui l'a reçu ;

3° La date de l'insinuation [1] quand elle a eu lieu ;

4° La déclaration précise des droits transmis ;

5° La date de la présentation de ces notes, qui sera celle de l'enregistrement.

Art. 48. — Cette présentation aura lieu à l'un des secrétariats des intendances, ou au bureau qui en sera chargé.

Dans les deux cas, le titre sera restitué à la partie après qu'on y aura apposé le vu pour enregistrement, signé, soit par l'intendant, soit par le chef de bureau qui en sera chargé.

---

[1]. *Insinuation*, dans le Piémont, correspond précisément à l'*Enregistrement* en France.. (*Note du traducteur*.)

Le contenu des notes prescrites par l'article précédent, sera transcrit sur un registre à ce destiné au secrétariat de l'intendance où la présentation a eu lieu; et une de ces notes sera conservée, tandis que l'autre sera envoyée sans retard au susdit bureau.

Là toutes les notes, soit exhibées directement, soit transmises par les intendances, y seront transcrites et conservées.

Art. 49. — Si les droits provenant d'une attestation sont transférés en entier à une seule personne, elle est subrogée à l'obligation de payer la taxe; si c'est à plusieurs personnes collectivement, elles sont subrogées solidairement à une semblable obligation. S'ils sont transmis partiellement à plusieurs personnes, ou seulement aliénés en partie, le titre de transmission ne sera pas admis à être porté au registre, si l'on ne présente pas, en même temps que le titre, le reçu d'où résulte qu'une somme égale au restant des paiements annuels de taxe a été versée dans les caisses publiques.

TITRE IV. — DE LA CONSERVATION ET DE LA PUBLICATION DES DOCUMENTS QUI CONCERNENT LES ATTESTATIONS DE BREVETS.

Art. 50. — Les registres où sont transcrites les attestations délivrées et marquées les mutations successives, ainsi que les annulations, déclarations de nullité et de déchéance des attestations, et ceux où sont enregistrés les transferts des droits qui en procèdent, sont des registres publics.

Art. 51. — Quiconque désirera qu'il en soit extrait quelques renseignements, en fera la demande sur papier timbré; et le renseignement qui sera extrait sera aussi transcrit sur timbre aux frais du pétitionnaire.

Art. 52. — Un exemplaire de la description et des dessins sera déposé au bureau qui en sera chargé; mais il ne sera permis à personne de les voir avant l'expiration des trois mois après la concession de l'attestation.

Les modèles, ou un des exemplaires de la description des dessins, seront conservés dans une salle destinée à cet effet par le gouvernement, où ils seront exposés au public, aussi trois mois après la concession de l'attestation.

Après le susdit terme de trois mois, chacun pourra prendre connaissance des descriptions des dessins et des modèles et en faire exécuter à ses frais une ou plusieurs copies, de la manière et sous les conditions qui seront fixées par les règlements.

Art. 53. — Tous les trois mois la gazette officielle publiera la liste des attestations délivrées dans le trimestre précédent.

Art. 54. — En outre, tous les six mois, les descriptions et les dessins concernant les inventions ou découvertes munies de brevet dans le semestre précédent, seront textuellement publiés.

Le chef de bureau, commis par le ministre, peut ordonner que quelques-unes des descriptions soient seulement publiées par extraits revus par lui et jugés suffisants pour l'intelligence de l'objet trouvé qui y est décrit. Les dessins pourront semblablement être réduits à quelques parties essentielles.

Art. 55. — Un exemplaire des listes, ordonnées suivant les matières des descriptions et des dessins publiés, sera envoyé à chaque intendance et à chaque chambre de commerce, au secrétariat desquelles il pourra être consulté par tout le monde.

TITRE V. — De la nullité et de la déchéance des attestations.

Chapitre I. — *Des causes de nullité et de déchéance.*

Art. 56. — Les examens et les jugements préliminaires ne couvrent pas les nullités d'une attestation.

Art. 57. — Une attestation est nulle :

1° Si elle concerne une des inventions ou découvertes comprises dans l'art. 6;

2° Si, concernant l'une des inventions ou découvertes indiquées dans l'art. 37, le brevet a été accordé par erreur sans consulter l'autorité sanitaire ou contre son avis;

3° Si par la fraude de celui qui a obtenu l'attestation de brevet, le titre ou la rubrique de l'invention ou de la découverte ne correspond pas à son véritable objet;

4° Si la description jointe à la demande de brevet est insuffisante ou si elle dissimule ou néglige quelques-unes des indications qui sont nécessaires pour la pratique de la découverte ou invention qui a été munie de l'attestation ;

5° Si la découverte ou l'invention n'est pas nouvelle ou n'est pas industrielle ;

6° S'il a été concédé un brevet à un tiers pour modification d'une invention dans les six mois réservés à l'auteur et à ses ayants-cause ;

7° Toute attestation complémentaire est aussi nulle, quand en réalité la modification pour laquelle elle a été demandée ne concerne pas l'invention principale ;

8° Et enfin, une prolongation demandée est nulle après l'expiration du terme du brevet ou après que l'annulation absolue du brevet a été prononcée.

Art. 58. — Une attestation cesse d'être valide :

1° Si l'on n'effectue pas, même une fois, le paiement d'avance de la taxe annuelle dans les trois mois du jour de l'échéance ;

2° Si dans le cas où le brevet a été conféré pour cinq ans ou pour moins, l'invention ou la découverte qu'elle concerne n'a pas été mise en pratique dans le courant de la première année, ou si l'exercice en a été suspendu pendant une année consécutive;

3° Si elle n'a pas été pratiquée ou si elle a été suspendue pendant deux années, dans le cas où la durée du brevet est de plus de cinq ans.

Dans l'une et l'autre hypothèse, l'annulation n'aura pas lieu si l'inaction est provenue de causes indépendantes de la volonté de celui ou de ceux auxquels appartient l'attestation. Parmi ces causes n'est pas compris le défaut de moyens pécuniaires.

Chapitre II. — *Des actions en nullité ou en déchéance.*

Art. 59. — L'action tendant à ce qu'une attestation quelconque soit déclarée nulle ou annulée sera portée devant les tribunaux provinciaux.

La cause sera instruite et jugée par voie sommaire.

Les actes seront communiqués au ministère public.

Art. 60. — Si déjà deux fois sur l'instance et dans l'intérêt de particuliers, la nullité ou l'annulation partielle d'une attestation quelconque a été prononcée, le ministère public du lieu ou de l'un des lieux où l'invention ou découverte munie de brevet doit être mise en pratique, peut directement demander qu'elle soit annulée ou déclarée nulle d'une manière absolue et péremptoire.

Il peut aussi le faire sans attendre qu'aucune action privée ne soit portée dans les cas prévus par les §§ 1, 2, 3 et 8 de l'art. 57 et par l'art. 58.

Dans les deux annulations dont il est fait mention dans le premier alinéa du présent article, ne sera pas comprise celle qui aura eu lieu pour les parties de l'invention ou découverte qui ont été postérieurement éliminées par une demande en réduction dans le délai de six mois accordé dans ce but par la loi actuelle.

Art. 61. — Dans chacune des deux hypothèses précédentes, tous ceux qui sont légalement intéressés à l'exercice du brevet et dont les noms se trouvent sur les registres du bureau central, doivent être cités en justice.

Art. 62. — Excepté les cas prévus par le § 8 de l'art. 57 précité, le tribunal, avant de prononcer sur la nullité, devra entendre l'avis de trois personnes expertes, dès qu'une des parties en fera la demande; et en appel, on devra ordonner la révision du susdit avis dans la même hypothèse que l'une des parties en fasse la demande.

Cependant, dans tous les cas, le tribunal ou la cour d'appel, avant de prononcer, pourra ordonner d'office une expertise ou une révision d'expertise.

Art. 63. — Le ministère public fera parvenir au ministère des finances, par l'entremise du ministre de la justice, un extrait sur papier libre des jugements qui déclarent la nullité ou prononcent l'annulation d'une manière absolue. Le dispositif de ces jugements sera transcrit sur un registre à ce destiné et publié dans la gazette officielle.

TITRE IV. — DE LA VIOLATION DES DROITS DE BREVET ET DES ACTIONS QUI EN DÉRIVENT.

Art. 64. — Ceux qui, en fraude et en contravention d'un brevet, fabriquent des produits, emploient des machines et d'autres moyens et expédients industriels, ou qui achètent pour les revendre, expédient, exposent en vente ou introduisent dans l'État des objets contrefaits, commettent un délit punissable d'une amende qui peut aller jusqu'à 500 francs.

Art. 65. — Dans le cas où l'action civile est exercée conjointement à l'action pénale, ou dans le cas où elle est exercée séparément, les machines et les autres moyens industriels employés en contravention du brevet, les objets contrefaits ainsi que les instruments destinés à leur production, seront enlevés au contrefacteur et remis en propriété au possesseur du brevet.

La même chose sera pratiquée contre les personnes qui achètent pour les revendre, qui expédient, qui vendent ou introduisent des objets contrefaits.

Art. 66. — La partie lésée aura en outre droit à des dommages et intérêts.

Si le possesseur des objets mentionnés dans l'article précédent, est exempt de dol et de faute, il sera soumis seulement à la perte des susdits objets au bénéfice de la partie lésée.

Art. 67. — L'action civile sera exercée dans les formes de procédure sommaire.

L'action correctionnelle contre les délits mentionnés dans l'art. 64 ne peut pas être exercée sans une plainte de la part de la partie lésée.

Art. 68. — Le président du tribunal provincial peut, sur la demande du propriétaire d'une attestation de brevet, ordonner le séquestre ou la simple description des objets que l'on prétend être contrefaits ou employés en contravention au brevet, pourvu qu'ils ne soient pas appliqués à un usage purement personnel.

Par la même ordonnance, le président déléguera un huissier pour l'exécuter, et il pourra y ajouter la nomination d'un ou de plusieurs experts pour la description des objets.

Il imposera en outre au demandeur une caution qui devra être fournie avant de procéder au séquestre.

Art. 69. — Le demandeur peut assister à l'exécution du séquestre ou de la description, s'il y est autorisé par le président du tribunal; il peut, dans tous les cas, convertir le séquestre en simple description, pourvu qu'il en fasse constater la volonté, soit dans le procès-verbal de l'exécution, soit dans un acte distinct intimé par voie d'huissier, tant à la partie contre laquelle il est procédé, qu'à l'huissier instrumentant.

Art. 70. — Il sera laissé au détenteur des objets séquestrés ou décrits, copie de l'ordonnance du président, de l'acte prouvant le dépôt de la caution, et du procès-verbal du séquestre ou de la description.

Art. 71. — Le séquestre ou la description perdront toute efficacité, si dans les huit jours subséquents ils ne sont pas suivis d'une instance judiciaire, et celui au détriment duquel il a été procédé au séquestre ou à la description susdite, aura droit à recouvrer des dommages-intérêts.

TITRE VII. — Dispositions transitoires.

Art. 72. — Les attestations de brevet (dits précédemment brevets ou priviléges) concédées avant la publication de la présente loi, continueront à être réglées par les lois précédentes quant à leurs effets, leur durée et la taxe.

Art. 73. — Les procédures judiciaires pendantes, seront aussi conduites à terme suivant les lois antérieures.

Mais pour les actions non encore intentées, il sera appliqué sans distinction la présente loi.

Art. 74. — Par un décret royal, il sera pourvu au règlement nécessaire pour l'exécution de cette loi, et pour la concession des attestations (ou priviléges) déjà demandées et non encore concédées.

RÉSUMÉ PRATIQUE DES PRINCIPAUX ARTICLES
DE LA LÉGISLATION EN SARDAIGNE.

La durée du maximum d'un brevet en Sardaigne est de 15 années.

Lorsqu'une découverte a déjà fait l'objet d'un brevet à l'étranger, elle ne peut donner lieu à une durée supérieure à celle restant à courir dans le pays originaire, et en tous cas cette durée ne peut dépasser 15 années. Le brevet en Piémont est valable lors même que le brevet étranger serait publié, pourvu que personne n'ait encore librement introduit en Sardaigne l'objet du brevet.

Comme pour la France et la Belgique, les médicaments sont exclus de toute protection par brevets.

L'auteur d'un brevet principal peut obtenir des certificats d'addition et de perfectionnement, se rattachant audit brevet et conservant leur effet pendant la durée de ce dernier.

Le Piémont a adopté le système de taxe périodique avec cette distinction qu'en dehors de la taxe annuelle, qui est progressive de 3 en 3 années, il faut acquitter à l'avance en une seule fois une taxe proportionnelle d'autant de fois dix francs qu'il y a d'années dans la durée assignée au brevet.

Un brevet d'invention demandé pour moins de 15 années peut être prolongé jusqu'à cette limite maximum.

Dans les 6 mois de la demande d'un brevet en Sardaigne, le titulaire peut demander la rectification de certaine partie de sa découverte et substituer dessins et descriptions aux documents fournis lors de sa première demande.

Dans le même intervalle personne ne peut obtenir valablement de brevet de perfectionnement sur un brevet principal appartenant à l'auteur d'une découverte.

La loi piémontaise impose un format au papier qui produit les dessins et les descriptions, et ces documents doivent être déposés en triple expédition.

L'administration a charge de publier tous les 6 mois les descriptions et les dessins annexés aux brevets délivrés dans le semestre précédent.

Le non-paiement d'une taxe annuelle dans les 3 mois de l'échéance anniversaire rend un brevet invalide. Tout brevet de 5 ans et au-dessous doit être exploité dans la première année de sa concession; le délai d'exploitation est porté à 2 années pour les brevets dont la durée est au-dessus de 5 années.

Une procuration notariée et légalisée, doit être annexée à la demande du brevet lorsque l'inventeur agit par un mandataire.

PROPRIÉTÉ LITTÉRAIRE ET ARTISTIQUE
INDIGÈNE ET INTERNATIONALE.

L'article 440 du Code civil ainsi conçu : Les productions de l'esprit appartiennent à leur auteur, à la condition d'observer les lois et règlements spéciaux, régit conjointement avec le décret du 26 février 1826, les droits de propriété littéraire et artistique en faveur des nationaux. L'article 1ᵉʳ de ce décret assimile les éditeurs d'ouvrages aux productions industrielles, et leur accorde un privilége de 15 années.

La propriété littéraire et artistique, des auteurs français et piémontais est réglementée par trois conventions internationales successives en date du 28 août 1843, 22 avril 1846 et 5 novembre 1850.

La durée du droit de propriété est fixée pour les auteurs à leur vie durant, et pour leurs héritiers ou ayants droit, à vingt années à partir du décès.

L'article 8 de la convention du 5 novembre 1850, constate le désir des deux pays d'étendre prochainement les mêmes avantages aux dessins et marques de fabrique.

LÉGISLATION ESPAGNOLE.

La concession de priviléges, pour inventions, introductions ou importations, et perfectionnements, est réglementée, en Espagne, par le décret royal rendu par Ferdinand VII, le 27 mars 1826, et par diverses ordonnances, aux dates des 14 juin et 30 décembre 1829, concernant l'exécution et l'interprétation dudit décret.

ACTE D'ÉTAT.

Décret royal, établissant les règles et la manière d'après lesquelles il sera concédé des priviléges exclusifs, pour l'invention, l'introduction et le perfectionnement d'objets relatifs aux arts utiles.

Considérant qu'un moyen naturel d'améliorer les arts et l'industrie, c'est de multiplier et de perfectionner les machines et instruments, appareils, procédés et méthodes scientifiques et mécaniques, et ne pouvant espérer ces agents de la production sans assurer aux auteurs, introducteurs et perfectionneurs la propriété et la jouissance des résultats de leur génie et de leur application, au moyen de dispositions légales qui, tout en conciliant la protection égale qui est due à l'intérêt particulier et à celui de l'industrie, mettent l'intérêt particulier à couvert de toute usurpation ou chance d'abus qui préjudicierait l'extension et le monopole des inventions en tous genres, j'ai jugé convenable de déterminer les règles uniformes et le mode d'après lesquels seront concédés à l'avenir des priviléges exclusifs pour l'invention, l'introduction et le perfectionnement d'objets relatifs aux arts utiles, et ayant entendu, à ce sujet, la junte pour l'augmentation de la richesse du royaume, et l'avis de mon conseil d'État, auquel je me suis conformé, je trouve bon de décider et je décide que les articles suivants seront observés et entretenus :

Art. 1er. — Toute personne, à quelque condition ou pays qu'elle appartienne, qui propose d'établir ou qui établit une machine, un appareil, un instrument ou un procédé mécanique ou chimique qui soit, en tout ou en partie, nouveau, ou qui n'ait pas encore été établi de la même manière et dans la même forme, dans ce royaume, aura la propriété et l'usage exclusifs de la totalité de ladite invention, ou de la partie de cette invention qui n'aura pas encore été mise en pratique dans ce royaume, et cela d'après les règles et aux conditions déterminées ci-après, lesquelles sont néanmoins subordonnées aux lois, aux ordonnances royales, et aux règlements et édits de police.

Art. 2. — Pour assurer la propriété exclusive à la partie intéressée, il lui sera délivré un brevet royal de privilège, sans examen préalable de la nouveauté ou de l'utilité de l'objet, et sans que la concession du brevet soit en aucune manière considérée comme une reconnaissance de cette nouveauté ou utilité; la partie intéressée demeurera soumise au résultat conformément aux conditions stipulées ci-après dans le présent décret royal.

Art. 3. — Les brevets royaux de privilège seront délivrés pour cinq, dix ou quinze ans, au choix des parties lorsqu'elles les solliciteront pour des objets de leur propre invention, mais seulement pour cinq ans lorsqu'ils seront sollicités pour des importations de pays étrangers; il est entendu que les privilèges concédés pour ces dernières, et qui seront appelés brevets d'introduction, seront accordés pour l'exécution et la mise en pratique d'une invention dans ces royaumes, mais non pas pour l'importation d'articles confectionnés à l'étranger, lesquels sont soumis aux dispositions du tarif et aux ordonnances concernant l'entrée de marchandises étrangères.

Art. 4. — Un privilège concédé pour cinq ans peut être prolongé de cinq autres années, lorsqu'il y a des raisons valables pour le faire; les priviléges concédés pour dix et quinze ans ne peuvent être prolongés.

Art. 5. — Sera considéré comme pouvant être l'objet d'un brevet d'invention ce qui n'aura pas été pratiqué en Espagne ni dans aucun pays étranger; ce qui n'aura pas été pratiqué en Espagne, mais qui l'aura été à l'étranger, sera l'objet d'un brevet d'introduction. Néanmoins, toutes les inventions dont les modèles ou les descriptions en langue espagnole sont déposés au Conservatoire royal des arts, ne peuvent être l'objet d'un privilége, à moins qu'il ne se soit écoulé trois ans depuis leur dépôt sans qu'elles aient été mises en pratique, dans lequel cas elles pourront être l'objet d'un privilége d'introduction pour cinq ans seulement.

Art. 6. — Les parties intéressées doivent solliciter le brevet royal de privilége par elles-mêmes ou par un agent, au moyen d'un mémoire qui doit être remis à l'intendant de la province dans laquelle elles résident; elles peuvent toutefois, si elles le préfèrent, le présenter directement à l'intendant de Madrid.

Art. 7. — Le mémoire doit être accompagné : 1° d'une présentation à ma royale personne, écrite sur un papier timbré grand in-4° et exprimant l'objet du privilége, portant s'il a été inventé par le pétitionnaire ou importé d'un pays étranger, et mentionnant en même temps la durée pour laquelle il sollicite le privilége, conformément à l'article 3. Cette requête ne peut concerner qu'une seule invention. 2° D'un plan ou modèle, avec la description et l'explication de l'invention, spécifiant quel est le mécanisme ou le procédé particulier qu'elle présente et qui n'a pas encore été pratiqué; le tout établi avec les plus grandes précision et clarté, de manière qu'en aucun temps il ne puisse y avoir le moindre doute sur l'identité de l'invention ni sur la particulararité qu'elle présente comme n'ayant pas encore été pratiquée jusque-là. Le privilége ne peut être concédé qu'à ces conditions.

Art. 8. — Les modèles doivent être remis dans une boîte fermée et scellée; les plans, descriptions et explications, et autres détails, doivent également être enfermés sous scellé.

Dans l'un et l'autre cas, le tout doit porter une suscription indiquant en détail l'objet de l'invention, le jour, le mois, l'année, l'heure et la signature du requérant ou de son mandataire.

Art. 9. — L'intendant écrira sur cette suscription *présentée*, signera de son chiffre, fera sceller la boîte ou le paquet et remettra à la partie intéressée un certificat du dépôt, ainsi qu'une dépêche par laquelle il l'adressera à mon secrétaire d'État ou à des personnes de son département, de manière que le requérant ou une autre personne en son nom puisse se charger du tout.

Art. 10. — Lorsque je trouverai bon de concéder le brevet royal de privilége, lesdits documents seront transmis à mon conseil suprême d'État, qui est maintenant chargé des affaires qui étaient auparavant examinées par la junte générale du commerce, du monnayage et des mines ; là, les boîtes et paquets seront ouverts, et les documents exigés par l'art. 7 y étant trouvés renfermés, le brevet royal de privilége, pour le cas dont il s'agit, sera délivré.

Art. 11. — Avant la remise de ce brevet, le pétitionnaire devra présenter un reçu certifiant qu'il a payé au Conservatoire royal des arts les sommes suivantes :

Pour un privilége de cinq ans, mille réaux vellon (260 fr.);

Pour un privilége de dix ans, trois mille réaux vellon (810 fr.);

Pour un privilége de quinze ans, six mille réaux vellon (1,620 fr.);

Pour un privilége d'introduction et d'importation, trois mille réaux vellon (810 fr.)

Il sera payé en outre quatre-vingts réaux (21 fr.) pour l'expédition du brevet royal.

Art. 12. — Lorsque le brevet sera délivré, les documents enfermés et scellés, comme il est dit ci-dessus, seront remis au Conservatoire royal des arts, et y demeureront déposés dans un local à ce destiné ; ils ne seront ouverts qu'en cas de contestation et sur l'ordre officiel d'un juge compétent.

Art. 13. — Les concessions de brevets seront publiées dans la *Gazette de Madrid*.

Art. 14. — Conformément aux dispositions des articles 6 et 21 de l'ordonnance royale de 1824, instituant au Conservatoire royal des arts, il sera ouvert dans cet établissement un registre dans lequel tous les brevets royaux de privilége qui auront été délivrés seront inscrits par ordre de date, avec mention de la date, des nom, prénoms et domicile de la partie intéressée, de l'objet du privilége et du terme pour lequel il aura été concédé. Ce registre sera communiqué à toutes les personnes qui demanderont à le voir.

Art. 15. — Le possesseur d'un privilége jouira de l'usage et de la propriété exclusifs de l'invention pour laquelle il aura été concédé (sans qu'il soit permis à personne de l'appliquer ou de la pratiquer sans le consentement du possesseur du brevet) soit pour le tout, soit pour la partie qu'il aura déclarée être nouvelle et ne pas avoir été pratiquée auparavant dans le royaume, selon la manière dont il aura présenté son invention dans les modèles, plans et descriptions qu'il aura déposés pour être produits en témoignage à une époque quelconque.

Art. 16. — La propriété datera du jour et de l'heure de la présentation des pièces à l'intendant; et dans le cas où deux ou plusieurs personnes auraient sollicité un privilége pour la même invention, le privilége de celui qui aura présenté le premier les pièces sera seul valable.

Art. 17. — Le droit conféré par le privilége peut être transféré, donné, vendu ou échangé et légué par testament, de la même manière que toute autre propriété personnelle.

Art. 18. — Tout transfert doit être opéré par un acte public, portant si le transfert du droit s'étend à tout le royaume ou seulement à une ou plusieurs provinces, à des villes ou districts particuliers; si le transfert ou la renonciation est absolue ou s'il contient réserve de l'usage de privilége en faveur du propriétaire; si le transfert comprend le droit de transférer de nouveau ou non; et si le possesseur a déjà cédé son privilége à une ou à plusieurs personnes.

Art. 19. — La personne qui fait le transfert sera obligée d'en adresser un acte à l'intendant devant lequel la présentation pour l'obtention du privilége aura été faite; celui-ci, après avoir pris connaissance du transfert, transmettra cet acte au conseil d'État, qui fera une communication semblable au Conservatoire royal des arts, afin que la chose soit annotée au registre dont il est fait mention à l'article 14. Le transfert sera nul si l'expédition de l'acte de cession n'est pas remise à l'intendant dans les trente jours après son exécution.

Art. 20. — La durée du privilége comptera de la date du brevet royal.

Art. 21. — L'effet de ce brevet royal cessera, et le privilége deviendra nul et sans force : 1° lorsque le temps fixé dans la concession sera écoulé; 2° lorsque la partie intéressée ne se présentera pas pour recevoir le brevet royal dans les trois mois du jour où elle aura présenté sa pétition; 3° lorsqu'elle n'aura pas fait usage de l'invention pour laquelle le privilége aura été concédé, soit pour son propre compte, soit pour le compte d'autrui, dans le délai d'un an et un jour après la date du brevet; 4° lorsque la partie intéressée abandonne l'invention, c'est-à-dire lorsqu'elle cesse d'en appliquer l'objet pendant un an et un jour non interrompus; 5° lorsqu'il est prouvé que l'invention a auparavant été appliquée dans une partie quelconque du royaume, ou qu'elle a été décrite dans des livres imprimés, ou dans des gravures, peintures, modèles, plans ou descriptions, se trouvant au Conservatoire royal des arts, ou qu'elle aura été exécutée ou établie dans d'autres pays alors que la partie intéressée l'aurait présentée comme nouvelle et comme sa propre invention.

Art. 22. — Lorsque la durée de la concession du privilége sera écoulée, le directeur du Conservatoire royal des arts fera connaître le jour de l'expiration au conseil d'État, et celui-ci déclarera la cessation.

Art. 23. — Dans tous les autres cas de cessation qui viennent d'être mentionnés, un juge compétent procédera à leur examen, à la requête d'une partie quelconque; si la cessation est prouvée, ce juge donnera avis au conseil d'État que l'expiration du privilége peut être publiquement déclarée.

Art. 24. — Les juges qui prendront connaissance de ces matières seront les intendants, dans leurs provinces respectives; les demandes ou plaintes seront adressées à l'intendant de la province où réside le défendeur : les appels seront faits devant le conseil d'État.

Art. 25. — Lorsqu'un privilége aura été déclaré nul pour l'une des causes mentionnées à l'art. 21, la boîte ou le paquet de pièces déposées au Conservatoire royal des arts sera ouvert par le directeur de cette institution, et le tout sera livré à l'inspection du public; la cessation sera annoncée dans la *Gazette*.

Art. 26. — Le possesseur d'un privilége, obtenu à un titre quelconque, aura le droit de citer et de poursuivre devant les tribunaux quiconque empiéterait sur son droit; l'intendant de la province où réside le défendeur connaîtra de ces causes, et les appels seront interjetés devant le conseil d'État.

Art. 27. — Le fait étant prouvé, l'offenseur sera condamné à la confiscation de toutes les machines, appareils, ustensiles et ouvrages d'art faits en violation du privilége, et au paiement d'une amende égale à trois fois la valeur desdits objets, d'après une évaluation faite par des personnes compétentes, le tout au profit du possesseur du privilége.

Art. 28. — Les priviléges concédés avant cette époque demeureront en vigueur aux conditions de leurs concessions; ceux qui ont été concédés avec la réserve que les conditions en seraient réglées par le présent décret royal seront soumis aux dispositions de cet arrêté.

Vous aurez les présentes pour entendues, et vous donnerez les ordres nécessaires pour leur exécution.

Signé de ma main royale, au palais, ce 27 mars 1826.

FERDINAND VII.

A Don Luis Lopez Ballesteros.

ORDONNANCE ROYALE DU 14 JUIN 1829

Sur les priviléges d'introduction.

Considérant la fausse interprétation donnée aux priviléges d'introduction ou d'importation, le roi ordonne l'observation des déclarations suivantes :

1° Le privilége d'introduction n'est pas pour faire venir du dehors des machines, instruments, outils et autres objets de cette nature, mais bien pour les exécuter dans le royaume, le privilége portant seulement sur la partie ou sur le moyen qui ne serait pas pratiqué avant en Espagne, sans préjudice pour celui qui par la suite emploierait d'autres moyens.

2° Le privilége d'introduction, qui, comme il vient d'être dit, est seulement pour exécuter ce que l'on n'exécutait pas, et non pour porter les objets du dehors, n'ôte à personne la faculté d'introduire de l'étranger les machines, instruments et autres, en tant que leur entrée n'est pas prohibée par les tarifs concernant le commerce ou par les droits royaux.

3° Quiconque obtiendra un brevet royal de privilége d'introduction présentera dans un an et un jour, comme il est ordonné, le certificat en règle qu'il a mis en pratique dans le royaume l'objet de son privilége; ce certificat sera présenté à l'intendant, qui l'enverra au conseil de l'intérieur, et ce dernier au Conservatoire royal des arts pour qu'on l'enregistre.

4° S'il se passe un an et un jour avant que l'on ait présenté cette attestation, le conseil de l'intérieur déclarera nul le privilége, en en donnant avis au directeur du Conservatoire royal des arts pour que l'on procède conformément à l'article 25 du décret royal du 27 mars 1824.

DÉCRET ROYAL DU 30 DÉCEMBRE 1829.

Sur les priviléges exclusifs.

Ce décret stipule :

1° Qu'au mémoire descriptif devra être jointe une notice spéciale indiquant clairement, distinctement et uniquement quelle est la partie, la pièce, le mécanisme, la matière ou le procédé formant l'objet du brevet;

2° Que c'est sur cette notice que portera le privilége;

3° Que lors de l'ouverture du pli contenant toute demande de brevet, le conseil intérieur devra examiner si cette note se trouve jointe aux autres documents, et, dans le cas négatif, en exiger la production.

4º Que c'est sur le contenu de ladite notice qu'en cas d'infraction ou d'usurpation de privilége, le juge compétent se basera pour reconnaître la contrefaçon.

OBSERVATIONS PRATIQUES

SUR L'EXÉCUTION DE LA LÉGISLATION ESPAGNOLE.

Nature et effets des brevets d'invention et d'introduction.

D'après les articles 1er et 5 de la loi du 27 mars 1826, plus haut reproduite, tout inventeur, espagnol ou étranger, peut obtenir pour cinq, dix ou quinze années, à son choix, un brevet royal dit d'*invention*, qui lui confère la propriété exclusive de sa découverte, à la condition qu'elle n'a encore reçu aucune publicité en Espagne et à l'étranger.

Ainsi, les inventeurs de tous les pays jouissent des mêmes avantages que les nationaux sous le rapport des découvertes nouvelles.

Mais lorsque l'objet est importé de l'étranger par une personne autre que l'inventeur, le privilége dit d'*introduction*, n'a qu'une durée de cinq ans; et d'après l'article 3 de ladite loi et l'ordonnance du 14 juin 1829, ce privilége n'a de force que sur les objets fabriqués dans le royaume, et n'ôte à personne la faculté d'introduire des produits similaires de l'étranger en se conformant aux tarifs des douanes.

Tout brevet est délivré, sans examen préalable de la nouveauté ou de l'utilité de la découverte et sans aucune reconnaissance de cette nouveauté et utilité. L'exploitation d'un brevet d'invention ou d'importation doit avoir lieu, sous peine de déchéance, dans le délai d'un an et un jour, à partir de la signature royale qui établit la date de concession art. 21.

La priorité appartient à celui qui a effectué, le premier, le dépôt régulier des pièces entre les mains de l'intendant de la province où il réside ; mais la jouissance légale du brevet ne date que du jour de la concession royale.

L'article 4 admet le cas de prolongation d'un privilége de cinq années, sur une requête spéciale appuyée de raisons majeures ; cette faculté est interdite aux brevets de dix et quinze années.

Les documents annexés aux demandes de brevets sont déposés (art. 12) au Conservatoire royal des arts, et ne sont rendus publics qu'à l'expiration du privilége, sauf le cas de contestation et sur l'ordre officiel d'un juge compétent ; néanmoins, chacun est libre de consulter, dans le même établissement, un catalogue portant l'inscription, par ordre de dates, avec mention des nom, prénoms, qualités et domicile des titulaires, de l'objet des priviléges d'invention ou d'importation et du terme pour lequel ils ont été concédés.

Bien que la cessation d'un brevet résulte de l'expiration de sa durée, cependant, vu le cas de prolongation stipulé art. 4, cette cessation n'est définitive qu'en vertu d'une déclaration du conseil d'État.

Formalités concernant l'obtention et l'expédition d'un brevet royal d'invention ou d'introduction.

Tout inventeur ou importateur doit joindre à sa demande :

1° Une requête au roi ou à la reine écrite sur papier timbré grand in-4° et exprimant la nature et la durée du privilége qu'il sollicite, avec la déclaration s'il est l'auteur ou l'importateur de la découverte ;

2° Un mémoire explicatif, clair et précis, de l'invention ;

3° Un dessin ou modèle nécessaire à l'intelligence de l'invention. Toutes ces pièces doivent être enfermées sous scellé, et l'enveloppe doit porter une suscription énonçant le titre de l'invention, la nature de la requête, les nom, prénoms, qualités et domicile du requérant.

4° Muni du présent paquet, le pétitionnaire ou son mandataire, en vertu d'un pouvoir (page 39), fait dresser à l'intendance un certificat du dépôt; l'intendant joint au dépôt qui lui est confié une dépêche, et adresse le tout au secrétaire d'État.

Le conseil d'État constate la régularité des documents; et, si toutes les conditions sont exactement remplies, le brevet royal de privilége est dressé, puis soumis à la signature du roi ou de la reine.

Avis est alors donné de la concession du privilége au pétitionnaire, avec injonction de lever l'expédition dudit brevet, moyennant le versement de la taxe, dans le terme de trois mois à partir du dépôt.

Les concessions de brevets sont publiées dans la *Gazette de Madrid*, et les documents déposés au Conservatoire royal des Arts.

Nota. Un brevet d'invention pour l'Espagne ne s'étend pas aux colonies espagnoles.

Il faut solliciter un brevet distinct pour chaque colonie, remplir les mêmes formalités, et payer la même taxe, à savoir :

	5 ans.	10 ans.	15 ans.
Espagne.	270 fr.	810 fr.	1,620 fr.
Cuba.	Id.	Id.	Id.
Porto-Rico.	Id.	Id.	Id.
Iles Philippines.	Id.	Id.	Id.

Pour chacune des colonies espagnoles, il y a d'autres débours qui dépendent des administrations spéciales et dont le montant est éventuel.

MARQUES DE FABRIQUE.

RÈGLEMENT ESPAGNOL DU 30 JANVIER 1832.

Dans le but de prévenir la fraude qui se pratique dans les marques de fabrique de draps, tous les fabricants de draps du royaume devront faire apposer leur marque ou étiquette, sur les draps de première, deuxième et troisième qualité, connus aussi comme superfins, fins et moyens, soit à leur sortie du métier, ou soit avant d'être foulés; et, avec cette marque, devront être imprimés la qualité du drap, ainsi que les nom et surnoms du fabricant, ou sa raison sociale, et celui du lieu où se trouve la fabrique.

La contrefaçon des marques de fabrique est réprimée en Espagne par l'application de l'art. 217 du Code pénal, ainsi conçu :

« L'imitation frauduleuse des sceaux, marques et contre-seings adoptés par les établissements de commerce ou d'industrie, sera punie de la peine de l'emprisonnement et d'une amende de 50 à 500 duros. »

PROPRIÉTÉ LITTÉRAIRE.

D'après la loi sur la propriété littéraire, en date du 10 juin 1847, le droit pour tout espagnol s'étend en faveur de l'auteur à sa vie durant et aux héritiers ou ayants droit pendant cinquante ans, à partir du décès.

D'après le traité international en date du 15 novembre 1853, le droit de propriété littéraire des Espagnols en France et des Français en Espagne s'étend à la durée de la vie des auteurs, et pendant vingt ans après le décès, au profit des héritiers ou ayants droit.

LÉGISLATION PORTUGAISE.

L'ordonnance royale du 13 janvier 1837, considérant qu'il est de la plus grande nécessité d'aviser au moyen de récompenser les auteurs de nouvelles inventions et d'établir des règles sur cette matière, décrète ce qui suit :

TITRE Ier.

De la propriété des nouvelles inventions.

Art. 1er. — Les auteurs ou inventeurs de nouveaux produits et de nouvelles découvertes, mentionnés dans l'art. 379 du Code pénal, qu'ils soient nationaux ou des étrangers venant en Portugal faire connaître leurs découvertes, ont sur elles un droit exclusif de propriété, sous la sauvegarde de la loi.

Art. 2. — Les introducteurs désignés par ledit article jouissent d'un semblable droit de propriété, aussitôt que le gouvernement leur a délivré le brevet respectif.

Art. 3. — Les droits des brevetés compris dans l'art. 1er peuvent durer jusqu'à concurrence de quinze ans, au choix des intéressés; ceux des brevetés compris dans l'article 2 auront la durée qui sera convenue avec le gouvernement et qu'il octroiera.

Art. 4. — Ces droits pourront se transmettre aux héritiers ou cessionnaires du propriétaire, ou à titre d'héritage, soit par testament ou par un contrat solennel.

Art. 5. — L'État peut, après avoir délivré le brevet, acquérir la propriété d'une invention d'utilité publique, par convention avec le propriétaire.

Art. 6. — La loi refuse le droit de poursuite contre les

agresseurs de la propriété spécifiée dans les articles précédents, si elle n'est pourvue des pièces ci-dessous indiquées avant l'agression, et seulement dans le cas prévu par l'art. 4.

TITRE II.

Des brevets d'invention, de leur obtention et des taxes à payer.

Art. 7. — Il y aura, au bureau de l'intérieur, un registre destiné à l'enregistrement des brevets qui seront délivrés aux nouveaux produits et aux nouvelles découvertes.

Les brevets donnent un caractère authentique aux déclarations du prétendu inventeur; mais ils ne garantissent point la réalité, la priorité et le mérite de l'invention.

Art. 8. — Les auteurs de nouvelles productions de l'esprit, qui voudraient jouir de leur droit de propriété, devront payer au bureau des recettes de leur domicile la taxe relative au nombre d'années qu'ils auront choisi, conformément à l'article 3; ils devront déposer un exemplaire de l'ouvrage qui ne sera pas encore livré au public, aux archives de l'administration générale de la province, et en exiger un récépissé contenant le titre et une idée de la matière de l'ouvrage; ils devront aussi obtenir un certificat constatant qu'aucun privilége n'a été enregistré pour le même ouvrage, et, munis de ces documents, ils requerront leur brevet au bureau de l'intérieur.

Le susdit récépissé leur sera délivré dans le délai de dix jours, et le brevet dans celui de vingt jours.

Art. 9. — Les auteurs de nouvelles découvertes auront à satisfaire aux mêmes closes : ils déposeront leurs exemplaires, modèles et dessins, aussi bien qu'une exacte description (cachetée) des principes, moyens et procédés qui constituent la découverte; ils y joindront une liste signée et en double expédition des objets contenus dans le paquet, ils en auront récépissé portant la copie exacte de la description, modèles et dessins qui seront fournis par les requérants.

Munis de ce récépissé et des autres documents spécifiés ci-dessus, ils requerront leur brevet.

Art. 10. — On accorde à une invention déjà privilégiée et divulguée en pays étranger, un brevet pour le temps que le privilége aura encore à écouler, s'il ne dépasse pas le terme marqué à l'art. 3, et en satisfaisant aux clauses de l'article précédent.

Si l'individu est étranger, il devra renoncer, par acte, à ses priviléges.

Art. 11. — Le perfectionneur d'une découverte pourra obtenir un brevet, s'il satisfait aux clauses précitées.

Art. 12. — Le breveté qui voudrait faire quelque amélioration ou quelque changement dans son invention, et qui désirerait en avoir la propriété, en obtiendra le brevet, en satisfaisant auxdites clauses; mais, s'il ne veut jouir de cette amélioration ou de ce changement que pour le temps de son privilége qui reste à écouler, le gouvernement lui délivrera un simple certificat constatant sa déclaration et mentionnant la remise du paquet, comme il est dit ci-dessus.

Art. 13. — Les héritiers ou cessionnaires des privilégiés ne sont pas obligés de prendre un nouveau brevet; ils devront cependant donner avis de l'acquisition qu'ils auront faite à l'autorité administrative, qui le fera savoir au département de l'intérieur, pour qu'on fasse au registre les modifications nécessaires.

Art. 14. — Les introducteurs ou importateurs qui voudront jouir de leur droit de priorité devront demander leur brevet avant l'introduction. Le gouvernement la fera mettre au concours, y invitera ceux qui demanderaient un moindre terme, et à la fin accordera ou refusera le brevet, selon ce qu'il jugera convenable.

En cas de concession, jamais le terme ne pourra être au delà de cinq ans.

Art. 15. — Les taxes seront de 3,200 reis (22 fr. 63 c.) par chaque année de privilége, les titres de brevets seront délivrés gratuitement.

Art. 16. — Un seul brevet ne pourra privilégier qu'un seul objet.

Art. 17. — Le premier terme demandé par le propriétaire ne pourra jamais être prorogé.

TITRE III.

Des devoirs des brevetés.

Art. 18. — Les inventeurs ou introducteurs privilégiés sont tenus de déposer aux regards du public les produits de leur industrie, au moins deux fois le mois; ils devront annoncer sur le journal du gouvernement, trois jours à l'avance, celui de l'exposition.

Art. 19. — Si l'invention concerne un procédé chimique, ils fourniront une caution ou un gage de la valeur de 1 million de reis (6,125 fr.) qu'à l'expiration de la durée du privilége ils pratiquent au moins trois fois le procédé, devant les personnes qui se présenteront après les annonces prescrites par l'article précédent.

Art. 20. — L'infraction de ce qui est ordonné à l'art. 18 sera punie, pour la première fois, de la moitié de la détention et de l'amende imposée pour les contraventions; pour la seconde fois, du minimum de ces peines et de la saisie du produit.

Art. 21. — L'infraction de ce qui est ordonné à l'art. 19 sera punie du maximum de la détention, de l'amende imposée aux contraventions, et de la saisie des drogues et instruments destinés aux procédés, ou de celle du cautionnement dans le cas où lesdits objets auraient été détournés.

TITRE IV.

De l'expiration des brevets et de la prescription des actions intentées contre eux.

Art. 22. — Le privilége des brevets cesse : 1° si la moitié du terme s'était écoulée sans que les propriétaires en aient fait usage; 2° par jugement qui déclare ces brevets nuls ou nuisibles ou qui en ordonne la saisie; 3° à la fin du terme octroyé.

Art. 23. — L'action contre l'inventeur ou l'introducteur a subi prescription s'ils ont fait tranquillement usage de la moitié du terme de leur privilége, excepté si l'invention venait à être reconnue nuisible à toute branche du bien-être public, pour lequel cas il n'y a point prescription, et l'inventeur est passible du maximum de la prison, de l'amende des délits et de la saisie; mais, s'il n'y a pas eu mauvaise intention de sa part, la peine se réduira à l'amende et à la saisie.

TITRE V.

Des actions des brevetés ou de celles intentées contre eux.

Art. 24. — Les actions criminelles et civiles, consignées dans les articles de 370 à 381 du Code pénal, appartiennent aux brevetés contre les agresseurs de leur propriété.

Art. 25. — Ont lieu contre les brevetés les actions prescrites par les articles 382 à 385 du Code précité, et de plus celles de priorité et de divulgation.

Art. 26. — La priorité se réglera par le jour où l'une des parties a satisfait à l'une ou à toutes les conditions et clauses exigées par les art. 8 et 9.

Art. 27. — Il y aura divulgation si un exemplaire imprimé, lithographié, dessiné ou sculpté, les modèles, moules, lames ou prototypes d'une machine, ou les recettes ou descriptions de ces objets, passaient, par le fait spontané du propriétaire, au pouvoir d'une personne ne faisant pas partie de sa famille, quoique vivant dans le même logement.

Art. 28. — La matière des actions des brevetés est aussi de défense pour ceux qui sont poursuivis par eux.

Art. 29. — Les différends survenus entre les propriétaires et des tiers seront décidés sommairement par l'intervention d'arbitres nommés par les parties, ou par le juge si elles ne les nommaient pas : on pourra en appeler de leur décision aux tribunaux supérieurs. Les parties pourront se compromettre en des jugements d'arbitre, dont ils ne pourront pas appeler.

Art. 30. — Lorsque la décision des causes dépendra de

l'ouverture et de l'examen des paquets déposés conformément à l'art. 9, les demandeurs fourniront une caution pour assurer la répartition des dommages qui résulteront aux privilégiés, de la divulgation des secrets de leur produit.

Art. 31. — Dans la matière de l'art. 384 du Code pénal, on observera ce qui sera prescrit pour les autres attentats contre la santé publique, par l'entremise des autorités qui procéderont à ce service.

TITRE VI.

De la publication des nouvelles inventions.

Art. 32. — Le terme des priviléges ayant fini d'une des manières spécifiées au titre IV, le gouvernement encouragera l'exposition des inventions qu'il jugera d'une grande utilité publique, soit dans la capitale, soit dans les autres villes du royaume; il la fera porter au plus haut point de perfection et la répétera périodiquement.

Art. 33. — Ladite exposition aura nécessairement lieu dans la capitale, au moins tous les deux ans. Le local et le jour où elle aura lieu seront annoncés préalablement.

Art. 34. — On établira un ou deux prix en faveur des auteurs ou inventeurs d'un objet d'une utilité publique, qui serait jugé élevé à un plus haut degré de perfection par des experts nommés par le département de l'intérieur.

Signé : La Reine.

Signé : Manoel da Silva Passos.

EXTRAIT DES PRINCIPAUX ARTICLES DU CODE PÉNAL, EN CE QUI CONCERNE LES INVENTIONS ET PRIVILÉGES.

Art. 379. — Les nouvelles inventions sont les productions de l'esprit ou du génie, manifestées par l'écriture en prose, en vers ou en musique, et par le dessin, la peinture ou la sculpture.

Sont aussi considérées comme inventions ou nouvelles découvertes la construction et l'organisation d'instruments, machines, matrices, types, lames, moules, ressorts, archétypes et autres espèces de manufactures, ou les combinaisons nouvelles et procédés chimiques; ou toutes autres inventions ayant pour but d'améliorer quelque partie des arts industriels, de l'agriculture, de la navigation, de la guerre par terre ou par mer, des arts libéraux, et même des sciences, si toutefois ces découvertes ne sont connues ni au dedans ni au dehors du royaume.

On classe aussi, parmi les nouvelles inventions, l'introduction de quelqu'une de ces découvertes, quoique déjà connues à l'étranger.

Art. 385. — Le plagiaire d'une production de l'esprit ou du génie, comme celui qui fabriquera ou introduira quelqu'un des produits mentionnés dans la seconde partie de l'art. 379, dont l'organisation mécanique soit semblable à celle d'une autre nouvelle découverte ou introduction, et la publiera, ou les produits qu'il en aura retirés pendant le temps que durera le privilége accordé à son auteur ou introducteur, sans le consentement de ce dernier, sera passible, suivant le cas, d'une détention correctionnelle de trois à douze ans, d'une amende de 25,000 à 1 million de reis (175 à 7,125 fr.) et de la confiscation des objets qui ont servi d'instrument ou de moyen ou ont été le résultat du délit.

Les vendeurs ou distributeurs seront passibles d'une détention correctionnelle en un local séparé, qui pourra se prolonger de trois à douze jours, et d'une amende de 1,000 à 20,000 reis (7 à 140 fr.).

RÉSUMÉ PRATIQUE

DE LA LÉGISLATION PORTUGAISE SUR LES BREVETS D'INVENTION.

Les inventeurs nationaux ou étrangers peuvent obtenir des priviléges exclusifs de quinze années.

Mais l'importation d'une découverte déjà divulguée

et privilégiée à l'étranger ne peut être brevetée que pour le terme restant à courir au brevet étranger, dont il faut produire une expédition authentique; cette durée ne saurait excéder cinq années lorsque l'introducteur n'est pas l'inventeur lui-même.

Les inventeurs et importateurs sont tenus d'exposer publiquement, au moins deux fois par mois, leurs produits.

L'étranger doit renoncer par acte à ses priviléges nationaux.

Le privilége est déchu si la moitié de sa durée s'écoule sans exploitation. Le titulaire d'un brevet principal obtiendra sur sa demande un certificat d'addition pour tout changement ou perfectionnement à l'invention primitive.

Toute demande de brevet doit être accompagnée des modèles ou dessins et d'une description exacte des principes, moyens et procédés qui constituent la découverte. Le tout en double expédition. La taxe est fixée à raison de 22 fr. 65 c. par chaque année assignée au brevet.

PROPRIÉTÉ DES ŒUVRES D'ART ET D'ESPRIT ET DES MARQUES DE FABRIQUE EN PORTUGAL.

Une convention internationale a été conclue le 12 avril 1851, entre la France et le Portugal, pour garantir dans les deux pays la propriété des œuvres d'art et d'esprit, et celle des marques de fabrique.

Cette convention, qui a été arrêtée pour six années, continuera d'être obligatoire d'année en année, si elle n'a pas été dénoncée six mois à l'avance ; elle porte que la reproduction dans les deux pays des marques de fabrique apposées dans l'autre sur certaines marchandises, pour constater leur origine et leur qualité, sera assimilée à la contrefaçon des œuvres d'art et poursuivie comme telle.

Tout sujet des deux États qui voudra s'assurer la propriété dans l'autre État des marques de fabrique, devra déposer la marque d'origine portugaise à Paris, au greffe du tribunal de la Seine, et la marque d'origine française à Lisbonne, au greffe du tribunal de commerce de première instance.

L'enregistrement respectif des dépôts ne devra pas excéder le délai de trois mois après la publication de l'original.

Le droit de propriété artistique et littéraire appartient à l'auteur, sa vie durant, et à ses héritiers ou ayants droit pendant vingt années à partir du décès.

Loi du 8 juillet 1851.

En Portugal, le droit de propriété artistique littéraire s'étend, pour les auteurs nationaux, à leur vie durant, et pour leurs héritiers à trente années après le décès de l'auteur.

LÉGISLATION DES DEUX-SICILES.

Le droit industriel est régi dans ce royaume par les décrets royaux du 2 mars 1810 et du 18 mars 1814, dont voici la traduction littérale :

1° Décret qui détermine les priviléges à accorder aux auteurs de nouvelles découvertes et inventions pour l'encouragement de l'industrie, et les formalités à accomplir à cet égard.

Naples, le 2 mars 1810.

JOACHIM NAPOLÉON, roi des Deux-Siciles ;
Vu le rapport de notre ministre de l'intérieur ;
Notre conseil d'État entendu ;
Avons décrété et décrétons ce qui suit :

Art. 1er. — Toute découverte ou invention nouvelle en tout genre d'industrie appartient primitivement à son auteur et constitue sa propriété. Il lui en est en conséquence assuré l'entière jouissance pendant le temps et de la manière qui sont établis ci-après. Seront également considérées comme une propriété toutes les méthodes qui rendront plus parfaite une fabrication ou une branche quelconque d'industrie.

Art. 2. — Quiconque introduira le premier dans le royaume de Naples une découverte ou une invention jouissant d'un privilége exclusif dans le pays où elle est née, jouira des mêmes avantages que ceux dont il jouirait s'il en était l'inventeur, sauf les conditions établies par l'art. 10 du présent décret.

Art. 3. — Quiconque voudra conserver ou s'assurer une propriété industrielle du genre de celles indiquées ci-dessus, devra :

1° Déclarer par écrit à l'intendance de la province où il élit domicile, si l'objet qu'il présente est une invention, un perfectionnement ou une importation;

2° Déposer sous cachet une description exacte des principes, méthodes et procédés qui constituent la découverte, le perfectionnement ou l'industrie qu'il veut introduire, comme aussi les dessins et les modèles y relatifs. Il devra être remis deux exemplaires de cette description et des dessins qui l'accompagnent; l'un restera déposé à l'intendance, et l'autre sera remis à notre ministre de l'intérieur comme il est prescrit ci-après.

Art. 4. Si l'invention ou la découverte présente un caractère d'utilité générale, mais que, par la simplicité de son exécution, ou parce que l'imitation en serait facile, elle ne puisse pas donner lieu à une spéculation commerciale, ou aussi, si l'inventeur, par quelque raison que ce soit, préfère entrer directement en négociation avec le gouvernement, il pourra, par l'entremise des intendants, s'adresser au ministre de l'intérieur pour lui confier la découverte, en démontrer les avantages, et demander une récompense sur les fonds destinés à donner des encouragements à l'industrie.

Art. 5. — La propriété ou la jouissance temporaire des inventions industrielles sera assurée par un brevet que l'on délivrera à l'auteur.

Art. 6. — Ces brevets seront délivrés par nous, sur le rapport fait par le ministre de l'intérieur sur les demandes qui lui parviendront des intendances, aux inventeurs, perfectionneurs ou importateurs, et leur conféreront le droit d'en jouir pendant l'espace de cinq années, pour des raisons éminentes d'utilité publique; la durée pourra en être prolongée jusqu'à dix ans et même quinze ans.

Art. 7. — Les demandes de brevets seront remises par les intendants à notre ministre de l'intérieur. Elles seront accompagnées des duplicata de la déclaration et de la description prescrites par l'article 3. Cette description et les dessins y relatifs seront signés de la signature et du cachet du pétitionnaire. En dehors du pli qui les contient sera inscrit un procès-verbal signé par l'intendant que cela concerne, et par le requérant.

Art. 8. — Les intendants ne pourront pas recevoir des demandes pour des brevets qui contiennent plus d'un objet principal outre ceux de détail qui le concernent. Ces demandes, avec les plis annexés, devront être remises par les intendants à notre ministre de l'intérieur dans les six jours de leur présentation. Il sera tenu un registre des procès-verbaux indiqués par l'article précédent, tant dans les intendances respectives qu'au ministère de l'intérieur..

Art. 9. — Les brevets, après avoir été décrétés par nous, seront aussitôt, par l'entremise du ministre de l'intérieur, transmis à l'intendance d'où la demande est parvenue.

Art. 10. — Les brevets concédés pour l'introduction d'une industrie née dans un pays étranger pendant la durée du droit exclusif concédé au premier inventeur ne pourront pas être prolongés au delà du terme fixé par le droit exclusif concédé à l'inventeur dans le pays où est née la découverte.

Art. 11. — Les brevets d'invention en faveur de quiconque voudra exécuter ou faire exécuter dans le royaume des objets d'industrie jusqu'alors inconnus, pourront être concédés sans examen préliminaire. Cependant, dans ce cas, le gouvernement n'entend garantir en aucune manière, ni la priorité, ni le mérite, ni le succès de l'invention.

Si les objets pour lesquels on demande un brevet intéressent la santé ou la sécurité publique, l'examen préliminaire sera indispensable.

Art. 12. — Les brevets seront enregistrés dans les différentes intendances du royaume, après avis qui en sera donné par le ministre de l'intérieur. On en tiendra ensuite un registre général au ministère de l'intérieur, dans lequel seront indiqués les mémoires descriptifs des différents brevets actuellement en cours. L'un ou l'autre de ces registres pourra être consulté par toute personne domiciliée dans le royaume. Cependant les descriptions ne seront pas communiquées, si l'inventeur, par une ordonnance particulière, a obtenu de nous qu'elles soient tenues secrètes. Dans ce cas, le ministre de l'intérieur pourra nommer des délégués qui veillent à l'exactitude de l'exécution, après qu'ils auront pleinement eu connaissance des méthodes et procédés contenus dans la description, sans pourtant que l'auteur cesse d'être, par la suite, responsable de ladite exactitude.

Art. 13. — Le propriétaire d'un brevet jouira exclusivement de l'exercice et des bénéfices de la découverte, de l'invention ou du perfectionnement. Il pourra donc demander la saisie des objets contrefaits, et appeler les contrefacteurs devant les juges et tribunaux. Lorsque les contrefacteurs seront convaincus, ils seront condamnés, outre la confiscation des objets pour lesquels il y a contravention, à payer aux inventeurs les dommages et intérêts qu'ils leur auront causés par la contrefaçon. Si l'action en contrefaçon est repoussée comme manquant de preuves, le demandeur sera condamné à payer au défendeur les dommages que ce dernier aura pu éprouver par l'effet de l'action.

Art. 14. — Les propriétaires des brevets auront le droit de monter dans toute l'étendue du royaume des établissements se rapportant à l'application des découvertes ou importations pour lesquelles des brevets auront été concédés, et d'y autoriser d'autres particuliers à les exécuter à leur place; c'est-à-dire qu'ils pourront disposer de leur brevet comme d'une propriété mobilière.

Les acquéreurs du droit d'exercer une découverte énoncée dans un brevet auront les mêmes obligations que l'inventeur : et en cas de contravention le brevet sera rapporté, la découverte sera publiée, et l'usage en sera déclaré libre.

Art. 15. — Si le propriétaire d'un brevet cède son droit en totalité ou en partie, les parties contractantes seront tenues, sous peine de nullité, de faire enregistrer ce transfert, dans l'intendance respective, qui en informera immédiatement le ministre de l'intérieur pour qu'il puisse en instruire les autres intendances.

Art. 16. — L'inventeur sera déchu du brevet si, après l'avoir obtenu, il est convaincu d'avoir célé dans la description ses véritables moyens d'exécution, ou si, pendant le cours du brevet, il néglige de déclarer ceux qu'il aura pu y ajouter. Il y aura aussi déchéance du brevet si, dans l'année comptée à partir du jour de son obtention la découverte qui en fait l'objet n'a pas été mise à exécution, et lorsque cette inaction ne sera pas justifiée par un motif juste; comme aussi s'il y a interruption de l'exécution pendant une année sans motifs légitimes. Enfin, il y aura déchéance du brevet pour quiconque sera convaincu d'en avoir pris un postérieurement pour la même découverte en pays étranger, ou si sa découverte a déjà été décrite et publiée dans des ouvrages imprimés.

Art. 17. — L'invention ou l'importation appartiendra à la société quand le terme du brevet sera expiré. Alors la description en sera rendue publique, et l'usage en sera permis dans toute l'étendue du royaume, sauf le cas dans lequel a durée du brevet aurait été prolongée par décret particulier, ou que le secret en aurait été ordonné pour les raisons énoncées dans l'art. 12.

Art. 18. — Tous les priviléges pour inventions et importations obtenus avant la publication du présent décret, devront, dans le délai de quatre mois, être présentés aux intendances respectives, qui les remettront au ministère de l'intérieur, en les accompagnant de leur propre rapport. Les dessins et descriptions prescrits par l'article 3 seront joints à ces priviléges. S'ils ont été concédés d'une manière légale, ils seront convertis en brevets, conformément au présent décret.

Si le temps restant à courir en vertu de l'ancienne concession est moindre que celui qui est assigné par le présent décret, les priviléges seront convertis en brevets pour le temps restant à courir. S'il est plus long, la concession ancienne sera réduite au maximum de ce temps.

Art. 19. — Les modèles annexés au présent décret sont approuvés.

Art. 20. — Notre ministre de l'intérieur est chargé de l'exécution du présent décret.

Signé : JOACHIM NAPOLÉON.

Contre-signé : Le ministre secrétaire d'État, PIGNATELLI.

2° *Décret par lequel il est prescrit aux concessionnaires de droits exclusifs ou de récompenses de toute nature pour des inventions nouvelles ou nouvellement introduites dans le royaume, de déposer aux Instituts d'Encouragement les modèles ou les dessins des machines ou des objets pour lesquels ils demandent un droit exclusif ou une récompense.*

Naples, le 18 mars 1844.

Ferdinand II, par la grâce de Dieu, roi du royaume des Deux-Siciles, de Jérusalem, etc., duc de Parme, Plaisance, Castro, etc., grand-prince héréditaire de Toscane, etc., etc., etc.

Voulant assurer aux industries et aux manufactures du royaume les moyens d'amélioration qui peuvent provenir de nouvelles inventions;

Vu l'avis du conseil général du royaume;

Sur la proposition de notre ministre secrétaire d'État de l'intérieur, notre conseil d'État ordinaire entendu;

Avons résolu de décréter et décrétons ce qui suit :

Art. 1er. — Les concessionnaires de droits exclusifs ou de récompenses de toute nature pour inventions nouvelles, ou nouvellement introduites dans le royaume, tant dans les domaines royaux de ce côté-ci du détroit de Messine, que de l'autre côté, devront, à compter de la date du présent décret, déposer à l'Institut royal d'Encouragement les modèles ou les dessins des machines ou des autres objets pour lesquels on demande un droit exclusif ou une récompense, joints à la description en détail de ces objets. Il ne sera point accordé de droit exclusif, ni de récompense, si l'accomplissement de ce qui vient d'être prescrit n'est pas constaté d'abord par un certificat de l'Institut royal.

Art. 2. — Notre ministre secrétaire d'État de l'intérieur, et notre lieutenant général de nos domaines royaux au delà du Phare, sont chargés de l'exécution du présent décret.

Signé : Ferdinand.

Le ministre secrétaire d'État de l'intérieur,

Contre-signé : Niccola Santangelo, etc.

RÉSUMÉ PRATIQUE

DE LA LÉGISLATION DES DEUX-SICILES.

Des brevets d'invention, de perfectionnement et d'importation sont accordés dans ce royaume, pour une durée de cinq à quinze années. La durée d'un brevet d'importation sollicité par toute personne qui introduit la première une découverte brevetée à l'étranger est limitée à celle restant à courir au privilége étranger.

L'auteur d'une découverte pourra, au lieu d'un privilége exclusif d'exploitation, solliciter une récompense sur les fonds destinés à l'encouragement de l'industrie.

La demande d'un brevet doit être adressée au ministre de l'intérieur et déposée à l'intendance du domicile du pétitionnaire (ou de son mandataire en vertu d'un pouvoir authentique suivant le modèle pages 39 et 40).

Elle contiendra une description en langue italienne de la découverte, et les dessins nécessaires à son intelligence, le tout en double expédition.

Le pétitionnaire est tenu en outre de déposer à l'Institut royal d'Encouragement les modèles en nature, échantillons ou dessins de l'invention faisant l'objet de sa demande.

L'exploitation du brevet accordé par le roi doit

avoir lieu dans l'année de sa concession, sous peine de déchéance, à moins que l'inaction ne soit justifiée ; il est défendu au breveté de se faire ultérieurement patenter à l'étranger.

Le breveté est aussi tenu de donner successivement connaissance, par des dépôts ultérieurs, des modifications et perfectionnements qu'il aura apportés à son invention.

Le breveté peut d'ailleurs transférer tout ou partie de ses droits, à la condition de faire constater ce transfert par un enregistrement spécial à l'intendance respective.

L'art. 322 du Code pénal de 1849 punit d'une amende, de dommages et intérêts et de la confiscation des produits, la contrefaçon d'objets brevetés.

PROPRIÉTÉ LITTÉRAIRE.

Le décret du 5 février 1828 concède aux auteurs de production littéraire le droit exclusif d'exploitation de leurs œuvres leur vie durant ; ce droit se continue en faveur de la veuve ou des héritiers pendant trente années, à partir du décès de l'auteur.

LÉGISLATION DES ÉTATS-ROMAINS.

ÉDIT DU 3 SEPTEMBRE 1833.

Art. 1er.—Quiconque, citoyen des États du pape ou étranger, découvrira ou introduira un nouveau genre de culture important, ou un nouvel art utile non connu précédemment, ou non encore mis en pratique, ou un nouveau procédé utile de culture ou de fabrication, ou un perfectionnement utile dans les moyens déjà connus, aura droit à un privilége exclusif pendant le temps et suivant les conditions expliquées dans les articles suivants.

Art. 2. — Les inventeurs d'un nouveau produit naturel, d'une nouvelle branche de culture ou de fabrication; ceux qui trouveront un nouveau moyen d'application ou de perfectionnement utile dans une industrie déjà connue, obtiendront un droit exclusif pendant un temps qui ne sera pas moindre de cinq ans et qui ne pourra excéder quinze années.

Art. 3. — Les premiers introducteurs dans les États-Romains de nouvelles méthodes ou de nouveaux perfectionnements utiles, non encore pratiqués ni connus dans lesdits États, jouiront du droit exclusif pour tout le temps restant à courir sur la durée du privilége obtenu à l'étranger.

Art. 4. — Enfin, ceux qui introduiront dans l'État de nouveaux moyens ou perfectionnements utiles, soit pour l'agriculture, soit pour les arts, si ces moyens ont déjà été publiés par la voie de l'impression, obtiendront un privilége de trois à six ans.

Art. 5. — L'importance de l'invention, le chiffre plus ou moins élevé du capital nécessaire pour la mettre en pratique, le plus ou le moins d'avantages à retirer du privilége, seront pris en considération; soit pour étendre le privilége à tous les États-Romains; soit pour les restreindre à une seule partie de ces États.

Art. 6. — Tout individu ayant obtenu un privilége de moins

de quinze ou de moins de six ans, suivant le cas, pourra obtenir une prolongation proportionnée de durée, soit lorsqu'il justifiera de dommages importants et imprévus éprouvés dans sa jouissance, soit dans le cas d'utilité publique.

Art. 7. — La demande de privilége devra nous être présentée à Rome directement, ou par les cardinaux, prélats, légats et présidents du commerce, et contenir la désignation de la découverte, invention, méthode ou perfectionnement faisant l'objet de la demande; l'utilité que l'État peut en attendre, et, s'il y a lieu, les dommages qui peuvent en résulter pour le public ou pour les intérêts particuliers.

Art. 8. — La supplique sera accompagnée d'une description en double expédition de l'invention, etc., assez claire et assez complète pour pouvoir être mise à exécution par tout cultivateur ou artisan; on y joindra les plans, dessins, coupes, modèles ou échantillons qui seraient nécessaires; le tout sera placé dans une enveloppe revêtue du cachet particulier du demandeur, et indiquant la date du jour de la présentation et le sommaire de l'objet auquel elle s'applique.

Art. 9. — La date indiquée sur l'enveloppe de la description et des objets y annexés, après avoir été contre-signée par l'autorité locale (laquelle ne pourra, dans aucun cas, refuser ou retarder le contre-seing), fixera la priorité de la découverte, etc.

Art. 10. — Lorsque la durée du privilége aura été déterminée conformément à l'article 5, il sera délivré au réclamant une patente de propriété qui, après avoir été publiée dans le *Diario di Roma*, sera notifiée aux cardinaux et délégués, légats et prélats présidents du commerce.

Art. 11. — La patente fera foi en justice tant pour le fait de la concession du privilége que pour la date de sa délivrance, mais elle ne garantira ni le mérite, ni l'utilité, ni la propriété, ni la priorité de l'invention ou de l'introduction que dans les conditions formellement décrites aux articles précédents.

Art. 12. — Tout individu qui, pour défaut de priorité ou toute autre cause, voudra contester au breveté son droit de propriété, pourra le faire en introduisant une instance devant les tribunaux compétents; mais cette instance devra être introduite dans le délai de six mois à partir de la date de la patente (art. 10); toute réclamation faite après ce délai sera nulle.

Art. 13. — A dater du jour de la publication de la patente, le privilégié aura le droit exclusif de mettre en usage sa découverte; il ne sera permis à personne, pendant la durée de ce privilége, de le troubler dans sa jouissance ou de lui contester en aucune manière l'objet spécifié dans sa patente.

Art. 14. — Le breveté pourra, en outre, pendant la durée de son privilége, et sous les conditions imposées par la présente loi, user de son droit de la même manière que de tout autre droit de propriété, le céder à autrui, s'associer des tiers pour son exploitation, ou en accorder l'usage partiel ainsi qu'il le jugera à propos.

Art. 15. — Le patenté aura d'ailleurs le droit de poursuivre devant les tribunaux compétents tout individu qui entreprendra de le troubler dans sa jouissance ou contestera la découverte mentionnée dans sa patente.

Art. 16. — La patente cessera d'avoir son effet, tant à l'égard du patenté que vis-à-vis des tiers, dans les cas suivants : 1° s'il appert que la découverte peut nuire à la sécurité et sûreté publiques; 2° s'il est jugé par les tribunaux compétents que d'autres que le breveté avaient, avant lui, introduit ou mis en pratique dans les États-Romains l'invention faisant l'objet de la patente; 3° si l'invention, l'importation ou le perfectionnement étaient déjà connus par l'impression ou avaient été l'objet d'une patente de propriété sans que ce fait ait été déclaré dans la demande du pétitionnaire; 4° si dans la description présentée, le pétitionnaire se trouve avoir dissimulé ou altéré quelqu'un des moyens nécessaires, utiles ou plus économiques d'appliquer la découverte; 5° s'il s'est écoulé une année depuis la publication de la patente sans que la découverte, etc., ait été mise en pratique, ou si, pendant la durée du privilége, la pratique en a été interrompue durant le même espace de temps; 6° si le patenté a laissé écouler un mois après l'échéance sans acquitter les droits mentionnés aux articles précédents; 7° si l'examen des échantillons levés chaque année par les autorités locales sur les produits du patenté fait reconnaître une altération dans la culture ou la fabrication du patenté.

Art. 17. — Après l'expiration du privilége, ou dans le cas de déchéance, la description (art. 8) sera publiée dans le *Diario di Roma* par les soins des légations et délégations, et il demeurera libre à chacun d'exercer la découverte qui en faisait l'objet.

Art. 18. — La taxe payée pour l'obtention d'une patente sera proportionnée au nombre d'années de sa durée, et comprendra désormais tous les paiements divers qui jusqu'à ce jour s'étaient faits à divers titres.

Art. 19. — Cette taxe, pour nouvelles découvertes, inventions, méthodes ou perfectionnements inconnus précédemment, sera de 10 scudis (53 fr. 80 c.) par an; pour les importations de culture, art, méthode ou perfectionnements déjà connus, mais non pratiqués dans les États-Romains, la taxe sera de 15 scudis (80 fr. 70 c.) par année.

Art. 20. — Toute prorogation de privilége sera payée à raison d'un tiers en sus de la taxe qui précède pour chaque année.

Art. 21. — Le paiement sera fait en deux parties égales : la première en recevant la patente, et la seconde dans le premier mois de la seconde moitié de la durée du privilége.

Art. 22. — La somme provenant de ces taxes pourra, suivant l'occasion, être employée en encouragements à l'agriculture et aux arts.

Les articles 23, 24 et 25 déterminent les conditions du maintien des priviléges spéciaux antérieurement concédés.

Art. 26. — Les contrevenants à l'article 13 seront assujettis à la confiscation des objets contrefaits, par moitié au bénéfice du patenté, et par moitié au bénéfice de l'accusateur ou de l'action publique, sans préjudice des dommages et intérêts, lorsqu'il y aura lieu, envers le patenté.

Son Éminence le cardinal-légat, le prélat-président du commerce et les délégués sont chargés de l'exécution de la présente loi.

Donné à Rome le 3 septembre 1833.

C. Galeffi, Camerlengo.

RÉSUMÉ PRATIQUE

DE LA LÉGISLATION DES ÉTATS-ROMAINS.

Un privilége de cinq à quinze années pourra être accordé à l'inventeur ou au premier importateur dans les États-Romains d'une nouvelle industrie, d'un nouveau produit ou d'un nouveau procédé de fabrication.

La durée du brevet d'importation est limitée à celle du privilége restant à courir à l'étranger.

Mais un privilége variable de trois à six années pourra également être accordé dans tout ou partie des États-Romains au premier introducteur d'un procédé agricole ou industriel déjà connu et publié à l'étranger.

La demande d'un privilége doit être accompagnée d'une description en double expédition de la découverte et de dessins, ou échantillons, selon la nature de l'invention.

La taxe est fixée à 10 scudis (53 fr. 80 c.) par an, pour une invention ; elle est de 15 scudis (80 fr. 70 c.) annuellement pour une importation.

Chaque année de prorogation d'un privilége, dans la limite de quinze ans, se paie à raison d'un tiers en sus de la taxe précédente. Le paiement de la taxe doit être effectué en deux termes ; moitié en recevant la patente, et l'autre moitié dans le premier mois de la deuxième période du brevet.

Le retard de la taxe, un mois après le terme indiqué, constitue la déchéance.

L'exploitation doit avoir lieu dans l'année qui suit la date de la patente, et ne pas être interrompue une année.

Mais la libéralité que présente la législation romaine n'existe qu'en théorie, car, en pratique, on obtient difficilement, dans ces États, un privilége exclusif d'exploitation, surtout en ce qui concerne les étrangers.

MARQUES DE FABRIQUE.

Extrait des ordonnances des 27 septembre 1826, 3 septembre 1833 et 12 septembre 1844.

Les objets de fabrication de la régie, qui sont la propriété du gouvernement, sont revêtus d'un *timbre à vernis particulier*. Les autres produits manufacturés n'ont aucune marque du gouvernement destinée à indiquer l'origine ; mais chaque fabrique fait usage de signes particuliers qui lui sont propres, tels qu'une étiquette, un chiffre, le nom du fabricant. Toutefois, il y a quelques fabriques, par exemple, la fabrique de Pontelagascuro, qui sont autorisées à se servir du *timbre camérale* (de la chambre apostolique, lieu d'expédition des actes du gouvernement).

Pour garantir la nationalité des tissus ou des peaux, ces objets peuvent être présentés spontanément à un office de douane qui, sur l'exhibition d'un certificat de l'autorité communale, les munit d'un timbre à plomb, soit sec, soit à vernis, suivant la qualité de la marchandise.

En ce qui concerne les produits auxquels on accorde une prime, ou qui sont fabriqués dans les ports francs, tels que les draps de laine et les cotonines, ils sont revêtus d'un plomb qui est apposé sur la trame.

On imprime une empreinte à feu sur les récipients dont on fait usage dans la salaison des poissons.

PROPRIÉTÉ ARTISTIQUE ET LITTÉRAIRE
INDIGÈNE ET INTERNATIONALE.

L'édit du 23 septembre 1826 reconnaît le droit de propriété en faveur des auteurs nationaux de productions littéraires.

Ce droit exclusif d'exploitation qui exige le dépôt préalable des exemplaires est concédé à l'auteur sa vie durant et se transmet à ses héritiers pendant douze ans, à partir du décès de l'auteur.

D'après la convention internationale conclue entre la Sardaigne et l'Autriche, à la date du 22 mai 1840, traité auquel s'est rallié le gouvernement pontifical, les œuvres ou productions du génie ou de l'art, publiés dans les États respectis, constituent en faveur de leurs auteurs une propriété dont eux seuls et leurs ayants-cause jouissent leur vie durant.

Ce droit passe à leurs héritiers légitimes et testamentaires, et subsiste pendant trente ans à partir du décès de l'auteur.

LÉGISLATION ARTISTIQUE ET LITTÉRAIRE EN TOSCANE.

Il n'existe pas en Toscane une loi spéciale sur les brevets d'invention, mais une notification, en date du 14 décembre 1840, porte à la connaissance du public l'accession du grand-duc de Toscane à la convention conclue et signée le 22 mai 1840 entre l'empereur d'Autriche et le roi de Sardaigne, laquelle a pour objet de garantir la propriété des ouvrages littéraires et artistiques publiés dans ces États respectifs, et dont nous résumons ici les points principaux.

1° Les œuvres ou productions de l'esprit ou des arts publiées dans les États respectifs constituent une propriété qui appartient à ceux qui en sont les auteurs, pour en jouir et en disposer durant toute leur vie ; eux seuls ou leurs ayants-cause ont droit d'en autoriser la publication.

2° Les œuvres théâtrales sont également la propriété de leurs auteurs; elles ne peuvent y être publiées et représentées sans leur autorisation.

3° Les traductions faites, dans un des États respectifs, de manuscrits ou d'ouvrages publiés en langue étrangère, hors de leurs territoires, ou dans l'un des États respectifs, d'ouvrages publiés dans l'autre, sont aussi considérées comme productions originales ; et si l'auteur, sujet d'un des souverains contractants, en publiant son ouvrage, y annonce son intention de publier lui-même la traduction dans lesdits États, il conservera pour cette traduction tous ses droits d'auteur, à la condition qu'il l'exécute dans l'espace de six mois.

4° La limite de reproduction libre d'ouvrages ou de journaux périodiques ne devra pas dépasser trois feuilles d'impression de la première publication et à la condition d'en indiquer la source.

5° La contrefaçon, qui est expressément prohibée dans les deux États, résulte de la reproduction totale ou partielle d'un ouvrage, par des moyens mécaniques, sans le consentement de l'auteur; il y a également contrefaçon, quand dans un ouvrage publié postérieurement il existe le même titre ou un titre analogue, et que l'on y trouve le même ordre d'idées et la même distribution.

L'auteur d'un ouvrage littéraire ou scientifique a droit d'empêcher l'usurpation d'un titre qu'il a choisi, lorsque ce titre peut induire le public en erreur sur l'identité apparente de l'ouvrage. Néanmoins, les titres généraux, tels que *Dictionnaire*, *Vocabulaire*, *Traité*, *Commentaire*, et la division d'un ouvrage par ordre alphabétique, ne donnent aux auteurs qui en ont fait usage aucun droit à empêcher que d'autres auteurs traitent le même objet sous le même titre et avec la même méthode de division.

6° Les gravures, lithographies, médailles, œuvres et formes de plastique, jouissent du privilége concédé aux ouvrages d'art, conformément à l'article 1er. La contrefaçon de tels objets est en conséquence prohibée, mais dans ce cas, il n'y a contrefaçon que si la reproduction s'opère par le procédé mécanique employé pour l'ouvrage original en conservant les mêmes dimensions.

Les peintures, les sculptures, les dessins, sont dans le même cas.

Les auteurs de dessins, peintures, sculptures, ou autres ouvrages d'art, et leurs ayants-cause, peuvent céder le droit exclusif de les reproduire par la gravure, par le moulage, ou par tout autre moyen mécanique, sans cependant en perdre la propriété.

Mais en aliénant l'ouvrage original, le droit d'en autoriser la reproduction se transfère à l'acquéreur pour en jouir tout le temps durant lequel l'auteur et ses héritiers en auraient pu jouir, à moins de stipulation contraire.

7° Les personnes au préjudice desquelles on aura commis une contrefaçon ont droit à des dommages et intérêts.

Outre les peines prononcées contre les contrefacteurs par les lois des deux États, on ordonnera le séquestre et la destruction des exemplaires et aussi des formes, estampes, planches, pierres et autres objets employés pour exécuter la contrefaçon; cependant la partie lésée pourra demander que cesdits objets lui soient adjugés en tout ou en partie en déduction de l'indemnité qui lui est due.

8° La vente d'ouvrages et d'objets contrefaits est absolument prohibée dans les deux États, sous les peines ci-dessus indiquées et qui seront appliquées aussi dans les cas où les contrefaçons auraient été préparées à l'étranger.

9° Le droit des auteurs ou de leurs ayants-cause se transmet aux héritiers légitimes et testamentaires dans les deux États pour une durée de trente ans après la mort de l'auteur.

Pour les ouvrages posthumes ou inachevés, le droit est garanti pour quarante années à partir du jour de leur publication. Ce terme est étendu à cinquante années du jour de la publication pour des ouvrages publiés par des corps savants ou par des sociétés d'hommes de lettres.

Pour les ouvrages en plusieurs volumes, ou par livraisons, le terme ne commence à courir pour tout l'ouvrage que de la publication du dernier volume ou de la dernière livraison.

10° La durée de cette convention a été fixée pour quatre années à partir du 14 décembre 1840.

LÉGISLATION DES DUCHÉS DE PARME, PLAISANCE ET GUASTALLA.

Le droit industriel est régi dans ces duchés suivant l'ancienne juridiction française du 7 janvier 1791 (page 11), et conformément au décret rendu le 21 août 1833 par Marie-Louise, princesse impériale, archiduchesse d'Autriche, duchesse de Parme, de Plaisance et de Guastella.

Ce décret fixe à 30 lires[1] la taxe d'un brevet de cinq ans, à 80 lires la taxe pour dix ans, et à 150 lires celle du brevet de quinze ans.

Les droits de prolongation d'un brevet sont de 60 lires, et les frais d'expédition s'élèvent à 16 lires.

Le même décret fixe à 8 lires la taxe d'un certificat d'additions, à 6 lires l'enregistrement d'une cession, et à 4 lires, soit la communication d'une description, soit le procès-verbal du dépôt de la demande au secrétariat général de la présidence de l'intérieur.

Le pétitionnaire doit joindre à sa requête une double expédition de la description et des dessins de la découverte dont il est l'inventeur ou l'importateur, et s'il agit par un mandataire, remettre à ce dernier un pouvoir conforme au modèle. (Page 39.)

LÉGISLATION DES DUCHÉS DE MODÈNE ET DE LUCQUES.

Le duché de Modène délivre des priviléges d'invention et d'importation, conformément à l'ancienne législation des États sardes, dont voici les principales clauses : Le gouvernement accorde les priviléges exclusifs d'invention et d'importation dans les limites de

---

1. Une lire vaut 0,86 centimes environ.

cinq à quinze années. La requête adressée au ministre de l'intérieur doit contenir une description exacte et complète de la découverte, avec les dessins, échantillons et modèles nécessaires à sa parfaite intelligence; le pétitionnaire est tenu d'y déclarer pour quel temps et dans quelle localité l'exploitation aura lieu.

La demande est soumise au conseil d'État, qui, après examen, se prononce sur la concession ou le refus du brevet.

Le diplôme royal fixe la durée du privilége et rappelle les conditions auxquelles doit se soumettre le breveté, et entre autres :

1° L'obligation d'exploiter l'invention sous peine de déchéance, dans le délai indiqué dans le diplôme même (ce délai varie de six mois à un an).

2° L'obligation de déposer, dans un délai de deux mois, à partir de la signature royale, à l'Académie des sciences de la capitale, une copie de la description, des moyens et procédés d'exploitation de l'invention; de consigner, dans le même laps de temps, une copie authentique de son privilége, à la Chambre d'agriculture et de commerce de l'arrondissement où il a l'intention d'exercer son industrie; d'informer la même Chambre du lieu précis où sera placée la fabrique d'exploitation, et enfin, de se conformer à toutes les obligations prescrites.

La publication du privilége doit être faite dans les six mois de la concession, aux soins et frais du breveté, dans tous les chefs-lieux, bourgs et bourgades du duché.

Les frais de chancellerie et d'expédition sont également à la charge du breveté.

Le breveté doit justifier, au consulat du duché, et en outre devant le tribunal de commerce, du ressort de l'exploitation, de la mise en activité du privilége, dans le délai prescrit par le diplôme. Cette justification doit se renouveler chaque année, pour constater la non-interruption de l'exploitation.

Les contestations, en matière de contrefaçon, sont déférées aux consulats et tribunaux de commerce.

Les lois décrétées les 5 mai 1807, et 31 août 1819, par Marie-Louise, duchesse de Lucques, pour protéger le commerce et l'industrie dans ce duché ont la même analogie.

SUISSE ET AUTRES ÉTATS.

Tandis que la plupart des États établissent des priviléges exclusifs au profit des inventeurs et des importateurs de produits industriels, la Suisse ne leur accorde aucune protection.

Il n'existe dans les divers cantons de la Suisse aucune législation sur les brevets d'invention; aucune disposition spéciale ne réglemente les marques de fabrique pour constater l'origine des produits industriels.

Cependant la Suisse, à la suite de sa dernière exposition, paraît s'être occupée de cette grave question, et un projet de loi est à l'étude pour combler cette lacune regrettable.

Quant à la Turquie, à l'Égypte et aux diverses colonies américaines, anglaises et autres, des priviléges exclusifs peuvent être obtenus, soit par les chancelleries, soit par les administrations coloniales.

LÉGISLATION DU PARAGUAY[1].

DÉCRET DU 20 MAI 1845.

Le gouvernement national, voulant développer et encourager l'industrie pour le bien-être de la République, et considérant qu'un des moyens les plus efficaces est de déterminer et d'assurer les droits respectifs de ceux qui travailleront dans ce but louable,

Décrète :

Art. 1er. — Toute découverte ou nouvelle invention, de quelque genre qu'elle soit, est la propriété de son auteur; ce dernier jouira de cette propriété dans la forme et pour le temps désignés ci-dessous.

Art. 2. — Tout moyen de donner à un produit déjà créé un nouveau genre de perfection, sera considéré comme une nouvelle invention.

Art. 3. — Quiconque introduira dans la République une découverte étrangère, jouira des mêmes avantages que s'il en était l'inventeur.

Art. 4. — Celui qui voudra obtenir et s'assurer la jouissance d'une propriété industrielle du genre de celles qui sont énoncées dans les articles précédents, devra : 1° s'adresser au secrétaire du gouvernement suprême, et déclarer, par écrit, si l'objet qu'il présente est une invention, un perfectionnement, ou seulement une introduction; 2° remettre sous cachet une description exacte des principes, moyens et procédés qui constituent la découverte, ainsi que les plans,

---

1. La république du Paraguay a pour capitale l'Assomption et comprend les villes suivantes : Caruguati, la Conception, Neembucu et Villarica.

dessins, modèles et toute autre pièce y relative, afin que le paquet fermé soit ouvert au moment où l'inventeur recevra son titre de propriété.

Art. 5. — On donnera à l'inventeur un brevet qui lui assure la propriété et la jouissance de son invention pour la durée de cinq à dix ans, à compter de la date de ce brevet. Cependant, ce terme pourra être prolongé, et d'autres avantages accordés, si la découverte est d'une importance à exiger une protection extraordinaire.

Art. 6. — Dans tous les cas, la jouissance des brevets accordés pour découvertes déjà introduites en pays étranger, ne pourra excéder de six mois le terme fixé dans ce pays pour le premier inventeur.

Art. 7. — Le propriétaire d'un brevet jouira exclusivement de l'exercice et des avantages de la découverte, invention ou perfectionnement, pour lesquels il lui aura été accordé. Il pourra conséquemment attaquer les contrefacteurs qui, une fois convaincus, supporteront la confiscation, les dommages et intérêts en faveur de l'inventeur, et en outre une amende de 20 pour cent de ce montant, au bénéfice des dépenses publiques.

Art. 8. — Dans le cas où l'accusation en contrefaçon, après la déclaration du séquestre, se trouverait dénuée de preuves, l'inventeur sera condamné à payer à l'actionné les dommages et intérêts convenables, et, en outre, une amende de 20 pour cent de cette condamnation, somme applicable aux dépenses publiques.

Art. 9. — Tout breveté aura le droit de former des établissements sur divers points de la République, sauf les réserves qui pourront lui être préalablement déclarées; il pourra autoriser d'autres individus à exploiter ses moyens, procédés ou secrets, et disposer de son brevet comme d'une propriété mobilière quelconque.

Art. 10. — Avant l'expiration du brevet, les détails de l'invention pourront être communiqués à qui en fera la demande, à moins cependant que des raisons politiques ou commerciales n'exigent le secret, ou que l'inventeur n'ait demandé et obtenu, depuis la concession de son brevet, la garantie de la réserve.

Art. 11. — A l'expiration du brevet, la découverte restera acquise à la République, et le gouvernement suprême en fera publier la description, et en permettra la libre exploitation, sauf le cas où des raisons politiques ou commerciales demanderaient quelques restrictions.

Art. 12. — La description sera aussi publiée, et l'usage des moyens et procédés livré au domaine public, si le propriétaire est déclaré déchu de ses droits, ce qui ne pourra avoir lieu que dans les cas suivants :

1° Si l'inventeur est convaincu d'avoir omis dans sa description, ou caché quelqu'un de ses véritables moyens d'exécution, ou de ne pas les avoir exposés d'une manière fidèle et circonstanciée;

2° S'il ne rend pas compte de tout nouveau moyen de modification ou perfectionnement qu'il aurait découvert, soit lors de la concession du brevet, soit postérieurement à cette concession. Tout moyen nouveau, du reste, lui sera garanti aussi bien que l'invention;

3° S'il est reconnu que le brevet a été obtenu pour des découvertes déjà consignées et décrites dans des œuvres imprimées et publiées, de manière qu'il n'y ait pas eu réellement invention;

4° Si, deux ans étant écoulés depuis la concession, le propriétaire n'a pas mis son invention en exploitation, excepté cependant s'il justifie les motifs de cette inaction;

5° Si, après avoir obtenu un brevet de la République, il se trouve convaincu d'en avoir pris un autre pour le même objet en pays étranger sans autorisation préalable;

6° Le brevet sera également révoqué, et la découverte publiée, si l'acquéreur du droit d'exploitation d'une découverte énoncée dans un brevet, viole les obligations imposées à l'inventeur.

Art. 13. — Quand les objets des découvertes, bien que d'une utilité publique reconnue, seront d'une exécution simple et par conséquent très-faciles à contrefaire, l'inventeur pourra simplement solliciter une récompense au lieu d'un droit d'exploitation exclusive.

Art. 14. — La même chose pourra avoir lieu quand il préférera l'honneur de gratifier immédiatement la nation des fruits de sa découverte, et les récompenses seront déterminées en proportion de l'utilité respective.

Art. 15. — Quand une personne découvrira un nouveau moyen de perfectionnement pour une invention déjà garantie par un brevet, elle pourra obtenir un autre brevet pour l'exercice particulier dudit moyen, sans que pour cela il lui soit permis, sous quelque prétexte que ce soit, d'exécuter ou de faire exécuter l'industrie principale, et réciproquement l'inventeur ne pourra exécuter ce nouveau moyen de perfectionnement, sauf les conventions qu'ils pourraient faire entre eux.

Art. 16. — La priorité de l'invention, en cas de contestation entre deux brevets relatifs à un même objet, sera acquise à celui qui le premier aura fait les déclarations et dépôts exigés par l'article 4.

Fait à l'Assomption, le 20 mai 1845.

CARLOS ANTONIO LOPES.

ANDRESS GILL,
Secrétaire du Gouvernement.

En promulguant cette loi, le directeur a compris que l'auteur et le premier importateur d'une découverte destinée à enrichir le pays avaient droit, à titre de rémunération, soit à un privilége exclusif temporaire, soit à une récompense spéciale.

LÉGISLATION SUÉDOISE.

ORDONNANCE DU ROI

Portant règlement renouvelé concernant les brevets d'invention, donnée au château de Stockholm, le 19 août 1856.

§ 1er. — Le brevet d'invention accorde à son possesseur, pour le temps qui y est fixé, le droit exclusif d'exploiter, dans toutes les parties du royaume, soit par lui-même ou par d'autres personnes, l'invention qui en fait l'objet.

Le droit conféré par un brevet est considéré comme une propriété légitime du possesseur, et peut se transmettre par héritage ou par tout acte légal quelconque à une autre personne.

§ 2. — Des brevets peuvent être délivrés :
1° Pour des inventions relatives aux arts et à l'industrie;
2° Pour des perfectionnements à des inventions déjà connues, pourvu toutefois que l'invention à laquelle le perfectionnement se rattache ne soit plus sous l'empire d'un brevet.

Il ne sera pas concédé de brevet pour des préparations médicamenteuses, ni pour des inventions dont l'usage serait évidemment contraire à quelque loi en vigueur, à la sûreté publique et aux bonnes mœurs.

Personne ne pourra obtenir un brevet d'invention pour le droit exclusif d'exploiter en général un *principe nouveau*, mais seulement pour l'emploi exclusif des moyens et procédés qu'elle aura exposés et décrits dans la spécification annexée au brevet.

§ 3. — Les brevets d'invention seront accordés pour trois ans au moins, et pour quinze ans au plus, suivant la nature et l'importance de la découverte.

§ 4. — Nul autre que l'inventeur suédois ou étranger ne peut obtenir un brevet.

§ 5. — Si un inventeur a obtenu à l'étranger un brevet pour

sa découverte, et qu'il ait été obligé de publier en même temps une description de la manière d'exercer cette invention, il pourra obtenir néanmoins en Suède, conformément au § 3, un brevet pour un temps déterminé, mais qui, toutefois, ne pourra excéder la durée restant à courir au brevet accordé à l'étranger.

§ 6. — Tout inventeur qui désire obtenir un brevet est tenu de présenter une requête au collége de commerce, en ayant soin d'y joindre un exposé de l'invention; il déclarera si l'invention est nouvelle ou si elle consiste dans un perfectionnement à une invention déjà connue; il devra indiquer de même la durée qu'il entend assigner à son privilége. Il est tenu d'annexer à sa demande une description exacte et complète de l'invention et de la manière de l'employer, ainsi que des dessins exacts ou des modèles dans les cas où cela est nécessaire. Les descriptions et dessins doivent être présentés au collége sous enveloppe cachetée; le pli n'est ouvert qu'à l'époque où le collége examine la demande du brevet, après quoi les documents seront conservés au collége de commerce et mis à la disposition du public.

La requête mentionnée dans cet article devra, si le requérant ne demeure pas dans le royaume, être présentée par une personne établie en Suède, et dont le nom et l'adresse devront être donnés à cette occasion, et enregistrés au collége de commerce.

Le mandataire de l'inventeur étranger devra justifier d'une procuration en règle l'autorisant à répondre en son nom pour tout ce qui concerne le brevet.

§ 7. — Lorsque toutes les pièces requises dans l'article précédent pour constituer une requête dans les formes auront été présentées au collége de commerce, celui-ci devra examiner l'affaire et délivrer, quand il n'y a pas d'empêchement, selon la présente ordonnance, un brevet pour l'invention proposée. Dans le brevet devront être insérés : la demande du requérant quant à la nature de son contenu, la description produite avec des renvois aux dessins et aux modèles, s'il en a été présenté, le temps pour lequel le brevet a été accordé, le droit qui a été octroyé par le brevet, et les obligations imposées au possesseur du brevet pour jouir du droit concédé; en outre, il doit être déclaré dans le brevet que celui-ci ne peut pas être regardé comme affirmant la nouveauté de l'invention ou les avantages de son exploitation.

§ 8. — Dans le cas de présentation de plusieurs demandes de brevets pour des inventions semblables, le brevet est accordé au dépositaire de la première demande régulière.

§ 9. — Lors de la concession d'un brevet, il est affiché à la porte du collége de commerce, et c'est de ce jour que court la durée du brevet.

§ 10. — Le breveté est tenu :
1° De publier ce brevet en le faisant insérer *en entier trois fois* dans la gazette officielle; cette publication doit avoir lieu dans les deux mois à dater du jour où le brevet a été délivré et affiché;
2° De fournir avant l'échéance de deux années au collége de commerce la preuve constatant le plein exercice de l'invention brevetée; ce délai peut cependant être réduit à un an par le collége lors de la délivrance du brevet, comme aussi, par suite d'une requête spéciale, ce laps de temps peut être étendu jusqu'à quatre ans au plus, si la nature et l'importance de l'invention y donnent lieu;
3° De produire ensuite chaque année pendant tout le temps du privilége, des preuves constatant que l'invention continue à être exploitée.

§ 11. — Si le breveté désire transférer ses droits, il devra faire connaître son intention au collége de commerce, à qui il appartient d'expédier une résolution à cet effet, et qui prescrira au possesseur du brevet les obligations à observer pour le maintien de ses droits.

Si le transfert se fait à une personne établie hors du royaume, celle-ci est tenue de constituer un fondé de pouvoirs conformément à l'article 6.

§ 12. — Si un brevet a été délivré pour une invention de même nature qu'une autre déjà brevetée ou exploitée par une autre personne en Suède, ou bien si le breveté a donné sur la manière et les moyens à employer pour l'utilisation de son invention, une description inexacte ou tellement incomplète qu'on ne puisse apprécier la véritable nature de cette invention, ou encore si le breveté s'est donné pour inventeur sans l'être, ou enfin si une invention brevetée est reconnue nuisible à la sûreté ou à la salubrité publique, ou contraire aux bonnes mœurs, toute personne qui s'estimera lésée par le brevet, pourra, et l'accusateur public, quand l'intérêt général l'exigera, devra intenter une action contre le brevet délivré devant un tribunal situé dans le district où le breveté ou son mandataire a sa résidence, et si le tribunal reconnaît l'exactitude des faits signalés, il déclarera le brevet annulé.

§ 13. — Le breveté pourra assigner tout contrefacteur; tout délit de contrefaçon sera puni pour la première fois d'une amende de 100 à 200 riksdalers, et du double en cas de récidive, dont moitié en faveur du breveté.

§ 14. — Le défendeur en contrefaçon, dans le cas de déchéance du brevet en conformité de l'article 12, sera renvoyé des fins de la plainte.

§ 15. — Le droit d'un breveté devient nul :

1º Si le breveté a négligé d'accomplir quelqu'une des conditions prescrites dans l'article 10;

2º Si, par suite d'action intentée suivant l'article 12, un tribunal a déclaré la déchéance du brevet.

§ 16. — Toute déchéance anticipée ou par expiration d'un brevet, sera publiée, par les soins du collége, dans le journal officiel.

§ 17. — La durée d'un mois pour la fixation des diverses obligations s'entend de 30 jours.

§ 18. — La présente ordonnance sera en vigueur à dater du 1er octobre 1856; à partir de la même époque, seront abrogées les ordonnances du 13 décembre 1834 et du 30 décembre 1841, tout en maintenant les droits des brevets antérieurs.

Donné à Stockholm, le 19 août 1856.

RÉSUMÉ PRATIQUE

DE LA LÉGISLATION EN SUÈDE.

Tout inventeur suédois ou étranger peut obtenir en Suède un brevet d'invention dont la durée varie de 3 à 15 ans.

Les brevets d'importation sont supprimés.

Un brevet n'est pas accordé pour des préparations médicinales ; un principe théorique, sans aucun moyen d'application, ne peut faire l'objet d'un privilége exclusif.

L'inventeur déjà breveté à l'étranger peut seul, malgré la publicité de sa découverte, obtenir un brevet d'invention, dont la durée ne pourra être supérieure à celle restant à courir à l'étranger.

En cas de plusieurs demandes simultanées par des inventeurs, la priorité sera acquise à celui qui le premier aura adressé au collége royal du commerce les pièces en règle.

La date légale du privilége compte du jour où il est affiché à la porte de la cour du collége ; le breveté est tenu de faire insérer trois fois, à ses frais, dans le journal officiel, la description entière de sa patente, dans le délai de 2 mois après l'affichage dudit brevet.

L'inventeur qui agit par un mandataire doit remettre à ce dernier un pouvoir notarié et légalisé. (Page 39.)

Le délai ordinaire d'exploitation est limité à 2 années ; toutefois le collége du commerce peut le réduire à une année. Sur la demande spéciale du titulaire, le délai d'exploitation peut être porté à 4 années, en indiquant les motifs qui motivent l'extension de cette période.

L'exploitation doit être continuée pendant la durée du brevet, sans interruption d'une année.

Il n'y a pas de taxe imposée à l'expédition d'un brevet suédois; mais la traduction, l'insertion *in extenso* de la spécification répétée trois fois dans le journal officiel, et les droits de chancellerie, constituent des frais assez importants.

PROPRIÉTÉ ARTISTIQUE ET LITTÉRAIRE.

La loi du 16 juillet 1812 concède aux auteurs d'œuvres littéraires et artistiques un droit exclusif de propriété leur vie durant; leurs héritiers ou ayants droit jouissent de cette faculté pendant 20 années à partir du décès.

Le droit de propriété peut, par autorisation royale, être conféré à l'éditeur qui acquiert d'un auteur étranger la propriété d'un ouvrage.

MARQUES DE FABRIQUE EN SUÈDE.

En Suède, les produits de l'industrie doivent être revêtus du timbre du fabricant, et ils ne peuvent être livrés au commerce qu'après avoir été marqués du *timbre blanc* d'une autorité publique. Ce timbre prouve l'origine indigène de la marchandise, et la distingue dans le commerce des produits importés de l'étranger.

Ceux-ci doivent, afin de ne pas être confisqués, porter l'empreinte du timbre de la douane, qui a pour objet de constater qu'ils ont été importés légalement, et que les droits dont ils sont passibles ont été acquittés.

Quand un objet n'est pas susceptible d'être estampillé, il est muni du sceau en cire d'Espagne au timbre noir de l'autorité publique.

Le Code de commerce punit la contrefaçon des marques d'origine ou des timbres de la douane.

La propriété exclusive des dessins, des ornements et des formes spéciales appliqués aux produits de l'industrie, ne peut être garantie que par un brevet.

Les sculpteurs, graveurs ou peintres ne jouissent d'aucune garantie contre la reproduction de leurs ouvrages.

LÉGISLATION NORVÉGIENNE.

La seule disposition que la législation norvégienne contienne au sujet de la délivrance des brevets d'invention se trouve au 7ᵉ chapitre des lois relatives aux professions industrielles ; en voici le résumé :

Un brevet d'invention pour les arts et l'industrie peut être obtenu du roi, mais pour un terme maximum de dix années. Le pétitionnaire est tenu de déposer une description satisfaisante de l'invention, et assez complète pour que toute personne de l'art puisse exécuter parfaitement la découverte.

Si plusieurs personnes ont fait une invention utile, et que toutes désirent en même temps obtenir un privilége exclusif pour l'exercer, cette concession leur sera accordée; mais si l'une d'elles renonce à ce droit, sa renonciation entraînera de fait celle de toutes les autres.

Il faut pour la Norvége un brevet distinct du brevet de Suède.

LÉGISLATION EN DANEMARK.

Il n'existe pas de lois spéciales sur les brevets dans le royaume du Danemark et les duchés de Schleswig et Holstein; cependant, l'octroi de priviléges pour des inventions industrielles est conforme à une sorte de loi pratique qui peut être comprise dans les règles ci-après :

RÈGLES SUIVIES EN DANEMARK

POUR LA CONCESSION DES PRIVILÉGES.

Les brevets sont accordés en général pour des inventions et perfectionnements émanant soit de nationaux, soit d'étrangers; la durée de jouissance est subordonnée à la décision du conseil de commerce (collége).

Un étranger peut obtenir un brevet en son propre nom, mais il doit, soit lui-même, soit par un autre, faire exécuter l'objet du brevet dans le pays.

En général, on est tenu, sous peine de perte du privilége exclusif, de commencer l'exploitation du brevet dans l'année qui suit la date de sa concession, et de la continuer sans interruption.

Le privilége tombe, si quelqu'un prouve que l'objet a été fabriqué auparavant dans le pays de la même manière que le breveté. La connaissance des questions qui s'élèvent à ce sujet est attribuée d'ordinaire aux tribunaux.

Le brevet n'exclut pas l'importation de l'étranger, et l'usage de l'objet qu'il contient.

Dans les demandes de brevet qui doivent être adressées au roi, il faut que l'inventeur indique le caractère de l'invention par des expressions courtes et précises qui puissent être insérées dans le brevet comme dénomination de l'objet pour lequel le privilége exclusif a été accordé. En même temps il doit indiquer s'il désire avoir le brevet pour le Danemark ou pour les duchés ou pour tous deux ensemble.

Lorsque la demande de privilége exclusif est accueillie, il faut, avant que le brevet ne soit expédié et soumis à la signature du roi, que, dans un temps déterminé, le pétitionnaire (s'il est sujet du pays, ce temps est limité à quatre semaines, et s'il est étranger, le délai est de six semaines), envoie au conseil du commerce (collége) une description complète et un dessin de l'invention, le tout en double expédition, et signé par le pétitionnaire ou par son mandataire.

L'un de ces exemplaires est annexé au brevet, et l'autre est conservé aux archives du conseil royal du commerce, qui délivrera le brevet.

En principe, les dessins et les descriptions ne sont communiqués à personne; cependant, dans des cas fortuits où des particuliers s'adresseraient au collége pour savoir jusqu'à quel point un brevet existant pourrait être un empêchement à une entreprise commencée ou projetée par l'un d'eux, ils devront soumettre au conseil leur procédé : après quoi le collége, en le confrontant avec la description brevetée, décidera la question.

Le nombre d'années pour lequel le brevet est accordé dépend de la décision du conseil suivant la nature de l'objet. — Il n'est pas toujours accordé pour le temps demandé par le pétitionnaire. Du reste, la durée d'un brevet varie de 3 à 20 ans; les brevets d'importation sont rarement accordés pour un terme plus long que 5 ans.

Le droit à payer pour un brevet est de 17 rixdalers argent (60 francs), s'il n'est qu'au nom d'une seule personne, et de 34 rixdalers argent (120 francs) s'il est expédié au nom de plus d'une personne, sans tenir compte du temps pendant lequel le brevet est valable.

En général, on n'accorde pas de prolongation de brevet. Un brevet ne peut être cédé que sous certaines formalités; si on désire en faire la vente, il faut que le breveté, conjointement avec l'acheteur, présentent une demande pour qu'un nouveau brevet, pour le temps qui reste encore à courir au privilége primitif soit délivré au cessionnaire.

Dans les contestations qui peuvent s'élever, le gouvernement applique les lois relatives à la contrefaçon des imprimés, des ouvrages d'art, et de marques de fabrique, dont nous reproduisons ci-après le résumé :

RÉSUMÉ DES LOIS

CONCERNANT LES IMPRIMÉS, LES OUVRAGES D'ART ET LES MARQUES DE FABRIQUE EN DANEMARK

Imprimés. — L'ordonnance royale du 7 mai 1828 confirme la prohibition expresse contenue dans la loi du 7 janvier 1841, de la contrefaçon des écrits et ouvrages imprimés; mais en outre, elle étend cette défense en faveur des éditions des sujets d'autres pays où les Danois ont le même privilége, en vertu d'une protection mutuelle.

Ouvrages d'art. — L'ordonnance royale du 13 décembre 1837 est relative aux ouvrages d'art.

Le droit de reproduire par la gravure, la lithographie, le moulage, etc., des ouvrages de peinture ou de sculpture, est garanti exclusivement à leurs auteurs pendant 5 ans; l'avis du privilége doit être inséré par les soins de l'auteur dans les journaux du pays, mais chaque exemplaire de ces ouvrages doit être revêtu d'un timbre portant le nom de l'auteur, et ces mots : *seul privilégié.* Il en sera de même, lorsque le droit de reproduire ces mêmes ouvrages aura été cédé à un tiers.

Le droit exclusif de propriété passe aux enfants et aux héritiers de l'auteur.

En raison de l'importance du travail et d'autres circonstances particulières, le terme de 5 ans indiqué ci-dessus, peut être porté à 10 ans, sur l'avis de l'Académie des beaux-arts, par la chancellerie royale de Danemark, et à la condition, par le titulaire, d'annoncer la prolongation dans les journaux publics.

Si quelqu'un désire éditer par gravure, lithographie, ou moulage, etc., un travail de sculpture, dont l'entreprise soit d'un intérêt particulier pour les arts, et d'une importance exceptionnelle, il pourra lui être accordé une concession spéciale par la chancellerie, sur l'avis de l'Académie des beaux-arts, mais pour une durée qui ne pourra dépasser 10 années.

Celui qui sera convaincu d'avoir usurpé les droits du privilégié sera condamné à payer des dommages-intérêts à l'auteur, et une amende de 50 à 200 thalers argent pour les pauvres. Toutefois, l'amende pourra être réduite à 20 thalers, si le coupable ne s'est pas servi du timbre de l'artiste. Cette disposition, sauf la réduction de l'amende à 10 ou à 50 rixdalers argent est également applicable à celui qui mettrait en vente des ouvrages contrefaits illégalement; les exemplaires contrefaits seront confisqués et vendus au profit de l'auteur.

L'action en contrefaçon doit être intentée dans un délai d'un an et un jour, et peut ne pas être admise si on a laissé la contrefaçon s'exercer librement pendant ce temps.

Marques de fabrique. — D'après l'ordonnance du 11 avril 1840, les peines encourues pour ventes de marchandises fausses ou falsifiées s'appliquent aux marchands et fabricants qui auront contrefait la marque ou le timbre d'un autre fabricant, soit pour en faciliter la vente, soit pour obtenir la confiance du public au détriment.

Ces pénalités sont : la prison, au pain et à l'eau deux fois pendant cinq jours, et même les travaux forcés pendant quatre ans.

La même peine, à son degré le plus élevé, sera toujours appliquée quand la falsification des marchandises mettra en danger la vie ou la santé.

Dans l'application de la pénalité, il sera tenu compte de l'importance de la contrefaçon et des autres circonstances incidentes. Ainsi, dans le cas où la contrefaçon ou la falsification n'aurait causé qu'un faible préjudice, la punition pourra être réduite à une amende de 2 à 20 thalers.

CONFÉDÉRATION GERMANIQUE.

BASES DE LA LÉGISLATION INDUSTRIELLE

ZOLLVEREIN, *ou convention générale des États confédérés de l'union douanière et commerciale de l'Allemagne.*

Parmi les quarante États qui composent la confédération germanique, vingt-cinq se sont unis par une association douanière et commerciale qu'ils ont renouvelée pour douze années en septembre 1839.

En voici les noms :

Royaumes de : Prusse, Bavière, Saxe, Hanovre et Wurtemberg. — Grand-duché de Bade, Électorat de Hesse, grand-duché de Hesse, grand-duché de Saxe-Weimar-Eisenach, duchés de Saxe-Cobourg-Gotha, de Saxe-Meiningen-Hildbourghausen, de Saxe-Altenbourg, de Nassau, de Anhalt-Dessau, de Anhalt-Bernbourg, de Anhalt-Coethen. — Principautés de : Schwarzbourg-Rudolstadt, Schwarzbourg-Sondershausen, Hohenzollern-Hechingen, Hohenzollern-Zigmaringen, Waldeck, Reuss branche aînée, Reuss branche cadette. — Landgraviat de Hesse-Hombourg, Francfort sur le Mein.

Lors de la rédaction du traité d'union, ces États s'étaient réservé d'adopter ultérieurement des principes uniformes en matière de brevets d'invention et d'importation.

En exécution de cette réserve, une convention générale a été arrêtée le 21 septembre 1842, et ratifiée le 29 juin 1843. Les principes de cette convention dominant les règlements respectifs des divers États de l'union présentent un intérêt primordial qui motive ici leur publication avant celle de la législation afférente à chaque pays en particulier.

CONVENTION DU 21 SEPTEMBRE 1832.

Chaque État du Zollverein a la faculté de décréter les dispositions qu'il jugera convenables relativement à la délivrance des brevets et privilèges ayant pour but l'usage exclusif d'inventions nouvelles en matière d'industrie, qu'il s'agisse de brevets d'invention ou de brevets d'importation; toutefois, tous les États de l'Union, dans le but d'écarter d'une part, autant que possible, les restrictions qui pourraient résulter de ces privilèges pour la liberté du commerce dans les États de l'Union, et d'arriver, d'autre part, à une certaine uniformité de principes, se sont entendus pour faire exécuter partout les principes suivants en matière de brevets :

Art. 1er. — Il ne sera délivré, dans les États de l'Union, de brevets d'invention que pour des objets réellement nouveaux et d'une nature particulière. Ainsi, il ne sera point accordé de brevets pour des objets qui, avant la délivrance du brevet, auraient déjà été pratiqués ou connus, de quelque manière que ce soit, dans le territoire de l'Union. Sont particulièrement exclus du bénéfice d'un brevet les objets qui déjà auront été expliqués par l'impression ou par le dessin dans des ouvrages publiés dans le pays ou à l'étranger, en langue allemande ou en langue étrangère, de manière à en faciliter l'exécution à toute personne capable. L'appréciation de la nouveauté et de la particularité de l'objet susceptible d'être breveté est abandonnée à l'appréciation de chaque gouvernement. Il ne sera plus dans les États de l'Union, délivré de brevet d'aucun objet dont l'invention aura été constatée par le brevet au profit d'un sujet de l'Union, à d'autres personnes qu'à l'inventeur ou à ses successeurs légitimes.

Art. 2. — Il pourra également, sous les conditions exprimées par l'article premier, être délivré des brevets de perfectionnement d'objets déjà connus ou brevetés, pourvu que le changement opéré soit nouveau et spécial. Ces brevets, toutefois, dans les cas où ils s'appliqueront au perfectionnement d'objets déjà brevetés, ne porteront aucun préjudice aux brevets déjà délivrés, et il faudra que la participation aux brevets originairement délivrés soit acquise par un traité spécial.

Art. 3. — La délivrance d'un brevet ne pourra désormais donner aucun droit de défendre ou de restreindre soit l'introduction d'objets semblables à ceux du brevet, soit l'écoulement ou la vente de ces objets. Elle ne pourra, non plus, donner aucun droit au détenteur du brevet de faire défendre l'usage ou la consommation des objets introduits qui ne seraient pas vendus par lui, sauf le cas unique où il s'agira de machines ou instruments pour la fabrication et l'industrie, et non d'objets généraux de commerce destinés à l'usage et à la consommation du public.

Art. 4. — Par contre, chaque gouvernement de l'Union conserve la faculté d'accorder, par un brevet délivré dans l'étendue *de sa juridiction :*

1º Un droit à la préparation ou à l'*exécution* exclusive de l'objet en question;

2º De même, il est réservé à chaque gouvernement d'accorder, *dans l'étendue* de sa juridiction ;

Le droit exclusif d'appliquer dans ce genre :

Une nouvelle méthode de fabrication ;

Ou de nouvelles machines ou instruments pour la fabrication ; de manière à interdire à chacun l'emploi et l'usage de l'objet breveté, à moins que le titulaire n'en ait cédé le droit ou que l'objet breveté n'ait été fourni par lui.

Art. 5. — Dans chaque État de l'Uunion, les sujets des autres États qui en font partie seront traités sur le même pied que les sujets indigènes, qu'il s'agisse de la délivrance des patentes ou de la garantie des droits résultant de leur obtention.

La délivrance d'un brevet dans un État n'impliquera en aucune manière le droit d'obtenir pour le même objet un brevet dans un autre État de l'Union.

Il appartient à chaque État en particulier de se prononcer sur la question de savoir si un objet est ou n'est pas susceptible d'être breveté, et sans que le précédent déjà posé dans la matière par d'autres États de l'Uuion puisse en rien influer sur cette décision. L'obtention d'une patente n'implique pas non plus l'autorisation, pour un sujet d'un autre pays de l'Union, de créer un établissement d'industrie indépendant, et du genre de l'objet breveté ; il appartient à chaque État en particulier d'octroyer cette autorisation conformément à sa législation.

Art. 6. — Lorsque, après la délivrance d'un brevet, il sera établi que la présomption de la nouveauté et de la spécialité n'était pas fondée, le brevet sera retiré immédiatement. Si l'objet breveté avait déjà été connu par quelques personnes, et qu'il ait été tenu caché par celles-ci, le brevet conservera sa force à l'égard de tous autres que ces personnes, à moins qu'il n'existe d'autres causes de nullité.

Art. 7. — La délivrance d'un brevet dans un État de l'Union doit être annoncée publiquement et immédiatement, dans les journaux officiels, avec l'indication de l'objet, du nom et de la demeure du patenté, ainsi que la durée de la patente.

La prolongation ou le retrait d'une patente avant l'expiration du terme qui lui a été assigné primitivement, doivent être annoncés de la même manière.

Art. 8. — Les différents gouvernements de l'Union devront se communiquer, à l'expiration de chaque année, des relevés exacts des patentes ou brevets délivrés pendant cette année.

La convention qui précède, ayant été ratifiée par tous les États, est portée par la présente à la connaissance de tous.
Berlin, le 29 juin 1843.

Pour le ministre des affaires étrangères,

Signé : Gr. de Alvensleben.

Les dispositions de cette convention ont pour but d'écarter les restrictions qui pourraient gêner la liberté du commerce dans les divers États de l'Union, et d'arriver à des principes uniformes dans la réglementation du droit industriel en fait d'invention ou d'importation.

Cette convention concerne particulièrement : la Prusse, la Saxe, la Bavière, le Hanovre, le Vurtemberg, le grand-duché de Bade et les autres États composant l'union douanière et commerciale de l'Allemagne.

LÉGISLATIONS DES DUCHÉS ET PRINCIPAUTÉS D'ALLEMAGNE, DES VILLES LIBRES ET DES VILLES ANSÉATIQUES.

Aucune législation spéciale ne paraît être consacrée à la réglementation des priviléges d'invention et d'importation dans les États et villes dont suit la désignation :

Anhalt-Dessau, Anhalt-Bernbourg, Anhalt-Coethen,

Brunswick, Brême, Francfort, Hambourg, Hesse-Cassel, Hesse-Darmstadt, Hesse-Hombourg, Hohenzollern-Sigmaringen, Lippe-Detmold, Lippe-Chaumbourg, Lubeck, Meklenbourg-Schwerin, Meklenbourg-Strelitz, Nassau, Oldenbourg, Reuss-Schleitz, Reuss-Ebersdorf, Reuss-Greiz, Saxe-Altbourg, Saxe-Cobourg-Gotha, Saxe-Meiningen, Saxe-Weimar, Eisenach, Schwarzbourg-Rudolstadt, Schwarzbourg-Sondershausen, Waldek.

Cependant la plupart de ces gouvernements accordent des concessions d'exploitation exclusive aux auteurs et importateurs de découvertes nouvelles, d'après les bases de la convention dite : *Zollverein*, reproduite page 356.

PROPRIÉTÉ ARTISTIQUE ET LITTÉRAIRE
DANS LES ÉTATS DE LA CONFÉDÉRATION GERMANIQUE.

Le droit de propriété des auteurs, posé en principe dans le décret du 8 juin 1815, étendu à tous les États du Zollverein par le décret du 6 septembre 1832, porté à dix années dans la résolution du 9 novembre 1837 a été définitivement constituée dans la résolution de la Diète en date du 19 juin 1845.

En conséquence l'auteur, qui a préalablement fait le dépôt de son œuvre artistique ou littéraire, a une protection exclusive sa vie durant ; ce droit est acquis à ses héritiers ou ayants cause pendant trente années à partir du décès de l'auteur.

LÉGISLATION PRUSSIENNE.

Le droit industriel est réglementé en Prusse conformément à l'instruction ministérielle du 14 octobre 1815, à l'ordonnance du gouvernement en date du 7 mai 1817, à la dépêche ministérielle du 18 septembre 1828, et surtout d'après les principes généraux de la convention dite Zollverein, de la Confédération germanique, page 356.

Voici la teneur de ces divers documents :

1° INSTRUCTION SUR LA DÉLIVRANCE DES PATENTES.
(14 octobre 1815.)

Comme il est nécessaire de faire connaître, d'une manière plus explicite, au public, les conditions établies pour obtenir dorénavant, dans toute l'étendue des États de la monarchie prussienne, des patentes pour la jouissance exclusive d'un objet nouvellement inventé, notablement perfectionné, ou introduit pour la première fois de l'étranger et exécuté, je porte ce qui suit à la connaissance de tous, après y avoir été autorisé par un ordre de cabinet du 27 septembre de cette année.

1. Tout bourgeois d'un État, ou électeur d'une commune, peut obtenir une patente dans les différents cas prévus ci-dessus.

2. Tout objet peut être privilégié pourvu qu'il soit nouvellement inventé, qu'il ait réellement été perfectionné, ou, s'il a simplement été introduit de l'étranger, pourvu que l'importateur ait été le premier qui l'ait fait connaître et exécuté dans le pays.

3. Celui qui veut obtenir une patente, doit joindre à la demande qu'il adressera à cette fin au gouvernement provincial, une description et une explication exactes de l'objet qu'il s'agit de breveter. Cette description et cette explication devront être données par des modèles, des dessins ou par écrit, et, autant que cela sera possible, par ces trois moyens en même temps. Le pétitionnaire sera tenu de faire connaître s'il désire que la patente lui soit délivrée pour toute la monarchie ou pour une partie seulement, et pour quel terme.

Le gouvernement provincial fait examiner l'invention ou le perfectionnement par des personnes versées dans la matière, et instruit le département des finances de son adhésion à la demande. Celui-ci ou ordonne une nouvelle instruction, ou statue, d'après le résultat de l'instruction qui a eu lieu par les soins de l'autorité provinciale, sur la demande ainsi que sur l'étendue et la durée de la patente; il prépare ensuite et délivre le brevet même, et veille avec soin à la conservation des modèles, des dessins et des descriptions qui ont été produits.

4. La durée la plus courte d'une patente est fixée à six mois, et la plus longue à quinze années.

5. Tout breveté devra, dans les six semaines de la délivrance de la patente, au plus tard, faire connaître, par la voie de la *Gazette officielle* et par les feuilles d'avis de chacune des provinces pour lesquelles le brevet est accordé, qu'il est patenté; il devra, en outre, indiquer l'objet de sa patente et renvoyer à la description déposée. Partout où cette annonce n'aura pas eu lieu dans le délai indiqué, le droit accordé par la patente sera considéré comme nul.

6. Le patenté est tenu de faire usage du droit qui lui est accordé, au plus tard avant l'expiration de six mois; dans le cas contraire, son droit est également périmé.

7. Afin d'encourager l'industrie, il ne sera payé aucune taxe particulière pour le brevet; les seuls frais à payer sont ceux du timbre et de l'enregistrement, conformément aux tarifs ordinaires. Le patenté devra, comme tous les autres fabricants, acquitter l'impôt légal pour la fabrication.

8. Lorsque quelqu'un peut prouver qu'il a inventé avant

le patenté, ou en même temps que lui, ou bien perfectionné de la même manière le même objet qui a été patenté, le brevet obtenu ne peut en aucune manière restreindre le droit qu'a le premier de profiter de l'invention qu'il a faite avant ou en même temps que le second.

9. Si le patenté prétend être lésé dans ses droits, il devra porter plainte devant le gouvernement de la province où la personne qui lui aura porté préjudice se trouve domiciliée ; le gouvernement prononcera définitivement, sauf recours au ministère des finances, sur la plainte, et conformément à la disposition qui suit :

10. Celui qui sera convaincu d'avoir porté quelque préjudice aux droits concédés par une patente, sera tenu au paiement des frais de l'enquête, et on lui interdira l'usage et l'exécution de l'objet patenté pendant tout le temps de la durée de la patente, on lui notifiera aussi qu'en cas de récidive, il sera puni de la confiscation des instruments, des matériaux et des produits qu'on aura trouvés chez lui. Si cet avis reste sans résultat, la peine de la confiscation sera appliquée en ce sens que tous les objets confisqués seront remis au patenté pour qu'il en fasse usage ; il sera, en outre, facultatif à ce dernier d'intenter, par la voie de la procédure civile, à celui qui l'aura lésé, une action en dommages-intérêts.

Paris[1], le 14 septembre 1815.

Le ministre des finances et du commerce,

Signé : DE BUELOW.

2° ORDONNANCE DU GOUVERNEMENT. — (7 MAI 1817.)

D'après cette ordonnance, le breveté ou ses héritiers sont autorisés à céder leurs droits à d'autres personnes qui sont personnellement qualifiées à cette fin.

Celui qui sollicite une patente doit être citoyen de l'un ou de l'autre État, ou membre-électeur d'une commune, et la

---

1. On remarquera, comme fait historique, que la première instruction prussienne sur les brevets d'invention, est datée de Paris, occupé à cette époque par les alliés.

qualification de la personne à laquelle une patente est cédée doit être prouvée.

Quiconque désire céder son privilége est tenu d'en informer la police du lieu de son domicile. Semblable avis doit être donné par les héritiers d'un patenté lorsqu'ils ne veulent pas aliéner l'exploitation du brevet de leur testateur, mais bien la continuer eux-mêmes.

3° LETTRE DU MINISTRE DE L'INTÉRIEUR DE PRUSSE.
(18 SEPTEMBRE 1828.)

En réponse à la lettre du ministre des affaires étrangères du 29 juillet de cette année, j'ai l'honneur de faire observer que, malgré qu'il ne soit fait mention que des regnicoles dans la publication du 14 octobre 1815, au sujet de la distribution des brevets, les étrangers n'ont pas moins la faculté de s'adresser à ce sujet, soit directement, soit par le canal des ambassadeurs, au ministère de l'intérieur; et lorsqu'il se trouve que le requérant est en droit d'obtenir le brevet demandé, il peut acquérir le droit de bourgeoisie ou céder son droit de brevet à un citoyen des États prussiens, sur le nom duquel la patente est alors délivrée.

Les droits d'expédition et frais pour une patente délivrée pour toute la monarchie s'élèvent à 18 écus 26 schellings 3 deniers. Les frais d'insertion dans toutes les feuilles officielles, dépendant de l'étendue de la publication à faire, peuvent être évalués, y compris les ports, à 130 écus et plus.

Berlin, le 18 septembre 1828.

Le ministre de l'intérieur,
Signé : COMTE DE SCHUCKMANN.

OBSERVATIONS PRATIQUES
SUR LA LÉGISLATION PRUSSIENNE.

La demande d'un brevet d'invention, pour une invention émanant d'un étranger, doit être faite sous le nom d'un citoyen prussien, qui d'ailleurs déclare dans la requête le nom du véritable inventeur étranger.

Les documents à fournir sont : 1° une requête exposant le titre de l'invention, la durée que l'inventeur désire assigner au privilége, et s'il désire que le brevet s'étende à tout ou à une partie seulement de la monarchie ; 2° la description en langue allemande, et des dessins-modèles ou échantillons nécessaires à l'intelligence de la découverte.

Toute demande enregistrée au gouvernement provincial est soumise à un comité consultatif qui examine l'invention et émet son avis sur la délivrance ou le rejet du brevet.

Une dépêche informe le pétitionnaire du rejet qui est motivé généralement par des considérations au sujet desquelles l'inventeur peut présenter des observations supplémentaires ou rectificatives.

Le gouvernement prussien n'accorde de privilége que pour les appareils, outils ou machines servant à la fabrication d'objets, et non pour les objets eux-mêmes.

La durée d'un brevet d'invention varie de 6 mois à 15 ans.

L'exploitation doit être justifiée dans les 6 mois de la concession sous peine de déchéance.

Il n'y a pas de taxe proprement dite en Prusse, le pétitionnaire est soumis seulement à certains droits de timbre et d'enregistrement, et à l'occasion aux honoraires des experts chargés de l'examen [1] ; en outre, le breveté est tenu de payer les impôts de fabricant.

1. Loi du 25 avril 1825.

Le gouvernement est excessivement réservé dans la concession des brevets d'invention, surtout lorsqu'il s'agit d'une découverte étrangère, le comité d'examen la reconnaît rarement nouvelle, et souvent les motifs allégués pour le rejet ne sont pas judicieusement fondés.

Il est question de réformer cette législation dont l'esprit, bien que conforme aux principes du Zollverein, est notoirement défavorable aux progrès de l'industrie.

MARQUES DE FABRIQUE.

Loi du 4 juillet 1840. — Sera puni d'un emprisonnement d'une année au plus, et d'une amende qui ne pourra excéder 1,000 thalers (3,750 francs), celui qui contrefait ou imite en tout ou en partie les marques apposées sur les marchandises indigènes.

La même peine est encourue lorsque la marque d'un fabricant étranger a été contrefaite par un Prussien, si toutefois la réciprocité existe par une convention internationale.

PROPRIÉTÉ ARTISTIQUE ET LITTÉRAIRE.

La protection d'une œuvre est acquise à l'auteur sa vie durant, et à ses héritiers ou ayants cause pendant 30 ans à partir du décès. (Loi du 11 juin 1837.)

L'ordonnance royale du 5 juillet 1844 étend cette protection aux productions littéraires ou artistiques qui jouissaient déjà d'un droit exclusif avant la loi du 11 juin 1837.

LÉGISLATION EN SAXE.

ORDONNANCE DU 20 JANVIER 1853
SUR LES BREVETS D'INVENTION.

La nouvelle législation des brevets d'invention dans le royaume saxon remplace celle du 31 juillet 1843 et repose elle-même sur les principes de la convention de l'union douanière du Zollverein, page 356.

Nous, Frédéric-Auguste, par la grâce de Dieu, roi de Saxe, etc., voulant harmoniser dans notre royaume la législation sur la concession des priviléges exclusifs, avec les règlements du Zollverein, dont la notification a été faite le 31 juillet 1843, nous avons jugé nécessaire de modifier et de compléter les dispositions existantes par une nouvelle ordonnance dont suit la teneur :

§ 1er. — Un brevet d'invention ne s'accorde que pour des objets véritablement nouveaux et d'un genre particulier, c'est-à-dire pour ceux qui, avant la date de la concession du brevet, n'ont été ni exécutés en articles courants ou de toute autre manière, ni connus dans les États de la Confédération germanique, ou qui n'ont pas été publiés dans des ouvrages nationaux ou étrangers, d'une manière suffisante pour pouvoir être exécutés par tout homme de l'art.

Sont exclus du droit de brevet, les médicaments de toute espèce et les méthodes de leurs préparations, les cosmétiques, aliments, y compris les objets de luxe propres à l'alimentation, tous les modèles, dessins, façons, et en général les principes ou thèses scientifiques.

§ 2. — On délivrera des brevets pour des perfectionnements apportés à des objets déjà brevetés, mais ils ne peuvent être mis en exécution, pendant la durée du brevet originaire, qu'après avoir obtenu du titulaire l'autorisation de faire usage de l'invention primitive.

§ 3. — Les regnicoles et les étrangers peuvent solliciter des brevets. Les étrangers n'appartenant pas à un des États de la Confédération germanique, doivent, en faisant la demande, indiquer le nom d'un regnicole demeurant et ayant droit de bourgeoisie en Saxe, sous le nom duquel le brevet sera délivré.

§ 4. — Les droits attachés aux brevets peuvent être cédés à d'autres personnes, pourvu qu'elles soient sujettes d'un des États de la Confédération germanique.

§ 5. — Un brevet, en Saxe, n'est délivré qu'à l'inventeur ou à son mandataire régulier, lorsqu'une invention appartient à un sujet d'un des États de l'Union, et que ce dernier a déjà obtenu un brevet pour cet objet dans un de ces États.

§ 6. — Un brevet donne au breveté le droit d'interdire en Saxe la fabrication de l'invention ou l'emploi des méthodes, machines et outils servant à ladite fabrication.

Mais cette interdiction ne s'applique jamais à l'introduction d'objets similaires ni à la vente ou au débit de ces objets, ainsi qu'à leur emploi, tant que l'invention ne concerne pas un mode de fabrication, une machine, un outil, etc.

§ 7. — Cette défense ne s'applique pas non plus à ceux qui, avant la délivrance du brevet, ont déjà connu l'objet.

Les droits d'exploitation d'un métier, comme d'un article breveté, sont d'ailleurs soumis aux règlements généraux sanitaires ou de police, suivant la nature de l'industrie.

§ 8. — Tout brevet est accordé primitivement pour cinq ans à compter de la concession du titre. Il peut être prolongé pour cinq années suivantes lorsque le breveté en adresse la demande au ministre de l'intérieur, dans le délai d'un mois avant l'expiration de la cinquième année. Le breveté doit joindre à sa requête le titre qui constitue le brevet, et le montant des droits de prolongation.

La mention de la prolongation s'inscrit sur le titre même du brevet.

§ 9. — La validité d'un brevet est soumise à la condition

que l'invention soit exécutée ou appliquée, en Saxe, dans le délai d'un an, à dater du jour de sa concession.

Ce délai peut être prolongé, sur requête adressée à ce sujet au ministre de l'intérieur, un mois avant son expiration; le solliciteur doit joindre à sa demande le titre du brevet, et le montant des droits spéciaux, et mentionner les circonstances qui ont empêché l'exploitation.

Si la prolongation est accordée, la mention est inscrite sur le brevet; en cas de refus, les frais déposés pour ladite prolongation sont restitués au breveté.

§ 10. — L'extinction d'un brevet a lieu :

1° A l'expiration du temps pour lequel il a été concédé;

2° Si l'objet du brevet n'était pas nouveau ni susceptible d'être breveté à l'époque de sa délivrance ;

3° Si le breveté a dissimulé sa nationalité ;

4° Lorsque l'invention est déjà brevetée par l'inventeur dans un des États de la Confédération germanique et que le possesseur du brevet en Saxe n'est ni l'inventeur ni l'ayant droit régulier de ce dernier ;

5° Si la description avec ses annexes, déposée au ministère de l'intérieur, n'indique pas exactement et complétement l'invention ;

6° Lorsque l'exploitation n'a pas eu lieu dans le délai déterminé.

§ 11. — Le brevet formant un ensemble indivisible devra également être retiré, lors même que les paragraphes 2, 4, 5 et 6 de l'art. 10, ne concerneraient qu'une partie de l'invention brevetée.

§ 12. — La prescription du paragraphe 2 de l'art. 10 ne s'applique pas au cas où quelques personnes isolées auraient eu connaissance d'une invention, lors de la délivrance du brevet et qu'elles l'auraient tenue secrète.

§ 13. — Toute personne a le droit de demander au ministère de l'intérieur que la concession d'un brevet soit retirée, mais elle est obligée de prouver l'existence d'une des conditions mentionnées à l'art. 10.

Faute de fournir cette preuve, cette personne aura à supporter les frais auxquels cette instance aura donné lieu.

Le retrait d'un brevet est dévolu au ministre de l'intérieur.

§ 14. — Les demandes de concession d'un brevet, de même que celles de la prolongation du privilége ou d'un délai d'exploitation, doivent être adressées et remises directement au ministère de l'intérieur.

La demande d'un brevet doit être accompagnée :

1° D'une description, de dessins ou d'échantillons, suivant la nature de l'invention; ces documents doivent être rédigés avec une telle clarté ou exécutés de telle sorte que tout expert puisse, d'après leur examen, reconnaître les particularités nouvelles et exécuter l'invention;

2° Du montant des droits indiqués au tarif annexé à ladite ordonnance.

§ 15. — Le ministre de l'intérieur, en adressant au solliciteur une copie de la présente ordonnance, l'informe si sa demande est prise en considération, et dans quelles conditions, et, dans l'affirmative, l'invite à effectuer sans retard le versement de la taxe et des droits.

Le non-accomplissement immédiat de cette formalité est une renonciation à la délivrance du brevet.

§ 16. — La délivrance, la prolongation du terme primitif, la résolution d'un brevet, ainsi que la prolongation d'un délai d'exploitation, sont annoncées dans la *Gazette de Leipzig*.

§ 17. — Les descriptions, dessins et modèles sont, pendant toute la durée du brevet, soigneusement gardés au secret au ministère de l'intérieur; après l'expiration ou le retrait d'un brevet, le ministre se réserve le droit de les publier.

§ 18. — Sur sa demande, les autorités doivent protection au breveté contre les infractions au droit que lui concède l'art. 6.

Les moyens de contrainte et autres mesures nécessaires pour ce cas sont, sauf les modifications que présente chaque cas particulier, les mêmes que ceux que la loi ordonne pour infractions à d'autres prohibitions industrielles.

Si la personne accusée de contrefaçon contredit cette assertion, soit en alléguant l'absence de similitude avec l'objet breveté, soit parce que l'objet ne serait pas valable à son égard, soit en général pour tout autre motif, et donne par conséquent lieu à un différend administratif dans le sens de la loi du 30 janvier 1835, alors l'affaire suivra la marche que la loi a indiquée pour de telles contestations. Dans ce cas, des décisions particulières détermineront si les mesures administratives pour la protection du droit du brevet doivent, en attendant, être suspendues ou continuer provisoirement jusqu'à la décision de l'affaire.

§ 19. — S'il était nécessaire, pour la constatation de l'identité des objets en litige avec ceux brevetés de s'en rapporter aux descriptions, dessins et modèles déposés au ministère de l'intérieur, ces documents seront remis aux autorités compétentes, sur leurs réquisitions ou sous les mesures de garantie convenables, et si ces autorités ont besoin, pour asseoir leur opinion sur l'identité, d'une enquête industrielle, les experts chargés de cette mission devront spécialement garder le secret sur la communication desdits documents.

§ 20. — Si, comme il est dit à l'art. 18, la validité générale d'un brevet est combattue, et que par l'existence d'un des paragraphes de l'art. 10 il y ait lieu au retrait d'un brevet, aucune décision ne peut être prise sans en donner avis au ministère de l'intérieur, qui peut seul statuer.

§ 21. — Les frais divers, concernant la délivrance et la prolongation des brevets d'invention, seront reçus par le ministère de l'intérieur, conformément au tarif annexé.

En outre, les bases fondamentales et les fixations de taxe existantes en général pour la liquidation des gestions officielles sont applicables à tout ce qui se rapporte aux affaires de brevets.

§ 22. — Tous les brevets d'invention à délivrer par le ministère de l'intérieur, en notre nom et en vertu de l'autorisation que nous lui en donnons ici, une fois pour toutes, doivent s'appuyer sur la présente ordonnance.

En recevant l'expédition du brevet, le titulaire se soumet, de droit et strictement, à toutes les prescriptions de la présente ordonnance.

Tous ceux que cela concerne ont à l'observer convenablement.

RÉSUMÉ PRATIQUE

DE LA LÉGISLATION SAXONNE.

La durée d'un brevet d'invention en Saxe ne dépasse pas d'ordinaire un terme de 10 années, et celle des brevets d'importation est généralement restreinte à 5 années.

L'étranger, à moins qu'il ne soit sujet de quelque autre État du Zollverein, est tenu d'élire domicile chez un citoyen du pays sous le nom duquel le brevet est délivré comme titulaire.

La taxe est réglée suivant l'importance plus ou moins grande de l'objet ; elle varie de 20 à 50 thalers (75 francs à 190 francs), lors de la délivrance du brevet.

Le pétitionnaire devra joindre à sa demande sous cachet la description de l'invention, et les dessins, modèles ou échantillons nécessaires, avec une mention des avantages que son adoption procurera au commerce et à l'industrie.

Le ministre de l'intérieur à qui est adressée la requête, n'accorde jamais le brevet sans un examen préalable de la découverte, tant sous le rapport de la nouveauté que sous le rapport de son utilité. Au besoin, il charge de ce soin des experts choisis parmi les fonctionnaires publics, et jamais parmi les concurrents industriels.

Lorsqu'un brevet est refusé, une dépêche notifie

les motifs du refus, et le pétitionnaire a le droit de répondre et de rectifier l'erreur des experts.

L'exploitation du brevet doit avoir lieu dans l'année de la concession.

MARQUES DE FABRIQUE. — PROPRIÉTÉ LITTÉRAIRE ET ARTISTIQUE.

Il n'existe pas en Saxe de disposition législative ou réglementaire qui prescrive l'estampillage des produits de l'industrie nationale. Toutefois, lorsque ces produits sont exportés dans certains pays, par exemple en Amérique, ils doivent être accompagnés d'un certificat d'origine, qui est délivré par l'agent consulaire du pays où ils sont introduits.

En vertu des anciennes lois saxonnes, les fabricants étrangers sont admis à faire poursuivre, en Saxe, la contrefaçon des marques qu'ils ont adoptées pour leurs produits.

La propriété des ouvrages artistiques est garantie par la loi du 22 février 1844. Les artistes ont le droit exclusif de reproduire leurs œuvres leur vie durant et leurs héritiers ou ayants droit pendant trente ans à partir du décès. Cette loi paraît également applicable aux dessins, aux ornements et aux formes spéciales des produits industriels.

LÉGISLATION BAVAROISE.

La jurisprudence concernant les découvertes industrielles est régie conformément aux dispositions de la loi du 11 septembre 1825, sur l'industrie, d'après l'ordonnance royale du 10 février 1842, sur leur exécution; elle est d'ailleurs soumise aux principes généraux du Zollverein, page 356.

Comme les dispositions générales relatives à l'industrie de la loi du 11 septembre 1825 se trouvent reproduites dans l'ordonnance du 10 février 1842, il nous a paru suffisant de consigner cette dernière qui résume toute la législation sur la matière.

ORDONNANCE ROYALE DU 10 FÉVRIER 1842

Concernant l'exécution des dispositions fondamentales de la loi du 11 septembre 1825, relative aux brevets.

Louis, roi de Bavière, etc., etc.

Ayant soumis à une révision générale les ordonnances et les instructions émises pour l'exécution de la loi sur l'industrie en date du 11 septembre 1825, en nous fondant sur l'expérience acquise, ainsi que dans la vue de nous associer aux principes généralement adoptés par les gouvernements des États du Zollverein; en conséquence, nous ordonnons ce qui suit :

Art. 1er. — Des brevets pourront être délivrés pour des découvertes, inventions ou perfectionnements dans le domaine de l'industrie, soit qu'ils aient pour objet un nouveau produit ou une nouvelle méthode de fabrication :

a. Si l'objet même, ou le changement y adapté, est nouveau ou d'un genre particulier, et

b. Si l'objet est d'une importance telle que l'invention ou le perfectionnement promettent des résultats sous le rapport d'utilité publique.

Art. 2. — Des brevets d'importation pour découvertes, inventions ou perfectionnements dans le domaine de l'industrie faits à l'étranger pourront être accordés :

a. Si les conditions générales désignées par l'art. 1er sous *a* et *b* se trouvent réunies, et si en même temps

b. l'objet à importer est breveté à l'étranger.

Art. 3. — Pour un objet reconnu comme invention d'un citoyen d'un des États du Zollverein, déjà breveté dans un de ces États, un brevet d'importation ne sera accordé qu'à l'inventeur lui-même ou à son mandataire, toutefois sous la condition de réciprocité du gouvernement de l'État en question.

Art. 4. — Le terme d'un brevet d'importation ne dépassera jamais celui du brevet étranger.

Art. 5. — L'examen préalable des autorités concernant le caractère nouveau ou particulier de l'invention ou du perfectionnement, ne garantira nullement les droits des brevets; c'est au demandeur d'en assurer la responsabilité.

Si plus tard il était reconnu que l'objet breveté n'était ni nouveau ni d'un genre particulier; qu'il avait déjà été fabriqué ailleurs (excepté dans le cas prévu par l'art. 2, § 2); qu'il avait déjà été connu d'une manière quelconque, ou décrit, avec des dessins, dans des ouvrages imprimés et publiés en allemand ou en langue étrangère, de manière que tout homme de l'art ait pu le fabriquer, le brevet accordé sera annulé et le titulaire seul en subira le préjudice.

Art. 6. — En accordant des brevets à des sujets d'autres États du Zollverein, qui en usent réciproquement, ceux-là seront traités sur le même pied que nos propres sujets.

Le titulaire d'un brevet qui lui sera accordé dans un des autres États du Zollverein n'a pourtant aucun droit d'exiger un brevet d'importation pour notre royaume. Il dépendra toujours de nous de le lui accorder.

Art. 7. — Celui qui désire obtenir un brevet, doit, à cette fin, présenter, ou directement, ou indirectement, sa demande à notre ministre de l'intérieur.

Cette demande doit contenir, d'une manière précise, claire et complète :

1° Les nom et prénoms, la profession, la résidence et la demeure du pétitionnaire;

2° La description générale, mais caractéristique, de l'invention ou du perfectionnement dans ses parties essentielles;

3° Il y sera dit si c'est un droit exclusif qu'il sollicite :

   a. Pour la fabrication ou l'exécution de l'objet nouveau en question, ou

   b. Pour l'emploi d'un nouveau procédé de fabrication, par machines ou d'autres instruments, ou

   c. Pour l'emploi d'une nouvelle méthode de fabrication;

4° Le nombre d'années pour lesquelles il désire obtenir son brevet.

Art. 8. — Le pétitionnaire joindra toujours à sa requête une description exacte, détaillée et précise de l'objet inventé ou perfectionné; cette description doit être conçue en langue allemande, ou accompagnée d'une traduction allemande; elle indiquera le mode de fabrication et respectivement le procédé à suivre dans l'emploi de l'objet. Lorsqu'il sera jugé nécessaire, on y joindra des dessins exacts et précis, des plans, des modèles et des échantillons.

Art. 9. — La description et ses annexes doivent s'étendre, d'une manière précise, sur tout ce qu'on veut faire prévaloir comme invention nouvelle et particulière, comme nouveau procédé; ou comme nouvelle méthode de fabrication.

Art. 10. — Le pétitionnaire peut, à son gré, mettre la description sous cachet ou la laisser ouverte.

L'ouverture et l'examen des pièces auront toujours lieu d'office, avant que le brevet soit accordé.

Toutefois, on aura soin de prévenir une publication prématurée.

Art. 11. — Si la requête tend à obtenir un brevet d'importation (art. 2 et 3), il est nécessaire d'y joindre l'original ou une copie légalisée du brevet étranger.

Art. 12. — Immédiatement après la présentation de la requête et de la description y annexée, elle sera contre-signée, et le jour et l'heure de la présentation seront indiqués.

Il sera délivré au pétitionnaire, par l'autorité à laquelle ces pièces auront été présentées, un récépissé qui, au besoin, fera foi de son droit de priorité.

Art. 13. — Les requêtes qui ne réunissent pas les conditions voulues par l'art. 7, ou qui ne sont pas accompagnées d'une description de l'objet à breveter, ne seront pas prises en considération et n'établiront pas le droit de priorité pour le pétitionnaire.

Si lors de l'examen de la description annexée, son contenu est reconnu imparfait ou insuffisant, elle sera renvoyée, sans préjudice au droit de priorité, au demandeur auquel sera accordé un terme convenable, mais péremptoire, pour y remédier.

Art. 14. — Si les demandes en obtention de brevets parviennent à des autorités inférieures ou intermédiaires, celles-ci doivent les adresser immédiatement au ministère de l'intérieur, en indiquant le jour et l'heure de la présentation. Ces autorités sont responsables de tout retard et de toute violation d'une description cachetée commise par les employés subalternes.

Art. 15. — Un brevet d'invention ou d'importation, sollicité suivant les dispositions précédentes, ne sera refusé que lorsqu'il sera reconnu, avant que l'expédition en soit faite :

1. Que la préparation du nouveau produit ou l'emploi du nouveau procédé, ou de la nouvelle méthode de fabrication, nuirait à la sûreté, salubrité et au bien-être de la société, ou que les lois et ordonnances en vigueur s'y opposent;

2. Que l'objet à breveter n'est ni nouveau ni d'un genre particulier (art. 5, § 2);

3. Que la disposition de l'art. 3 s'y oppose;

4. Que précédemment il a été déjà accordé par nous un brevet pour le même objet.

Art. 16. — Une expédition du brevet sera délivrée à l'impétrant; elle indiquera avec exactitude la nature de l'objet breveté, les titres du concessionnaire et le nombre d'années pour lesquelles le brevet est délivré.

La remise de cette pièce ne se fera que contre acquittement de la totalité de la taxe.

Art. 17. — Aucun brevet ne pourra être accordé pour un terme excédant 15 ans.

Si primitivement un brevet a été accordé pour un terme moins long, sa prolongation pourra, avant son expiration, être demandée et accordée jusqu'au maximum de 15 ans.

Art. 18. — Toute concession de brevet, de même que toute prolongation de brevet, sera publiée par les feuilles officielles du gouvernement; cette publication indiquera sommairement l'objet breveté, ainsi que la durée du brevet ou celle de la prolongation.

Art. 19. — La taxe d'un brevet est fixée à 5 florins pour chacune des 5 premières années de sa durée, et à 10 florins pour chacune des 5 années suivantes jusqu'à 10 ans.

A partir de la dixième année, la taxe s'élève dans la progression suivante :

Pour un brevet de 11 années, 95 florins; de 12 années, 125 florins; de 13 années, 165 florins; de 14 années, 215 florins; de 15 années, 275 florins.

Art. 20. — Lorsqu'un brevet accordé d'abord pour un terme moins long sera prolongé, la taxe n'est due que pour cette prolongation; mais elle sera calculée d'après la progression ascendante.

Art. 21. — La taxe se paie à l'autorité de l'arrondissement qui a remis le brevet. Les taxes perçues seront versées par trimestre à la caisse de l'administration des brevets.

Art. 22. — Un brevet confère au breveté, suivant la teneur de l'expédition et selon les dispositions contenues dans les articles ci-après, le droit d'interdire à toute autre personne la fabrication, l'exécution ou l'emploi de l'objet breveté, sans son autorisation. Quant à l'emploi seul de l'objet breveté, le breveté aura le droit de l'interdire s'il n'a pas été fourni par lui-même.

Art. 23. — Un brevet accordant le droit exclusif de fabrication ne donne pas le droit :

a. D'interdire ou de restreindre l'importation d'objets analogues aux objets brevetés;

b. D'en interdire ou d'en restreindre la vente; ou enfin

c. D'interdire l'usage et la consommation de pareils objets non fournis par le concessionnaire ou achetés ailleurs sans son consentement, sauf les dispositions des articles suivants :

Art. 24. — Les brevets pour l'application exclusive :

a. D'une nouvelle méthode ou d'un nouveau procédé de fabrication ;

b. De nouvelles machines ou de nouveaux instruments à *employer dans la fabrication ou dans les métiers*, confèrent, sans restriction aucune, au concessionnaire le droit d'interdire à toute autre personne la pratique de la nouvelle méthode brevetée ou du procédé breveté, l'emploi des machines ou instruments brevetés, à moins qu'à cet effet elle ne soit autorisée par le concessionnaire, ou que ce ne soit pas lui qui ait fourni les objets brevetés.

Art. 25. — Celui qui a obtenu un brevet pour le perfectionnement d'un objet déjà breveté, n'acquiert par là nullement le droit de porter préjudice au brevet accordé pour l'objet auquel s'applique le perfectionnement; mais il sera tenu d'acquérir le droit de faire usage de l'objet breveté dans le principe.

Art. 26. — Tout concessionnaire sera autorisé à établir pour l'exercice des droits à lui concédés par le brevet, autant d'établissements et d'engager autant d'ouvriers qu'il voudra, tout en se conformant aux lois, ordonnances et règlements de police en vigueur.

Toutefois le brevet ne lui donne pas le droit d'exercer immédiatement l'industrie à laquelle se rapporte l'invention brevetée, mais il doit à cet effet, conformément aux lois et aux ordonnances en vigueur, obtenir une autorisation.

Un brevet ne confère pas davantage un titre légal de droit de domicile ou de mariage.

Art. 27. — Le titulaire d'un brevet a la faculté de le céder, conformément aux lois et ordonnances en vigueur, à d'autres personnes, ainsi que d'associer des tiers à l'exercice de ses droits.

Toute mutation sera portée, dans les trois mois, à la connaissance du ministère de l'intérieur. En cas de décès du titulaire du brevet, celui-ci est acquis à ses héritiers.

Art. 28. — L'autorité protégera, suivant les dispositions de la loi du 11 septembre 1825, le concessionnaire, ou d'office, ou sur sa réclamation, contre tout empiétement sur ses droits, contre tout préjudice porté à son brevet et contre toute usurpation des droits y attachés. L'infraction sera punie d'une amende de 100 à 500 florins, dont moitié au bénéfice du breveté et moitié pour le fonds des pauvres de la localité.

Si cependant il résulte des circonstances atténuantes, que le préjudice a été causé par ignorance et de bonne foi, il suffira de faire cesser l'entreprise illicite, de prévenir toute disparition des objets fabriqués, préjudiciables aux intérêts du concessionnaire.

Art. 29. — Lorsque deux ou plusieurs personnes revendiquent le droit exclusif à une invention ou à un perfectionnement, la préférence sera attribuée à celui qui prouvera avoir obtenu la priorité conformément à l'art. 12 du présent arrêté.

Art. 30. — Les brevets perdent leur validité :

1° Lorsque après l'expédition il sera reconnu que l'objet du brevet tombe sous l'application de l'art 15 du présent arrêté, n°s 1, 3 et 4;

2° Dans le cas prévu par l'art. 5, § 2 du présent arrêté; si cependant, en pareil cas, l'objet était déjà antérieurement connu par d'autres personnes, mais que celles-ci l'aient tenu secret, le brevet, en tant que son annulation ne soit pas motivée par d'autres causes, restera en vigueur, mais sans contrainte contre les personnes prémentionnées;

3° Quand il sera constaté que dans la description on a dissimulé, ou décrit d'une manière inexacte une partie essentielle de l'invention ou du perfectionnement, partie d'où dépendrait la fabrication, l'exécution ou l'emploi de l'objet;

4° Si l'acquéreur, dans l'espace de trois ans, ou si le brevet a été délivré pour moins de six ans, n'en a pas fait usage pendant la première année de ce terme, ou bien si le titulaire d'un brevet d'importation n'en a pas usé dans le délai d'un an ;

5° Si la mise en pratique a discontinué pendant deux ans ;

6° Si, en ce qui concerne les brevets d'importation, la patente accordée pour le même objet en pays étranger (art. 2, parag. *b*) y est expirée ;

7° Par désistement ;

8° Si, en cas de mutation, la déclaration prescrite n'a pas été faite, dans les trois mois, au ministère de l'intérieur ;

9° Par l'expiration du terme pour lequel le brevet a été accordé.

Art. 31. — Lorsque, par un des motifs développés à l'art. 30, n° 1 jusqu'à 8, un brevet perd sa validité, l'autorité respective prononcera, ou d'office, ou sur réquisition, après en avoir constaté les motifs, l'annulation du brevet, et aussitôt que cet arrêté sera valide, elle en donnera connaissance au ministre de l'intérieur, qui le publiera par les feuilles officielles.

Art. 32. — Au roi seul appartient d'accorder des brevets.

Art. 33. — C'est aux administrations de police qu'il appartient de prononcer dans leur ressort sur l'autorisation de fabriquer, exécuter et employer un objet en vertu d'un brevet, sur l'étendue de l'application et l'expiration du brevet, ainsi que de régler les contestations et les différends qui pourront surgir entre les concessionnaires mêmes ou entre eux et d'autres personnes.

Les autorités indiquées ci-dessus sont :

1° Dans la juridiction des princes immédiatisés, les tribunaux et les commissariats princiers ;

2° Dans le ressort des seigneuries, les tribunaux et les commissariats seigneuriaux, sauf les dispositions de l'art. 87 de l'annexe 6 de la constitution ;

3° Dans les villes du ressort immédiat des gouverneurs de cercle, les magistrats de ces villes ;

4° Dans tous les autres arrondissements, les tribunaux royaux.

Art. 34. — Dans tous ces cas (art. 33), les délibérations seront sommaires. Les autorités chargées de l'enquête auront soin de constater les griefs, indépendamment des allégations des parties intéressées.

Art. 35. — Contre les décisions des autorités inférieures, l'appel à l'autorité immédiatement supérieure seul est recevable.

Art. 36. — Tout appel contre l'arrêt d'une autorité inférieure doit être remis, ou par écrit ou par procès-verbal, à cette même autorité, dans le délai péremptoire de quinze jours.

Les avocats reçus auprès du tribunal seront, si les parties l'exigent, admis à l'inspection des pièces, afin de compléter plus facilement leurs actes.

Art. 37. — Le délai péremptoire prendra cours, selon les dispositions du chap. 15, art. 6, n° 2 de l'organisation judiciaire, à compter du jour auquel aura été publié l'arrêt du tribunal de première instance.

En publiant l'arrêt, on appellera expressément l'attention des parties sur le délai péremptoire.

Art. 38. — Les décisions rendues par les deux instances doivent être motivées; pour les rendre valables, la délibération collégiale n'est pas de rigueur.

Art. 39. — L'appel interjeté est d'un effet suspensif, sauf les dispositions provisionnelles conformément aux lois et ordonnances en vigueur, et suivant que cette mesure sera jugée applicable.

Art. 40. — Tout appel contre les arrêts de deuxième instance est non recevable.

Les autorités inférieures refuseront de dresser procès-verbal à cet effet.

Les avoués se prêtant à former des requêtes à cet effet, paieront une amende disciplinaire.

Art. 41. — L'appel en cassation n'est recevable que dans les hypothèses indiquées par l'art. 12 de notre ordonnance du 28 décembre 1836, relative à la simplification des affaires dans l'administration de l'intérieur.

Art. 42. — Il appartient au juge civil ordinaire de régler les contestations sur la propriété d'un brevet dérivant d'un titre particulier.

Les réclamations tendant à obtenir une indemnité seront jugées d'après les lois et ordonnances généralement en vigueur.

Art. 43. — Il sera ouvert au ministère de l'intérieur un registre, dans lequel tous les brevets délivrés seront inscrits et à l'inspection duquel le public sera toujours admis.

Ce registre indiquera : 1° le nom et les prénoms, la profession, la résidence et la demeure du concessionnaire ; 2° le jour et l'heure de la présentation ; 3° le jour de l'expédition ; 4° l'objet breveté ; 5° la durée du brevet ; 6° les mutations ; 7° l'expiration du brevet.

Ce registre pourra être consulté par le public et spécialement par ceux qui se proposent de demander un brevet.

Art. 44. — A l'expiration d'un brevet, la description de l'objet breveté sera rendue publique dans tous les cas où cela pourra être utile aux intérêts de l'industrie nationale.

Les objets brevetés dont la description n'a pas été publiée à l'expiration du brevet, tombent également dans le domaine public, et chacun pourra en prendre connaissance, à moins que les autorités n'aient des raisons de le défendre.

Art. 45. — A partir du jour de la publication du présent arrêté, les arrêtés et les instructions relatifs à l'exécution des art. 9, 10 et 11 de la loi du 11 septembre 1825, en tant que les deux derniers articles s'appliquent aux brevets, seront abrogés. Cependant ces articles seront applicables d'après les droits énoncés d'un brevet délivré avant la publication du présent arrêté.

Notre ministre de l'intérieur est chargé de porter à la connaissance publique le présent arrêté par les feuilles officielles et par celles des arrondissements.

Munich, le 10 février 1842.

(Signé) LOUIS.

(Contre-signé) Von Abel et Von Zenetti.

RÉSUMÉ PRATIQUE

DE LA LÉGISLATION EN BAVIÈRE.

Des priviléges exclusifs sont accordés par le roi, en Bavière, aux citoyens comme aux étrangers; la durée maximum d'un privilége pour une découverte est de 15 années. Mais le terme d'un brevet d'importation est limité par la jouissance restant à courir au brevet étranger.

Toute demande de brevet doit être adressée au ministre de l'intérieur; le pétitionnaire devra joindre à sa requête une description en allemand, accompagnée des dessins, modèles ou échantillons nécessaires à l'intelligence de la découverte; et, s'il s'agit d'un brevet d'importation, d'une expédition officielle du brevet étranger.

La priorité est acquise à celui qui justifiera avoir rempli le premier ces formalités.

Un brevet délivré pour moins de 15 ans peut être prolongé dans cette limite.

La taxe est proportionnelle et croissante; le montant intégral de la taxe doit être acquitté lors de l'expédition du brevet.

Un brevet n'est accordé qu'après l'examen préalable des autorités sur la nature de l'invention, mais toutefois, sans garantie des droits du breveté, qui sont subordonnés à l'exactitude de sa déclaration.

L'exploitation d'un brevet de moins de six ans doit

avoir lieu dans la moitié du premier terme ; un brevet d'invention doit être exploité dans les trois premières années de sa date, et un privilége d'importation dans la première année de la signature royale.

Chacun peut consulter, au ministère de l'intérieur, les inscriptions de demandes de brevet ; mais les descriptions ne sont visibles qu'à l'expiration du brevet.

En Bavière, comme dans les autres États allemands du Zollverein, le breveté ne peut s'opposer à l'introduction des produits similaires.

MARQUES DE FABRIQUE EN BAVIÈRE.

Loi du 6 mars 1840.

Les fabricants ont la faculté d'estampiller leurs produits. Le fabricant qui appose des marques sur ses produits, et qui veut s'en assurer la propriété et en empêcher la contrefaçon, doit remettre un modèle et une description de ces marques à l'administration de la police du cercle, qui en délivre reçu, et en tient note dans un registre.

La contrefaçon de ces marques est punie d'une amende de 10 à 15 florins. En cas de récidive, l'amende est doublée, et, dans le cas où le fabricant continuerait à se livrer à la contrefaçon, l'octroi en vertu duquel il exerce son industrie peut lui être retiré, soit pour un temps, soit pour toujours.

Les dispositions qui précèdent sont également applicables à la contrefaçon dans le pays des marques apposées sur des produits étrangers, lorsque des modèles de ces marques ont été déposés au greffe de l'administration de la police du cercle, ou que la propriété de ces mêmes marques a été garantie par des conventions internationales.

PROPRIÉTÉ ARTISTIQUE ET LITTÉRAIRE.

Loi du 27 avril 1840.

Les ouvrages d'art ne peuvent être imités ou reproduits d'une manière mécanique, que du consentement de l'auteur, de ses héritiers ou ayants-cause.

Il doit être remis au ministère de l'intérieur deux exemplaires de chaque édition des ouvrages d'art tant nationaux qu'étrangers qui sont édités en Bavière. La contrefaçon est punie de dommages-intérêts au profit de l'ayant-droit, et d'une amende de 500 à 1,000 florins. Le vendeur d'ouvrages contrefaits est passible de la même amende et solidairement des dommages-intérêts à payer à l'ayant-droit par le contrefacteur.

Le droit de propriété des auteurs s'étend leur vie durant, et se transmet à leurs héritiers ou ayants-cause pendant trente ans à partir du décès de l'auteur.

La présente loi est applicable aux ouvrages d'art venant du dehors, lorsque la propriété de ceux indigènes est garantie par des traités en pays étrangers.

LÉGISLATION HANOVRIENNE.

La dernière loi sur les brevets d'invention a été décrétée par ordonnance royale à la date du 1er août 1847, pour entrer en vigueur à partir du 1er juillet 1848.

Un brevet d'invention, d'importation ou de perfectionnement n'est accordé qu'après l'examen préalable d'un comité d'experts sur la nouveauté et les caractères de l'invention.

Le plus long terme d'un brevet est de 10 années; mais la durée d'un brevet d'importation est, au-dessous de ce terme, limitée à la durée restant à courir au brevet étranger.

L'exploitation de l'invention doit avoir lieu dans les six mois de la concession du brevet, et continuer sans un arrêt de six mois. Toutefois le breveté peut obtenir sur requête spéciale une prolongation de délai.

Les frais d'expédition d'un brevet sont de 23 thalers de Prusse environ [1].

Voici la teneur de cette loi qui doit être interprétée suivant les principes de la convention du Zollverein. (Page 356.)

DES BREVETS D'INVENTION.
(Extrait de la loi industrielle.)

I. *Du genre des brevets.*

Art. 269. — Celui qui aura fait une nouvelle invention dans l'industrie pourra obtenir le droit de son exploitation exclusive, pendant un temps déterminé (brevet d'invention).

[1]. Le thaler vaut 3 fr. 75 environ.

Art. 270. — Celui qui, le premier, aura importé une invention faite à l'étranger et non encore devenue publique, pourra également obtenir un brevet (brevet d'importation).

Art. 271. — Celui qui aura inventé un perfectionnement essentiel à une invention brevetée dans le royaume pourra également obtenir un brevet (brevet de perfectionnement).

Ce dernier pourtant ne pourra porter aucun préjudice au brevet d'invention.

II. De la délivrance des brevets.

Art. 272. — La demande d'un brevet devra être accompagnée d'une description exacte, précise et complète de l'objet à breveter, des dessins et modèles nécessaires, et, s'il est possible, des échantillons du produit.

Art. 273. — La demande du brevet sera adressée au ministère de l'intérieur.

Art. 274. — Le ministre ordonnera un examen par des experts sur la nouveauté et la propriété de l'invention, et décidera suivant l'avis émis par ceux-ci.

Art. 275. — Il ne pourra être délivré de brevets aux étrangers que sous la condition pour eux d'exploiter l'invention dans le royaume.

Art. 276. — La durée d'un brevet ne pourra dépasser dix années.

S'il a été délivré primitivement pour un laps de temps moins long, il pourra, dans certains cas, être prolongé jusqu'à cette époque. Cette décision doit être publiée au moins un an avant la déchéance du temps primitivement fixé.

Art. 277. — La durée d'un brevet d'importation ne pourra pas dépasser celle du brevet étranger.

Art. 278. — La délivrance du brevet sera publiée dans les journaux officiels.

Art. 279. — Les frais résultant de la délivrance du brevet seront à la charge du breveté.

III. De l'effet des brevets.

Art. 280. — Les droits acquis par le brevet seront limités à l'objet seul dont le caractère distinct est indiqué dans la description.

Art. 281. — Après la délivrance du brevet, la description déposée pourra être publiée. Tout habitant du pays pourra en prendre connaissance et en demander une copie contre remboursement des frais, ainsi que des dessins et modèles, qui ne pourront être retirés par le breveté.

Art. 282. — Le brevet pourra être cédé ou transmis par héritage.

Art. 283. — Toute atteinte portée aux droits du breveté sera punie conformément aux articles 273 et 274 de la loi générale de police [1].

IV. *De l'annulation des brevets.*

Art. 284. — Le brevet sera annulé :

1° Si l'invention n'est pas nouvelle, si elle a été exploitée publiquement dans le royaume, ou si elle a été assez connue pour avoir pu être imitée.

Si elle a été exploitée secrètement par une ou plusieurs personnes, le brevet est sans effet à l'égard de celles-ci.

Art. 285. — 2° Si l'invention a été décrite d'une manière inexacte et incomplète.

Art. 286. — 3° Lorsqu'il sera prouvé par un autre que l'invention a été faite ou importée par lui, et que le breveté s'en est illicitement arrogé les droits.

Art. 287. — 4° Lorsque le breveté n'a pas mis en exploitation son invention, sans raisons suffisantes, dans le délai de six mois à dater du jour de la délivrance du brevet, ou lorsqu'il aura cessé de l'exploiter pendant six mois.

---

1. Art. 273. — Toute atteinte portée aux brevets d'invention sera, sur la plainte du breveté, punie d'une amende de 5 à 20 thalers (18 francs 75 cent. à 75 francs.)
Art. 274. — Les objets fabriqués contrefaits seront saisis, ainsi que les outils ayant servi à leur fabrication, lorsque cela sera jugé nécessaire pour prévenir une nouvelle atteinte aux droits du breveté.

V. *Dispositions transitoires*.

Art. 288. — La présente loi aura effet à partir du 1ᵉʳ juillet 1848.

Art. 289. — A compter de ce jour, toutes dispositions contraires sont abrogées.

Art. 290. — Le ministère de l'intérieur est chargé de rendre les ordonnances nécessaires pour son exécution.

La présente loi sera publiée par le *Bulletin des lois*.

Donné à Hanovre, le 1ᵉʳ août 1847.

Signé : Ernest-Auguste.

Contre-signé : de Falcke.

PROPRIÉTÉ ARTISTIQUE ET LITTÉRAIRE

INDIGÈNE ET INTERNATIONALE.

La résolution de la diète de la Confédération germanique en date du 19 juin 1845 est applicable au Hanovre pour régir la propriété littéraire.

L'auteur d'une œuvre d'art ou de littérature en jouit sa vie durant ; ses héritiers et ayants-droit jouissent du même droit pendant 30 ans à partir du décès.

La convention intervenue le 20 novembre 1851 entre la France et le Hanovre garantit les mêmes droits de réciprocité aux sujets français et hanovriens.

LÉGISLATION DU GRAND DUCHÉ DE BADE.

NOTIFICATION DU 21 SEPTEMBRE 1842.

Le gouvernement badois a notifié à la connaissance du public, comme base de réglementation des brevets d'invention et d'importation, la convention du Zollverein, en date du 21 septembre 1842, telle qu'elle est reproduite page 356.

Pour obtenir un brevet dans le duché de Bade, il faut adresser une demande au ministère de l'intérieur, et remplir les conditions suivantes :

1° Prouver qu'on est l'inventeur ou légitimement en possession de l'invention.

2° Présenter une description en langue allemande, précisant bien la nature et les avantages de la découverte, et accompagnée des dessins nécessaires.

3° Joindre à ces documents une expédition authentique du brevet étranger.

4° Présenter un citoyen badois qui garantisse des taxes et droits qui varient de 33 à 70 florins du Rhin.

Le ministre de l'intérieur fait examiner les pièces par une commission de savants ou d'experts, et si le rapport est favorable, le brevet est accordé pour 5, 10 ou 15 ans. La durée du brevet d'importation ne peut, en aucun cas, dépasser le terme restant à courir au brevet étranger.

PROPRIÉTÉ INDUSTRIELLE.

DROIT DES AUTEURS ET MARQUES DE FABRIQUE.

Le droit des auteurs est consacré dans le duché de Bade par l'ordonnance en date du 17 septembre 1847.

La durée de cette protection, conformément à la résolution de la Confédération germanique du 9 novembre 1837 et du 19 juin 1845, est transmissible pendant 30 ans en faveur des héritiers ou ayants-cause, à partir du décès de l'auteur.

Une convention internationale a été conclue entre la France et le grand-duché de Bade le 2 juillet 1857, pour la garantie réciproque du droit de propriété industrielle.

Suivant cette convention, la reproduction, dans l'un des deux pays, des timbres et marques de fabrique apposés sur les produits industriels ou manufacturiers de l'autre pays pour en constater l'origine et la qualité, sera assimilée à la contrefaçon des œuvres d'art et d'esprit, et les dispositions concernant la répression de cette contrefaçon seront applicables à la reproduction desdits timbres et marques de fabrique.

Pour s'assurer la propriété de leurs marques, les fabricants badois devront les déposer au greffe du tribunal de commerce de la Seine, et les fabricants français au bureau du bailliage de Carlsruhe.

LÉGISLATION WURTEMBERGEOISE.

ORDONNANCE GÉNÉRALE SUR L'INDUSTRIE.

RÉVISÉE LE 5 AOUT 1836.

PREMIÈRE SECTION.

Des inventions et brevets.

Art. 1er[1]. — Le gouvernement peut accorder un brevet pour un nouveau produit fabriqué, pour un nouveau moyen de fabrication ou une nouvelle méthode de fabrication, ainsi qu'au premier importateur d'une invention, pourvu qu'elle se trouve encore sous la protection d'un brevet à l'étranger.

Art. 2. — Pendant la durée du brevet d'invention ou d'importation, le droit exclusif qu'il confère ne peut pas être attaqué par un tiers.

Art. 3. — Quiconque veut obtenir un brevet d'invention ou d'importation remettra sa demande à cet effet au bailliage du district où il demeure, s'il habite dans le pays, ou bien au bailliage du lieu qu'il a choisi pour y établir l'industrie qu'il se propose d'exercer, en joignant à sa demande une description exacte et complète de l'objet pour lequel il demande un brevet, et les dessins, modèles ou échantillons nécessaires; la description devra surtout développer les moyens et les propriétés par lesquels l'objet de la demande se distingue de ce qui est déjà en usage ou introduit. La description peut être annexée sous cachet, et dans ce cas elle ne peut pas être ouverte par le bailliage du district.

Art. 4. — Le bailliage du district remettra à celui qui dé-

---

1. Cet article correspond à l'art. 141 du règlement.

pose la demande un certificat constatant le dépôt et le jour et l'heure où il a été fait; puis la demande, la description qui l'accompagne et les autres pièces qui en dépendent, seront envoyées au ministère de l'intérieur avec la mention de l'époque du dépôt.

Art. 5. — Le brevet, dont la demande est faite conformément à ces prescriptions, sera accordé :

1° Si la découverte ou les procédés à employer ne sont pas incompatibles avec les lois en vigueur ;

2° Si un brevet n'a pas déjà été délivré pour le même objet.

Le privilége sera refusé :

Si la soi-disant invention est déjà notoirement employée dans le pays.

Art. 6. — La durée d'un brevet concédé par le gouvernement ne peut pas dépasser dix années. Un privilége exclusif pour un plus long espace de temps ne peut être concédé que par voie législative.

Toute concession de brevets sera rendue publique.

Art. 7. — Pendant la durée du brevet, la description de l'objet breveté pourra être communiquée sans l'assentiment du propriétaire du brevet, 1° en cas d'un procès relatif au brevet, à l'autorité, pour la mettre en état de prononcer sa décision ; 2° à un tiers; mais pour que ce dernier puisse en prendre connaissance, on devra observer les conditions suivantes :

a. Le brevet, s'il s'agit d'une invention, devra n'avoir plus qu'une année à courir, et s'il s'agit d'une importation, la première moitié de sa durée devra être expirée.

b. Celui qui demandera à en prendre connaissance devra être citoyen wurtembergeois, et domicilié dans le pays.

c. Il devra indiquer quel intérêt il a à en avoir communication.

d. Il devra présenter une garantie suffisante qu'il ne fera pas usage de l'objet breveté pendant la durée du brevet, sans le consentement du breveté, et qu'il ne donnera pas à un tiers, soit dans le pays, soit à l'étranger, les moyens d'en faire usage.

Avant de permettre de prendre communication d'un brevet,

on informera le breveté de la demande qui aura été faite, et il lui sera accordé un délai déterminé pour présenter les objections qu'il aurait à y faire.

Art. 8. — Pendant la durée d'un brevet il sera payé annuellement un impôt de 5 à 20 florins, dont le premier paiement se fera lors de la délivrance du brevet, et continuera à se faire subséquemment au commencement de chaque année, à partir du jour de la concession du brevet. La déchéance du brevet qui surviendrait avant l'expiration de la durée accordée, dégage le propriétaire de l'obligation d'acquitter l'impôt pour les années ultérieures.

Art. 9. — Celui qui a obtenu un brevet pour moins de dix années peut demander qu'il soit prolongé de façon à compléter cette durée, pourvu qu'il en fasse la demande avant que la dernière année ne commence à courir, s'il s'agit d'un brevet d'invention, ou avant l'expiration de la première moitié de la durée du brevet, s'il s'agit d'un brevet d'importation. Les années de prolongation seront soumises à l'impôt conformément aux prescriptions de l'article 8.

La prolongation d'un brevet sera, comme la concession d'un brevet, mise à la connaissance du public.

Art. 10. — Le breveté peut, en se conformant aux lois générales existantes, monter tous les établissements qu'il voudra pour y employer son invention, sans être tenu de se borner au lieu où il a droit de citoyen ou de domicile, et transporter à d'autres le droit que lui donne son brevet pour le reste du temps qu'il a à courir, ou bien admettre d'autres personnes à en jouir avec lui. Si le possesseur d'un brevet meurt avant l'expiration de la durée du brevet, son droit passe à ses héritiers pour le temps restant à courir.

Art. 11. — Celui qui aura contrefait une invention brevetée sans y être autorisé par le propriétaire, ou qui mettra en vente sciemment des objets contrefaits sera, sur la plainte du possesseur des droits du brevet, et à son profit, puni de la confiscation des objets contrefaits qu'il aura en magasin, et devra restituer au breveté la valeur des objets déjà vendus ou déjà fabriqués, au prix auquel le propriétaire du brevet les vend.

On en agira de même sur la plainte du breveté contre celui qui introduira un objet breveté ici et contrefait à l'étranger.

Art. 12. — Les prescriptions ci-dessus éprouvent une modification s'il s'agit d'un brevet d'importation, en ce sens que, comme un tel brevet ne donne un droit exclusif qu'à la fabrication mais non à la vente de l'objet fabriqué d'après l'invention importée, le propriétaire du brevet n'a droit de saisie et d'indemnité que contre le contrefacteur et contre celui qui met en vente sciemment des objets contrefaits dans l'intérieur du pays.

Art. 13. — Si, après la publication de la concession du brevet, quelqu'un emploie de bonne foi un procédé analogue à l'invention brevetée, ou si, de bonne foi, il a mis en vente ou importé de l'étranger des objets contrefaits, la vente des objets non encore vendus et la fabrication ultérieure des mêmes seulement pourront, sur la plainte du breveté, lui être interdites jusqu'à l'expiration du brevet..

Art. 14. — Le brevet accordé pour un perfectionnement d'une invention déjà brevetée se borne au perfectionnement suivant les marques distinctives indiquées dans la description, et ne donne au propriétaire aucun droit au reste des parties de l'invention déjà brevetée.

Par contre, le principal inventeur breveté ne peut pas non plus employer le perfectionnement breveté d'un autre sans son autorisation.

Art. 15. — Le brevet sera considéré comme nul :

1º Si, avant l'époque où la description de l'invention aura été remise au bailliage du district, un autre a déjà fait la demande d'un brevet pour la même invention dans la forme prescrite par l'art. 3, ou si l'objet du brevet est déjà employé dans le pays ou dans un État étranger, sans être protégé par un brevet d'invention ou d'importation, ou s'il a été décrit dans un ouvrage imprimé d'une manière assez claire pour que toute personne de l'art puisse en faire usage.

2º Si la description présentée a dissimulé une partie essentielle de l'invention, de laquelle dépendrait son parfait emploi, ou bien si ce que l'on aura fait valoir comme le fond et l'objet de la concession du brevet a été représenté inexactement.

3° Si un autre citoyen du pays prouve qu'il a fait l'invention et que le propriétaire du brevet se l'est appropriée par une infidélité qu'il a commise envers lui.

La disposition de nullité est soumise à une restriction, si l'invention était employée par un tiers avant la demande du brevet, mais tenue secrète par lui. Dans ce cas, le brevet concédé demeure en vigueur, mais son action ne s'étend pas sur ceux qui ont fait usage de l'objet breveté avant la demande du brevet.

Art. 16. — Le propriétaire d'un brevet qui, dans le but de conserver secret son procédé même après l'expiration de la durée du brevet, aura, dans la description remise, omis une partie essentielle de son invention ou l'aura représentée d'une manière inexacte, subira la peine de sa tromperie, et, en outre, si son procédé est dangereux, la peine ultérieure qu'il aura méritée par là.

Art. 17. — Un brevet d'invention cesse :

1° Par l'expiration du temps pour lequel il est accordé;

2° Par la renonciation de l'ayant-droit;

3° Si, deux ans après que le brevet a été concédé, son objet n'a pas encore été mis en usage dans le pays, ou si l'exploitation déjà commencée est interrompue pendant deux ans, sans que, dans l'un comme dans l'autre cas, il puisse faire valoir des motifs d'empêchement suffisants;

4° Si l'exploitation de l'industrie brevetée se fait hors du pays;

5° Si la préparation pour laquelle le brevet est accordé, ou les moyens employés à cet effet paraissent incompatibles avec les lois.

Art. 18. — Un brevet d'importation expire :

1° Par les mêmes motifs que le brevet d'invention;

2° Si le brevet ou l'un des brevets sous la protection duquel l'invention se trouvait à l'étranger quand le brevet d'importation a été délivré, vient à cesser d'être en vigueur.

Art. 19. — La déclaration de nullité, ainsi que l'expiration du brevet, en tant que cette dernière arrive avant l'expiration de la durée du brevet, sont mises à la connaissance du public.

Art. 20. — Après l'expiration du brevet, tout citoyen a droit de prendre connaissance de sa description.

Le gouvernement peut, s'il le juge convenable, la faire connaître par la voie de l'impression.

IIᵉ SECTION.

Du mode de procéder dans les procès industriels.

Art. 21. — Tous les débats sur des objets de métiers, qui se rapportent au sens et à l'application d'une des prescriptions de la présente loi, ou à d'autres règlements de police ou règlements administratifs, seront portés devant les autorités administratives que cela concerne, sous la réserve des voies de droit pour les réclamations des particuliers, et ils seront décidés par ces autorités en suivant l'ordre des instances existant.

Art. 22. — La partie qui élève un recours doit présenter ses conclusions écrites à l'autorité du district qui a publié le jugement :

1° Dans les quinze jours, s'il est dirigé contre le jugement d'un bailliage de district;

2° Dans les trente jours, si le jugement a été rendu par une autorité administrative d'un ordre plus élevé.

Lesdits jours étant comptés à partir de la publication du jugement, si les règlements existants le permettent, elle les présentera verbalement pour qu'elles soient insérées au procès-verbal dans les mêmes délais.

Le droit de recours est perdu si on néglige ces délais ou si on ne fait pas cette remise à l'autorité qui a publié le jugement. Les parties intéressées devront expressément en être instruites lors de la publication du jugement.

La remise de la cause en l'état primitif n'est permise qu'en cas d'empêchement de force majeure.

Art. 23. — Si, dans les causes relatives aux métiers portées devant les autorités administratives, il ne s'agit que des prétentions respectives de particuliers, d'unions de métiers ou de corporations les uns contre les autres, il ne sera accordé à chaque partie qu'un seul recours.

Art. 24. — Toutes les lois et ordonnances antérieures, ainsi que les ordonnances spéciales sur les métiers, en contradiction avec les dispositions ci-dessus, sont abrogées.

Donné à Friedrichshafen, le 5 août 1836.

Signé, GUILLAUME.
Contre-signé, Schlayer et Goes.

Une loi du 29 juin 1842 rappelle que la législation wurtembergeoise est soumise aux principes généraux de la convention du Zollverein. (Page 356.)

RÉSUMÉ PRATIQUE
DE LA LÉGISLATION WURTEMBERGEOISE.

Le Wurtemberg faisant partie de l'union douanière dite Zollverein, sa législation concernant les brevets pour inventions et importations est subordonnée aux principes généraux de la convention du Zollverein.

L'expédition royale du privilége mentionne la date du dépôt, rappelle l'objet du brevet, et assigne la durée (10 ans au maximum) de la concession. Ce diplôme, qui fixe la taxe imposée (dans la limite de 5 à 20 florins par année) et constate les annuités acquittées, résume également les principales clauses et conditions de la concession du privilége, entre autres :

1° L'obligation de payer l'impôt annuel avant le commencement de chaque nouvelle année, à partir de la date de la décision royale ;

2° La prolongation d'un brevet d'invention de moins de 10 ans doit être sollicitée avant le commencement de la dernière année de jouissance, et celle d'un brevet d'importation avant l'expiration de la première moitié de la durée accordée ;

3° La nullité d'un brevet est la conséquence soit de l'usage antérieur de l'invention dans le royaume ou d'une publicité suffisante à l'étranger, lors de sa concession ;

4° Tout brevet obtenu frauduleusement au détriment d'un sujet des pays du Zollverein est nul ; il en est de même de tout brevet dont la description aurait déloyalement dissimulé une partie de l'invention ;

5° Une invention faite par un sujet d'un des États du Zollverein, et patentée à son profit dans un desdits États, ne peut être privilégiée légalement en Wurtemberg que par l'inventeur lui-même où ses ayants-droit ;

6° Le privilége d'un brevet d'invention cesse : 1° si le propriétaire n'exploite pas l'invention dans le cours de 2 années à partir de la concession, ou si l'exploitation se trouve interrompue sans motif légitime pendant 2 années ; 2° si l'objet breveté est fabriqué hors du royaume ; 3° si l'objet du privilége est inconciliable avec les lois ;

7° Le privilége d'un brevet d'importation cesse indépendamment des clauses précédentes et à l'époque où le brevet s'éteint à l'étranger.

Une fois le brevet accordé, nul ne peut attaquer le droit exclusif qu'il confère.

L'importateur ne peut empêcher l'introduction de produits similaires, mais il a seul le droit de fabriquer dans le royaume.

LÉGISLATION INDUSTRIELLE ET LITTÉRAIRE
DANS LE ROYAUME WURTEMBERGEOIS.

MARQUES DE FABRIQUE.

Chaque fabricant est tenu d'apposer sur ses produits une marque indiquant soit son nom ou ses armoiries, soit la forme de sa fabrique.

Un modèle de cette marque doit être déposé à l'administration du lieu de son domicile ou de la situation de son établissement.

La contrefaçon de ces marques est réputée faux. (Ordonn. générale du 5 août 1836 précitée.)

PROPRIÉTÉ ARTISTIQUE ET LITTÉRAIRE.

En conformité des lois du 17 octobre 1838 et 24 octobre 1845, les auteurs de productions artistiques et littéraires jouissent du droit exclusif de propriété leur vie durant; cette protection s'étend à 30 ans, à partir du décès de l'auteur, en faveur des héritiers ou ayants cause.

LÉGISLATION DE BUENOS-AYRES.

EXTRAIT DE LA LOI DU 15 OCTOBRE 1855.

Cette loi renferme les articles principaux suivants :

Art. 1er. — Le pouvoir exécutif est autorisé à concéder des brevets d'invention, de perfectionnement et d'importation sans aucune garantie de la priorité et du mérite de l'invention.

Art. 2. — Les brevets sont accordés aux inventeurs ou importateurs de nouveaux produits industriels, de nouveaux moyens ou d'applications nouvelles de moyens connus pour obtenir un résultat ou un produit industriel.

Art. 3. — Les préparations pharmaceutiques ne peuvent faire l'objet d'un brevet; il en est de même de toute idée théorique sans application industrielle.

Art. 4. — La durée maximum des brevets d'invention est de 10 années; celle des brevets d'importation est de 5 années.

Art. 5. — La taxe des brevets d'invention est fixée à 500 pesons; celle des brevets d'importation et de perfectionnement est de 1,000 pesons.

Art. 6. — Est déchu un brevet dans les cas suivants :

1° Si l'invention n'est pas nouvelle et a été connue par l'impression; 2° Si la mise en exploitation n'a pas eu lieu dans l'année de la concession; 3° Si le brevet n'est pas levé dans les six mois de sa délivrance; 4° Si la description est insuffisante ou incomplète; 5° Si l'objet breveté est contraire aux lois, aux bonnes mœurs ou à la sécurité publique.

Art. 7. — Les tribunaux consulaires sont chargés de vider les contestations en matière de brevets d'invention, de perfectionnement et d'importation.

Art. 9. — Le pouvoir exécutif établira un office pour les brevets; les inventeurs et importateurs devront y appliquer et démontrer leurs moyens d'exécution afin que le domaine public puisse, à l'expiration du brevet, appliquer l'objet du privilége.

DE LA PROPRIÉTÉ LITTÉRAIRE
ET ARTISTIQUE EN FRANCE.

On comprend sous cette dénomination : les ouvrages imprimés, les traités scientifiques, les estampes, les gravures, les lithographies, les cartes de géographie ou de marine, la musique, etc.

La première loi relative aux droits de propriété des auteurs d'écrits en tous genres, des compositeurs de musique, des peintres, des dessinateurs, etc., remonte au 19 juillet 1793.

La Convention décréta la jouissance exclusive, leur vie durant, en faveur des auteurs de produits artistiques et littéraires. Ce droit appartenait aux héritiers et ayants droit pendant dix années, après le décès des auteurs.

Le décret du 5 février 1810 sur l'imprimerie et la librairie, garantit le droit de propriété de l'auteur et de sa veuve, leur vie durant, et à leurs enfants pendant vingt ans.

Enfin la dernière loi en date du 8 avril 1854 sur la propriété littéraire, est ainsi conçue :

Article unique. Les veuves des auteurs, des compositeurs et des artistes jouiront, pendant toute leur vie, des droits garantis par les lois des 13 janvier 1791 et

19 juillet 1793, le décret du 5 février 1840, la loi du 3 août 1844, et les autres lois ou décrets sur la matière.

La durée de la jouissance accordée aux enfants par ces mêmes lois et décrets est portée à trente ans, à partir, soit du décès de l'auteur, compositeur ou artiste, soit de l'extinction des droits de la veuve.

PROPRIÉTÉ ARTISTIQUE ET LITTÉRAIRE

INTERNATIONALE.

Le décret du 28 mars 1852, qui proscrit du territoire français la contrefaçon des ouvrages publiés à l'étranger, est la reconnaissance la plus formelle du principe de la propriété littéraire et artistique, et la source de son développement international.

Cette mesure gouvernementale, en garantissant aux auteurs étrangers les mêmes droits qu'à nos écrivains et à nos artistes, a provoqué ainsi une loyale réciprocité.

Déjà des conventions littéraires, d'après ce principe, existent respectivement entre la France et vingt-cinq États ; en voici la liste dans l'ordre chronologique de la conclusion de ces actes :

États sardes, Portugal, Hanovre, Angleterre, Brunswick, grand-duché de Hesse, landgraviat de Hesse, Toscane, Reuss (branche aînée), Nassau, Reuss (branche cadette), électorat de Hess, Saxe-Weimar, Oldenbourg, Espagne, Schwarzbourg-Sondershausen, Schwarzbourg-Rudolstadt, Waldeck-Pyrmont, Belgique, Bade, Hambourg, royaume de Saxe, Pays-Bas, Luxembourg et Russie.

Si la France, en raison de son intelligence expansive, est la nation la plus intéressée à la consécration du droit international en matière d'art et de littérature, c'est elle aussi qui, par l'originalité et la variété de son industrie, a le plus de motifs pour désirer que la propriété industrielle soit également respectée hors des frontières.

NOUVEAU PROJET DE RÉVISION

DE LA LOI FRANÇAISE

SUR LES BREVETS D'INVENTION

Au moment de terminer l'impression de ce recueil, nous recevons la communication d'un projet de loi, soumis par le gouvernement à la discussion de la société d'encouragement et des chambres de commerce.

Ce projet qui maintient les principales dispositions de la loi du 5 juillet 1844, présente les modifications caractéristiques suivantes :

1° *Antériorité personnelle.* — Personne ne peut opposer au breveté l'usage qu'elle aurait fait de l'invention antérieurement au brevet, si cette exploitation n'a pas donné à la découverte une publicité suffisante pour entraîner la nullité du brevet.

2° *Secret*. — Pendant les six mois qui suivent le dépôt, la description de l'invention est tenue secrète par le gouvernement.

3° *Durée*. — La durée des brevets est fixée à vingt années.

4° *Taxe*. — Chaque brevet donne lieu au paiement d'une taxe proportionnelle, qui fixée pour la première année à 20 fr., augmente de 20 fr. chaque année sur l'annuité précédente.

5° *Cession*. — Toute cession, pour être régulière, doit être faite par acte authentique, mais sans obligation de verser l'intégralité de la taxe lors de la cession.

6° *Exploitation*. — Le breveté a trois années pour exploiter son invention, et ne doit pas cesser l'exploitation pendant trois années consécutives.

7° *Comité consultatif*. — Un comité spécial, institué auprès du ministère, donne son avis sur toutes les questions relatives aux brevets que le ministre ou les tribunaux, par son entremise, croirait devoir lui déférer.

8° *Consolidation des brevets*. — Tout inventeur peut, deux ans après la déclaration de son brevet, ou une année au moins après sa mise en exploitation, faire statuer sur sa validité.

A cet effet, il présente une requête au président du tribunal de son domicile : cette requête est transmise au ministère.

Une enquête a lieu ; s'il intervient des oppositions, il est statué par un seul et même jugement.

Le jugement ou l'arrêt qui statue sur l'instance en validité, a l'autorité de la chose jugée, même à l'égard des tiers.

Un brevet ainsi validé ne peut être attaqué que si le breveté encourt ultérieurement la déchéance pour défaut de taxe ou d'exploitation.

9° Les brevets d'invention peuvent être expropriés pour cause d'utilité publique.

FIN.

LISTE
PAR ORDRE ALPHABÉTIQUE
DES ÉTATS CITÉS DANS CE VOLUME.

	Pages.		Pages
Amérique du Nord...	194	Hesse-Électorale....	359
Amérique du Sud....	219	Hohenzollern-Heching	359
Angleterre..........	152	Hohenzollern - Sigma-	
Anhalt-Bernbourg....	359	ringen..........	359
Anhalt-Coethen.....	*ibid*	Hollande.........	268
Autriche...........	237	Holstein (Danemarck)	350
Bade..............	391	Inde..............	182
Bavière............	374	Lippe-Detmold......	359
Belgique...........	252	Lippe-Chaumbourg..	359
Brunswick.........	359	Lubeck............	359
Brême.............	359	Lucques...........	336
Brésil.............	220	Mecklenbourg-Schwe-	
Buenos-Ayres......	402	rin.............	359
Canada............	193	Mecklenbourg-Strélitz	359
Danemark.........	350	Modène...........	336
Égypte............	338	Nassau...........	359
Espagne...........	295	Norvége..........	349
France............	15	Oldenbourg.......	359
Francfort..........	359	Paraguay..........	339
Hambourg.........	359	Parme, Plaisance,	
Hanovre...........	387	Guastalla.........	335
Hesse-Cassel.......	359	Portugal..........	308
Hesse-Darmstadt....	359	Prusse............	361
Hesse-Hombourg ...	359	Reuss-Schleitz	359

	Pages.		Pages.
Reuss-Ebersdorf	359	Schwarzbourg-Rudolstadt	359
Reuss-Greiz	359	Schwarzbourg-Sondershausen	359
Rome	325		
Russie	224		
Saxe	367	Suède	343
Saxe-Altenbourg	359	Suisse	338
Saxe-Cobourg-Gotha	359	Siciles (Deux)	317
Saxe-Weimar-Eisenach	359	Toscane	332
		Turquie	338
Sardaigne	275	Waldeck	359
Schleswig (Danemark)	350	Wurtemberg	393

TABLE

Avant-propos. 3

PREMIÈRE PARTIE.

PROPRIÉTÉ INDUSTRIELLE. — BREVETS D'INVENTION.

LÉGISLATION FRANÇAISE.

Exposé de la législation française. 7

Extrait de la loi du 7 janvier 1791. 11
Texte de la loi du 5 juillet 1844. 15

Titre I. — Dispositions générales. — Art. 1 à 4. . . . . *ibid.*

Titre II. — Des formalités relatives à la délivrance des Brevets.
   Section I. — Des demandes de Brevets. — Art. 5 à 8. . . 16
   Section II. — De la délivrance des Brevets. — Art. 9 à 15. 17
   Section III. — Des certificats d'addition. — Art. 16 à 19. 19
   Section IV. — De la transmission et de la cession des Brevets. — Art. 20 à 22. 20
   Section V. — De la communication et de la publication des descriptions et dessins de Brevets. — Art. 23 à 26. 21

Titre III. — Des droits des étrangers. — Art. 27 à 29. 22

Titre IV. — Des nullités et déchéances, et des actions y relatives.
   Section I. — Des nullités et déchéances. — Art. 30 à 33. *ibid.*
   Section II. — Des actions en nullité et en déchéance. — Art. 34 à 39. 24

Titre V. — De la contrefaçon, des poursuites et des peines. — Art. 40 à 49. 25

Titre VI. — Dispositions particulières et transitoires. — Art. 50 à 54 27
Circulaires ministérielles aux préfets 28
Arrêté réglant l'application de la loi dans les colonies françaises 37
Modèle de pouvoir pour les demandes de Brevets 39

COMMENTAIRE, ou interprétation des principaux articles de la loi française du 5 juillet 1844.

Titre I. — Dispositions générales.

Art 1er. — Nature et effet des Brevets d'invention 44
Art. 2. — Inventions susceptibles d'être brevetées 45
Art. 3. — Inventions non susceptibles d'être brevetées .. 49
Art. 4. — Durée et taxe 50

Titre II. — Des formalités relatives à la délivrance des Brevets.

Art. 5. — Formalités des demandes des Brevets 53
Art. 6. — Règles à observer 55
Art. 7. — Enregistrement de la demande d'un Brevet.... 58
Art. 8. — Date de la jouissance .... ibid.
Art. 9 et 10. — Expédition de la demande 59
Art. 11. — Expédition ministérielle du Brevet 60
Art. 12. — Rejet de la demande 61
Art. 13. — Remboursement de la taxe 62
Art. 14. — Proclamation des Brevets .... ibid.
Art. 15. — Prolongation d'un Brevet .... ibid.
Art. 16. — Des certificats d'addition 63
Art. 17. — Faculté réservée au perfectionneur déjà possesseur d'un Brevet principal pour le même objet..... 64
Art. 18. — Délai en faveur de l'auteur d'une invention ... ibid.
Art. 19. — Positions respectives de l'inventeur et du perfectionneur 66
Art. 20, 21 et 22. — Transmission et cession des Brevets. ibid.
Art. 23. — Communication des dessins et descriptions ... 70
Art. 24, 25 et 26. — Documents à consulter 71

Titre III. — Des droits des étrangers.

Art. 27. — Faculté accordée aux étrangers 72
Art. 28. — Formalité à observer pour un étranger 73
Art. 29. — Invention déjà brevetée à l'étranger .... ibid.

TABLE.

Titre IV. — Nullités et déchéances.

Art. 30. — Divers cas de nullités.................... 74
Art. 31. — Publicité antérieure...................... 78
Art. 32. — Divers cas de déchéance................ 79
Art. 33. — Qualification du Brevet dans les affiches, annonces, etc. 81
Section II. — Des actions en nullité et en déchéance, contrefaçons, poursuites. — Art. 34 à 49. Résumé... 82

Titre VI. — Dispositions particulières et transitoires.

Art. 50 à 54. — Résumé............................... 92
APERÇU SOMMAIRE de la loi du 5 juillet 1844........ 93
Projet de révision....................................... 97
Observations complémentaires........................ 103

PROPRIÉTÉ INDUSTRIELLE. — MARQUES ET DESSINS DE FABRIQUE EN FRANCE.

Rappel succinct de l'ancienne législation............ 109
Nouvelle loi du 12 mai 1857.......................... 114
Résumé des principaux articles de cette loi......... 117

DESSINS DE FABRIQUE. — Sculpture industrielle. — Modèles ou produits divers.

Exposé de cette législation........................... 120
Loi du 19 juillet 1793, relative aux droits de propriété des auteurs d'écrits en tout genre, des compositeurs de musique, des peintres et des dessinateurs................ 123
Loi du 18 mars 1806, portant établissement d'un conseil de prud'hommes à Lyon.................................. 124
Code pénal du 19 février 1810, art. 425 à 429....... 126
Ordonnance du 29 août 1825........................... 127
Résumé de la jurisprudence sur la propriété des dessins de fabrique.. 128
Sculpture industrielle................................. 129
Modèles et produits industriels...................... 130
Appendice de la première partie. — Simples conseils aux inventeurs... 132

SECONDE PARTIE.

LÉGISLATIONS ÉTRANGÈRES SUR LES BREVETS D'INVENTION, MARQUES ET DESSINS DE FABRIQUE.

Préambule. — Inventeurs étrangers en France et inventeurs français à l'étranger.................................. 149

LÉGISLATION ANGLAISE.

Nouvelle loi sur les patentes d'invention dans les trois royaumes : Angleterre, Irlande, Écosse............... 152
Interprétation raisonnée et pratique de la nouvelle loi anglaise... 168
Propriété industrielle. — Enregistrement des dessins de fabrique et d'articles d'utilité dans le royaume-uni de la Grande-Bretagne.. 175
Enregistrement des dessins pour ornementation d'articles de manufacture... 176
Enregistrement des dessins pour articles d'utilité.......... 177
Observations sur l'exécution des statuts concernant l'enregistrement des articles d'ornementation et d'utilité...... 179

LÉGISLATION DE L'INDE.......................... 182

Canada... 193

LÉGISLATION DES ÉTATS-UNIS DE L'AMÉRIQUE DU NORD.

Loi du 4 juillet 1836................................ 194
Acte additionnel du 3 mars 1837..................... 205
Acte additionnel du 3 mars 1839..................... 208
Acte additionnel du 29 août 1842.................... 210
Observations pratiques concernant les patentes aux États-Unis.. 213
Marques et dessins de fabrique...................... 218
Propriété littéraire.................................. 219

TABLE.

LÉGISLATION DES ÉTATS DE L'AMÉRIQUE DU SUD.

Nouvelle-Grenade. — Pérou. — Chili.....................	219
Brésil...	220

LÉGISLATION RUSSE.

Des priviléges pour les nouvelles inventions et découvertes..	221
Instruction pratique concernant les formalités à remplir pour la demande d'un brevet d'importation en Russie............	228
Marques de fabrique en Russie............................	231
Règlement sur l'industrie en Russie.......................	233
Propriété littéraire et artistique, indigène et internationnale.	236

LÉGISLATION AUTRICHIENNE.

Décret du 15 août 1852................................	237
Instruction pratique sur la nouvelle loi autrichienne.......	247
Marques de fabrique. Règlement du 9 septembre 1792.....	250
Propriété artistique et littéraire, indigène et internationale..	251

LÉGISLATION BELGE.

Exposé sommaire.......................................	252
Loi du 24 mai 1854...................................	254
Arrêté royal qui en règle l'exécution.....................	259
Loi additionnelle du 27 mars 1857.......................	264
Formalité à remplir pour l'enregistrement d'une demande de Brevet...	265
Marques et dessins de fabrique..........................	266
Propriété littéraire et artistique, indigène et internationnale.	267

LÉGISLATION HOLLANDAISE.

Exposé sommaire.......................................	268
Loi du 25 janvier 1817................................	269
Exécution pratique de cette loi..........................	272
Marques et dessins de fabrique..........................	274
Propriété littéraire et artistique........................	ibid.

LÉGISLATION PIÉMONTAISE OU DES ÉTATS SARDES.

Loi du 3 février 1855..................................	275

Résumé pratique.................................... 292
Propriété littéraire et artistique, indigène et internationale.. 293

LÉGISLATION ESPAGNOLE.

Concession de priviléges réglementée par le décret royal du 27 mars 1826..................................... 295
Ordonnance royale du 14 juin 1829.................. 301
Décret royal du 30 décembre 1829................... 302
Observations pratiques sur l'exécution de la législation espagnole.. 303
Marques de fabrique. — Règlement du 30 janvier 1832.... 306
Propriété artistique et littéraire.................... 307

LÉGISLATION PORTUGAISE.

Décret du 16 janvier 1837.......................... 308
Résumé pratique de la législation portugaise........ 314
Propriété artistique et littéraire................... 315

LÉGISLATION DES DEUX-SICILES.

Décret royal du 2 mars 1810........................ 317
Décret du 18 mars 1814............................. 321
Résumé pratique de la législation des Deux-Siciles.... 323
Propriété littéraire................................ 324

LÉGISLATION DES ÉTATS ROMAINS.

Édit du 3 septembre 1833........................... 325
Résumé pratique de la législation romaine........... 329
Marques de fabrique................................ 330
Propriété artistique et littéraire, indigène et internationale.. 331

Toscane. — Législation artistique et littéraire....... 332
Duchés de Parme, Plaisance et Guastalla............ 335
Duchés de Modène et de Lucques.................... 336
Suisse et autres États.............................. 338

LÉGISLATION DU PARAGUAY.

Décret du 20 mai 1845.............................. 339

LÉGISLATION SUÉDOISE.

Loi du 19 août 1856..................................	343
Résumé pratique de cette législation...................	347
Propriété artistique et littéraire......................	348
Marques de fabrique...................................	ibid.

LÉGISLATION NORVÉGIENNE.

Disposition législative sur les Brevets d'invention.........	349

LÉGISLATION DU DANEMARK.

Disposition suivie pour l'octroi de priviléges d'invention....	350
Propriété littéraire et artistique.......................	352
Marques de fabrique..................................	354

LÉGISLATION DE LA CONFÉDÉRATION GERMANIQUE.

Convention du 21 septembre 1842.....................	355
DUCHÉS ET PRINCIPAUTÉS D'ALLEMAGNE, VILLES LIBRES ET ANSÉATIQUES...................................	359
Propriété artistique et littéraire.......................	360

LÉGISLATION PRUSSIENNE.

Décret du 14 octobre 1815............................	361
Décret du 7 mai 1817.................................	363
Décret du 18 septembre 1828..........................	364
Observations pratiques sur la législation prussienne......	ibid.
Marques de fabrique. — Propriété littéraire.............	366

LÉGISLATION SAXONNE.

Notification du 31 juillet 1843.........................	367
Résumé pratique de la législation en Saxe...............	372
Marques de fabrique. — Propriété littéraire.............	373

LÉGISLATION BAVAROISE.

Ordonnance royale du 10 février 1842.	374
Résumé pratique de la législation en Bavière.	384
Marques de fabrique.	385
Propriété artistique et littéraire.	386

LÉGISLATION HANOVRIENNE.

Loi du 1er août 1847.	387
Propriété artistique et littéraire.	390

LÉGISLATION DU GRAND DUCHÉ DE BADE.

Résumé.	391
Propriété industrielle. — Marques de fabrique.	392

LÉGISLATION WURTEMBERGEOISE.

Ordonnance générale du 5 août 1836.	393
Exposé sur l'exécution pratique de cette législation.	399
Marques de fabrique.	401
Propriété artistique et littéraire.	ibid.
LÉGISLATION DE BUENOS-AYRES	402
De la propriété littéraire et artistique en France.	403
Propriété internationale.	404
Nouveau Projet de révision de la législation française.	405
Liste par ordre alphabétique des États cités dans ce volume.	407

PARIS. — IMPRIMERIE DE J. CLAYE, RUE SAINT-BENOIT, 7.